NATHALIE LEVY

Chers grands-parents

Albin Michel

SOMMAIRE

À Rosine et Maurice,
à Rose et Émile.

« Ce qui fait que les grands-parents s'entendent aussi bien
avec les petits enfants, c'est que, pour ces derniers,
la vie n'est pas encore assez sérieuse et que,
pour les aïeuls, elle ne l'est plus autant. »

Tristan Bernard

AVANT-PROPOS

Telle Gisèle Halimi qui a nourri une passion totale pour sa petite-fille, j'ai éprouvé une passion absolue pour Rosine, ma grand-mère maternelle, mon « irrésistible ». Un attachement qu'elle m'a rendu au centuple.

Rosine, femme, mère, grand-mère, arrière-grand-mère exceptionnelle, belle comme le jour, moderne, d'une infinie tendresse, outrageusement vaillante, valeureuse et solaire, m'a tenu la main jusqu'à ma quarante-cinquième bougie. Quelle chance inouïe, quel privilège d'avoir été sa petite-fille ! Rosine a été la concorde entre mes doutes et mes vertiges existentiels, elle a été ma part vertueuse, mon patrimoine immatériel, mémoriel et culturel, mon supplément d'âme.

Chaque matin, en arrivant chez elle, j'avais la chance de pouvoir lancer à tue-tête : « Mamie, c'est moi ! » Elle m'attendait, s'illuminant à ce refrain. Toujours inquiète de mes nuits trop courtes, de mes bras chargés, de mes responsabilités, elle m'a répété inlassablement « Courage au cœur et sac au dos ».

Ce courage, raconté dans mon précédent ouvrage (*Courage au cœur et sac au dos*, éd. du Rocher, 2020), ô combien il lui en a fallu, toute une vie durant, pour affronter la perte prématurée de son tendre époux, quitter son pays, se reconstruire sans repères de l'autre côté de la Méditerranée, élever seule ses filles ! Pour autant, dès notre plus jeune âge, elle nous a insufflé à nous ses quatre petits-enfants, sa force inouïe, sa droiture, ses valeurs, sa fantaisie, sa résilience et son énergie de tous les possibles.

Tendresse, écoute, patience, échange, transmission... nous sommes nombreux à structurer notre vie d'adulte grâce à ce que nous apportent nos grands-parents.

Parce que la société actuelle détourne trop souvent le regard quand la vieillesse s'installe, parce que le jeunisme fait rage en Occident, j'ai eu à cœur de raconter ces cheveux blancs, ces visages plissés, ces mots désuets, ces manières surannées, mais surtout ces liens, cet héritage, ce sédiment fondateur via les personnalités que vous aimez.

Chacun, chacune, chanteur, acteur, auteur, sportif, industriel, chef... ont accepté de m'ouvrir leur porte et leur tiroir à souvenirs. Vous partagerez, au fil de ces pages, le passé intime de personnalités aussi riches et diverses que Yannick Noah, Julie Gayet, Amir ou Michel Drucker... parmi tant d'autres. Curieusement, s'ils doutaient souvent de leur aptitude à se remémorer le passé, ils n'ont finalement eu aucun mal à voir remonter anecdotes, parfums, gestes, manies... Ceux qui n'ont pas eu la chance de connaître leurs aïeux ou qui déplorent leur départ prématuré m'ont en revanche confié ce manque, ce vide, cette curiosité.

Lorsque l'on a le privilège de connaître ce rapport aux aînés, aux grands-parents, cet amour infini, cette disponibilité d'esprit, cet apport intellectuel, on a là les fondations d'un véritable édifice. La richesse de nos anciens, mais surtout notre manière de les regarder, de les intégrer, de les écouter... tout cela fait notre société.

YANNICK NOAH

En se penchant un peu, on apercevrait presque le court Philippe-Chatrier. Quand Yannick Noah remporta le tournoi de Roland-Garros en 1983, ce court s'appelait encore le Central. Un rendez-vous à cette adresse n'est pas un hasard, la porte d'Auteuil, c'est son ancrage, sa base. Il a pourtant fallu batailler pour y arriver, après des débuts au tennis en « système D » total, sur un terrain de boules, avec des raquettes sculptées dans des planches de bois et des chambres à air en guise de grip…
C'est par cette introduction romanesque que débute le voyage entre les Ardennes et Yaoundé.

Mon titre « Simon Papa Tara », que tout le monde reprenait en chœur à l'époque de sa sortie, en 2000, n'est rien d'autre que l'histoire de mon grand-père. Cet homme était un notable de Yaoundé qui a fait la guerre pour la France. Pendant son passage ici, il s'est lié d'amitié avec un avocat de Saint-Germain-en-Laye qui lui a promis qu'il pourrait accueillir ses garçons – mon grand-père avait sept filles et deux garçons – si un jour ils voulaient venir suivre des études en France. Papa est donc venu quelques années plus tard étudier avec son frère au lycée Sainte-Barbe de Saint-Germain-en-Laye, logeant chez les Patrelle, chez le « frère » de Papa Tara.

À l'époque, Papa a fait ses classes de joueur de football à Saint-Germain-en-Laye, parce que monsieur Patrelle était l'initiateur du Paris Saint-Germain ! Il est parti à Sedan, où il a rencontré ma maman. Toutefois il était impossible qu'un Camerounais se marie avec une Française. Ils se sont donc mariés en cachette, en 1958.

Mais quand il est rentré au Cameroun, stoppant net sa carrière de footballeur, avec dans ses bagages une femme blanche et par-dessus tout enceinte… l'accueil réservé à Maman n'a pas été très bon : on n'épouse pas une femme blanche, au Cameroun !

Les choses ont changé quand je suis né : j'étais le premier garçon, qu'on avait appelé Simon – c'est mon deuxième prénom –, premier descendant Noah de ma génération. De ce jour-là, Maman a été acceptée, et moi le bienvenu : en tant que Simon, je serais plus tard la réincarnation de mon grand-père. Et ça, c'était très important.

Quand on m'a raconté ça – que j'étais la réincarnation de mon grand-père, que je deviendrai le chef du village à mon tour parce que j'étais le premier petit-fils –, j'avais six ou huit ans et ça me passait au-dessus de la tête… Mais je me souviens que mon grand-père me demandait souvent d'un air très sérieux, avec son accent camerounais [*il l'imite*] : « Tu sais bien comment je m'appelle ? » Je devais lui répondre : « Simon. – Simon quoi ? – Simon Papa Tara. – Simon Papa Tara quoi ? – Simon Papa Tara Noah Bikié [*l'homme de fer*], chef d'Etoudi. » Pour moi, c'était comme un jeu, mais je savais combien c'était important pour lui. Et il ajoutait généralement : « Tu sais, même après la mort, je serai toujours avec toi. »

Il est décédé en 1984, d'un accident en marge d'un coup d'État avorté. J'avais vingt-quatre ans. Mon grand-père avait pour habitude de faire le tour de ses propriétés dans la ville, c'était sa routine. À 6 heures du matin ce jour-là, il est parti avec sa voiture, comme les autres matins, pour voir ses enfants et ses petits-enfants. Mais il y avait un couvre-feu et il a été arrêté à un barrage. Il a engueulé le petit gars (on n'impose pas n'importe quoi à Noah Bikié !) qui, au bout d'un moment, lui a tiré dessus. C'était un accident, quoi !

Depuis tout petit, il me disait : « Je viendrai toujours te voir… » et pendant toute mon enfance, mon père, mes oncles, mes tantes, parlaient tous des défunts comme s'ils les avaient vus la veille, comme s'ils continuaient à avoir des relations avec eux. Je mettais ça sur le compte du manque, de la tristesse… Mais ils avaient l'air tellement proches de ces morts et vraiment sincères. Plutôt sceptique, je ne savais pas trop quoi penser de toutes ces histoires.

Avec mes premiers sous, je me suis acheté une maison dans l'Essonne. C'était en 1982. Un matin, à l'aube, je suis réveillé en sursaut par mes deux bergers allemands qui aboient à la mort. J'éprouve une sensation étrange, de bien-être rare ; subitement, je me sens vraiment bien. Les chiens hurlent, moi je suis dans ma chambre, allongé dans le noir, et je me sens bien. Dans le lit, à côté de moi, dort ma compagne Erika, mais je me dis : « Il y a quelqu'un dans la chambre, c'est sûr ! » Je me redresse et sans pouvoir l'expliquer, j'ai le sentiment d'un moment de grâce. Et là, j'entends mon grand-père me dire : « Yannicko ! Ça va ? Tu sais que je suis toujours avec toi, n'est-ce pas ? Comme je t'avais dit, continue à t'occuper de la famille... » et je réponds en tournant la tête vers lui : « Ne t'inquiète pas, ça va très bien. – Au revoir, Yannicko ! – Au revoir, Papa Tara ! »... Et les chiens arrêtent d'aboyer.

Erika avait les yeux grands ouverts, je la regarde, je me remets sur le dos et je me dis : « Mais qu'est-ce qui s'est passé ? J'ai rêvé ? » Il est 6 heures du matin. J'aimerais me rendormir mais je n'y arrive pas. Je décide de descendre préparer le petit déjeuner, et pendant que je m'active dans la cuisine, Erika me rejoint et me dit, le visage inquiet : « Ton grand-père est venu te voir cette nuit. Les chiens ont gueulé. Il y avait l'ombre d'un monsieur avec un chapeau... » (Mon grand-père portait toujours un chapeau.) C'était dingue, parce que j'avais un témoin !

Quand j'ai appelé mon père pour lui raconter ça, il m'a dit : « Ça fait longtemps que je vois que tu es sceptique, et je ne voulais pas t'en parler mais il vient très souvent. Je suis content qu'il t'ait rendu visite. »

Avant cela, il y avait eu un épisode très fort au moment de son enterrement. On était au moins dix mille pour les obsèques à vouloir rentrer dans cette petite église qui ne peut même pas en accueillir un millier... Tout le monde était dehors. Il faisait très beau mais je me rappelle avoir aperçu dans le ciel bleu, en marchant jusqu'à l'église derrière le corps de mon grand-père, un nuage, juste au-dessus de nous. À la fin de la cérémonie, quand le prêtre a dit : « Maintenant il est temps de dire au revoir à Simon Noah Bikié... », un coup de tonnerre énorme a retenti. Mais avec un timing digne d'un film ! Il y a eu un frémissement dans l'assistance. Tout le monde a eu peur tant c'était violent. Ça a duré une minute, je pense, pas plus. C'était la fin de la cérémonie et, à la sortie, le nuage avait disparu.

Vous avez donc, vous aussi, une connexion permanente avec vos défunts !

Chaque fois que j'ai chanté « Simon Papa Tara », repris en chœur par des milliers de personnes, c'était ma façon à moi d'envoyer des énergies à mon grand-père ! Mais il faut savoir que mon lien avec eux est permanent parce que les anciens, mon grand-père, ma grand-mère, mon oncle et mon père, sont enterrés dans notre propriété, donc ils sont avec nous à la maison.

Quand Maman est morte ici, en France, c'était très triste, lourd et pénible ; quand Papa est parti, c'était vraiment une fête. Au Cameroun, on a un rapport à la mort qui est complètement différent. On boit et on mange pendant quatre jours pour accompagner le défunt, on organise de grandes veillées autour d'un feu où tout le monde se retrouve pour raconter des histoires et même plaisanter.

Avant sa disparition, comment avez-vous entretenu le lien avec votre grand-père depuis la France ?

Lorsque j'ai quitté le Cameroun, et jusqu'à sa mort – quatorze ans plus tard –, je passais quinze jours par an au Cameroun. Lui a dû venir en France deux fois. Mais il m'a transmis un si bel héritage. C'est mon point d'ancrage, ce qui me ramène à la réalité dans les moments difficiles. Je n'aurais pas tenu le coup si je n'avais pas eu cette force qui vient de cette partie de mes racines, mes racines africaines, qui ont pris le dessus sur celles de Sedan, des Ardennes. Même si j'ai vécu seulement douze ans au Cameroun, c'était durant ma petite enfance, et c'est là que tu te formes vraiment, que tu te construis.

Dans le tennis, surtout lorsque je suis arrivé en France, j'ai suivi un parcours d'intense solitude. Mes copains n'avaient pas mon niveau, je faisais beaucoup de tournois tout seul. Et j'étais, à l'époque, le seul noir… J'aurais pu très mal le vivre, mais heureusement, je l'ai envisagé plutôt comme une mission. Même si c'était anecdotique, quand je faisais quelque chose, il fallait que je me comporte comme mon grand-père me le conseillait : « Toujours digne, ne baisse pas la tête. Tu sais comment tu t'appelles, tu sais qui tu es… » Rester droit, c'est ça qui me faisait tenir. J'aurais souvent pu être brisé…

Je suis parti du Cameroun trop jeune pour comprendre beaucoup de choses, mais je me souviens que lorsque mon grand-père me parlait, c'était comme s'il voulait me donner une leçon, que je retienne des choses. Que je n'oublie pas ce qu'il avait à me transmettre : « Tu sais comment je m'appelle ; tu sais que tu es gentil ; tu sais qui tu es… »

Il n'y avait pas de gestes tendres, entre nous. Pas de câlins. Cela m'a manqué… surtout que je n'en avais pas davantage de mes parents. Il faut dire qu'à l'époque, on ne s'embrassait pas. En tout cas, pas chez nous. On ne se disait pas non plus qu'on s'aimait. Ma grand-mère, Elisabeth (la femme de Papa Tara), qu'on appelait Maman Ngon, était la seule à montrer de la tendresse : elle te prenait la main, te la caressait en te parlant pendant une demi-heure, puis elle partait tranquillement.

Quel lien a eu votre fils avec son grand-père, votre papa ? Il est dans la construction, lui aussi ?

Joakim est né à New York ; sa maman est suédoise, moi franco-camerounais… C'est un mélange merveilleux, mais qui peut être explosif ! Sauf que Joakim est un gars fantastique qui pense anglais et français, et qui me demande quand il m'appelle : « Comment ça va au pays ? » C'est bizarre, mais il est attaché au Cameroun ; il a adoré son grand-père. Mes parents n'ont pas su nous dire les mots, nous montrer les gestes de l'amour, mais ils l'ont fait avec une grande facilité avec la génération suivante. La première fois que j'ai entendu Maman ou Papa dire «je t'aime», c'était à mon fils… je ne savais même pas que leur bouche pouvait le faire. Mais c'est super la vie, c'est bien foutu, parce qu'ils ont pu l'exprimer, l'un et l'autre, grâce à leurs petits-enfants.

Joakim, pour Papa, c'était un Dieu ! Il avait une adoration incroyable pour son petit-fils et ils avaient une vraie connivence. Comme mon grand-père avec moi, puis avec Papa qui a continué à me transmettre des savoirs afin de préserver notre héritage. C'est quelque chose que j'ai compris tôt, et c'est encore plus une évidence maintenant qu'ils ne sont plus là, ni l'un ni l'autre.

À la mort de mon père, je suis devenu le chef du village. C'est moi, aujourd'hui, qui suis le garant de cette terre dont j'ai hérité ; ce sont des oiseaux, ce sont des sons, ce sont des odeurs. Des trésors que tu n'achètes nulle part. Et tu ne peux rien léguer de mieux à un enfant que ses racines. Tu peux lui transmettre un compte en banque... mais ce n'est rien, ça. Jamais rien ne remplacera les racines.

Un jour, mes enfants vont vouloir aller au Cameroun, ils seront chez eux. Là où ton arrière-grand-père a grandi, là où ton grand-père a grandi, là où ton père a grandi, tu es chez toi. Je pense que c'est la plus belle chose, et mon grand-père a transmis ça à son fils, qui me l'a transmis à son tour. Et Joakim sera le nouveau chef, c'est évident : même si nous n'en parlons pas encore ensemble, cela va sans dire que le jour où je partirai, il sera là, il préservera ce lien.

De toute façon, la transmission, c'est naturel, ça passe par les actions, pas en disant : « Écoutez, les enfants, il faut que l'on se parle... » Ces histoires sur mon père – que mes enfants connaissent par cœur –, c'est ça, la transmission. Les rires, les moments d'émotion, toutes ces choses très fortes qu'on partage en famille, ce sont des énergies qui se diffusent.

Je me souviens que mon père avait besoin que je le rassure de temps en temps : « Mais tu seras vraiment là ? Est-ce que tu as bien compris... ? – Oui, Papa, j'ai compris, mais je veux que tu profites de la vie. Arrête de te stresser avec ça, je serai là le moment venu ! » Il a fallu que je le prouve par des actions, donc j'ai passé un peu de temps avec lui au Cameroun, surtout les derniers mois de sa vie.

C'était merveilleux. Et là, c'est devenu limpide, j'ai compris tout ce qu'il voulait dire : ce n'est pas ce qu'on dit qui compte, c'est ce que l'on comprend… Et puis, bien sûr, il faut toujours se souvenir d'où on vient, ça permet de ne pas se perdre. En tant que champion de tennis franco-camerounais, j'étais un peu seul dans le monde de la compétition… J'ai un peu tangué, je me sentais très isolé, mais je ne me suis jamais perdu. Et là, je dois dire que c'est aussi grâce à mon grand-père maternel, mon grand-père français. Il a eu une influence plus discrète, plus légère, mais aussi importante que mes racines camerounaises. C'était un poète. Après sa première visite au Cameroun, il m'a écrit une lettre magnifique. Il disait : « Comment j'ai pu passer à côté de mes frères ? » et son regret d'avoir manqué ce lien ; ses études, son parcours, lui avaient fait passer à côté des choses les plus importantes.

Cet héritage, cette manière d'être habité par ceux qui vous ont précédé, cela vous a-t-il réconforté dans votre carrière ?

Je crois que ça m'a permis d'être conscient que les applaudissements, la reconnaissance, qui comblaient en moi une sorte de manque affectif, un jour, ça s'arrête, et ce jour-là, il faut continuer d'avancer. Quand ils sont tous contents, tu as l'impression d'être un autre, et puis un jour, ça s'arrête… Et qui reste ? Ta famille ! Ce « combat », je l'ai remporté grâce à mon héritage familial.

SYLVIE VARTAN

Sylvie Vartan, c'est une histoire de famille, de fratrie, de sororité, d'intergénérationnalité mais aussi de déracinement. Tant de similitudes avec ma propre famille qu'il m'était inconcevable de ne pas la voir figurer dans ce livre !
Mamie se réjouit elle aussi de cet entretien. Elle me souffle alors de rencontrer la star avec maman, sa première fan. Je ne peux rien refuser à Rosine... Mais quel stratagème utiliser pour ne pas imposer à Sylvie notre duo atypique ? « Une parole de vérité pèse plus que le monde entier », dit le proverbe. Aussi, dans le salon parisien de l'artiste, Maman sera mon équipière et prendra des notes. Nous voilà toutes les trois entre émotions, complicité et caresses répétées aux adorables chiens de madame Sylvie Vartan.

Mon enfance en Bulgarie, sous la dictature stalinienne, est présente, en permanence. Même si ma vie a été plus qu'incroyable et pleine de succès, d'amour et de voyages, à une période – les années soixante – où tout était à inventer pour la musique, pour la jeunesse... je suis restée ancrée dans ce petit coin de jardin de Bulgarie où je passais du temps avec mon grand-père ! Il m'adorait, et c'était un plaisir d'être à ses côtés. Chaque après-midi, ma mère me forçait à faire la sieste, et j'avais horreur de cela parce que j'étais une petite fille toujours en mouvement – ce qui n'a pas changé. La mission de Robert, mon grand-père paternel, était de me surveiller. J'étais censée dormir dans une espèce de transat en osier, mais je faisais semblant et je n'arrêtais pas de l'observer. Je me souviens aussi de ces deux sapins qu'il avait plantés à notre naissance, mon frère et moi. Quand je suis retournée dans cette maison quarante ans plus tard, rien qu'à voir les arbres, j'étais dévastée. Mais la vie continue...

Comme beaucoup d'autres, nous vivions à l'époque avec mes grands-parents. Cela ne se fait plus. C'est dommage parce que l'on apprend autant de ses parents que de ses grands-parents quand on a le bonheur d'être à leurs côtés. Quand j'ai des soucis, que je traverse des problèmes, je me revois toujours dans ce jardin à la tranquillité absolue, avec mon grand-père toujours très élégant, en chemise, cravate et chaussures brillantes. Il était, paraît-il, très autoritaire, mais il ne me faisait absolument pas peur ; je sentais qu'il avait un faible pour moi. Il n'avait eu qu'un fils ; moi, la fille attendue, j'étais évidemment gâtée, aimée plus qu'il ne faut – enfin, jamais « plus qu'il ne faut » parce que c'est toujours bien d'être très aimé.

À quoi ressemblait votre environnement ?

Nous vivions dans une très jolie maison, avec une véranda qui ouvrait sur le jardin. Comme le soleil et le ciel, le jaune et le bleu étaient les couleurs de mon enfance. Mon univers était restreint à cette maison, à ce jardin où mon grand-père me faisait découvrir tant de choses, comme le goût des poires qu'il cueillait et coupait avec son canif parfaitement rangé dans son étui. Il était extrêmement méticuleux, extrêmement exigeant, aussi. Je tiens cela de lui.

J'ai adoré ce temps passé à ses côtés, de mes premiers pas à mes six ans. Pour moi, c'était l'éternité ! Et pendant toutes ces années, il y avait une régularité dans nos rituels, la routine d'une maison où régnait l'amour, l'harmonie, la musique... Ce sont des souvenirs fondateurs absolument merveilleux, très proustiens.

Je l'entends encore me chanter « Le soleil a rendez-vous avec la lune » de Charles Trénet, en français, alors qu'il ne nous parlait qu'en bulgare. Sa voix résonne encore en moi avec tendresse. Je n'ai rien oublié de notre douce complicité et du lien si fort qui nous unissait.

Il vous avait donné un surnom ?

Oui, de temps à autre il m'appelait Djidjika ! Malheureusement, je ne sais pas ce que cela veut dire... Il n'y avait que lui pour m'appeler comme ça. Moi, je l'appelais Dedy. Et ma grand-mère, c'était Baby. Elle passait son temps dans la cuisine avec ma mère ; pour moi, c'était l'univers des femmes. D'ailleurs, je comprends mieux aujourd'hui pourquoi j'aime cuisiner.

Est-ce que Robert racontait des bribes du quotidien ?

Ce qu'il préférait, c'était me faire écouter des contes musicaux. Mon grand-père et mon père jouaient aussi bien du piano que de l'accordéon, et c'est ainsi que mon frère, Eddie, les a rejoints avant de se mettre au cor d'harmonie puis à la trompette quand nous sommes arrivés en France.

Prokofiev, *Pierre et le Loup,* ou les opéras de Wagner... je me souviens de mon père qui me racontait *L'Anneau du Nibelung* et l'histoire des Walkyries, avec la musique, très forte, qui venait ponctuer tout ça. Comme on n'avait pas de télévision, c'était le bonheur. Accrochée aux lèvres de mon père et de mon grand-père, je buvais leurs paroles. C'était encore plus fort qu'avec des images. Je tenais parfois la main de mon grand-père en disant : « J'ai peur... Qu'est-ce qui va se passer ? »

Vous avez été obligés de vous séparer, de ne plus vivre sous le même toit...

Oui, malheureusement on avait prié mon père, que l'on soupçonnait d'être un espion à la solde de l'Occident, de quitter son poste à l'ambassade de France en Bulgarie... C'était une pratique courante, la police patrouillait partout. Nous sommes partis habiter dans un appartement à Sofia. J'avais sept ans, à peu près – je n'ai pas tellement le sens des années, ça ne m'a jamais préoccupée. C'était difficile de se retrouver entre quatre murs après avoir grandi entre les dahlias, les roses sublimes et le poirier aux fruits juteux de mon grand-père. Heureusement, mes grands-parents venaient nous voir. Ils nous apportaient du fromage, des petites choses comme ça, parce que la vie devenait très difficile.

Sentiez-vous, enfant, cette menace ?

Oh oui ! J'avais bien compris. Les grandes personnes ne se doutent pas à quel point les enfants comprennent tout et voient tout. Par osmose, par intuition. Moi, dès que je voyais la police, je montais quatre à quatre les escaliers pour voir si mon père et ma mère étaient toujours là. J'avais peur qu'ils disparaissent aussi.

Ensuite, la milice a installé une famille qui a pris possession de notre appartement ; nous ne pouvions utiliser la cuisine que lorsqu'ils ne s'en servaient pas. Et ces miliciens, soi-disant très aimables, écoutaient tout ce que l'on disait, épiaient tout ce que l'on faisait.

C'est Robert, finalement, qui a dit à votre père d'aller chercher la liberté ailleurs ?

Mon père avait déjà effectué des démarches pour partir, parce que, au plus fort du rideau de fer, la milice patrouillait tout le temps, Staline était placardé partout ; on apprenait à l'aduler, on devait l'appeler l'oncle Staline… C'était abominable, en Bulgarie et dans tous les pays satellites ; comme dans ce film sublime qui a eu un Oscar, *La Vie des autres*.

Né en France, mon père possédait des papiers tout à fait légaux et en bonne et due forme pour nous quatre. En 1952, il demanda simplement à rentrer en France avec sa famille, mais l'Agence de la sécurité nationale lui fit croire que ses papiers avaient été perdus, que sa demande n'avait pas pu aboutir… Finalement, on a pu partir, mais on sentait la pression, c'était terrible. Avec les communistes dans notre appartement, on était tout le temps sur le qui-vive. Je savais très bien qu'il ne fallait pas dire que l'on voulait partir... Eddie était grand, lui, le pauvre, il comprenait tout. Et moi, je ressentais tout.

Est-ce que vous saviez que vos grands-parents allaient rester ?

Non, je l'ai compris seulement quand j'ai vu mon grand-père courir derrière le train... Maman m'avait prise dans ses bras et on le voyait devenir tout petit par la fenêtre quand le train a pris de la vitesse. Depuis, je ne supporte pas l'idée des départs. Même dans les films, ça me rend malade. C'est resté tatoué dans mon cœur.

Je n'ai même pas eu le temps de dire au revoir à mon grand-père, parce que tout s'est fait dans une grande fébrilité. Et puis, c'était un peu le bout du calvaire, de l'attente, et il fallait encore passer les douanes... On était en troisième classe dans l'Orient-Express, vide évidemment, qui allait vers la Yougoslavie, l'Italie, la Suisse, le sud de la France et Paris pour finir. Un voyage de trois jours et trois nuits. Je ne sais même pas comment nous nous sommes rendus à la gare, parce qu'il n'y avait pas tellement de voitures. Sur le quai, il y avait les sœurs de maman, mes grands-parents, et c'est tout. Finalement, nous étions contents, mon frère et moi, de prendre le train... nous avions tellement attendu ce départ ! Tous ces préparatifs – la nourriture pour trois jours, les bagages – avaient un côté festif, même si je ressentais une espèce de crainte, de malaise. Mais comment mettre des mots dessus ?

Quand le train a quitté la gare, que j'ai vu disparaître l'image de mon grand-père, c'était horrible. C'est là que tout a basculé, en fait : l'enfance est partie, elle est restée avec lui sur le quai.

Plus tard, mes parents ont enregistré des demandes pour essayer de faire venir mes grands-parents en France, mais mon grand-père est mort avant. Ma grand-mère a pu enfin venir des années plus tard.

Êtes-vous retournée à Sofia ?

Oui, j'ai chanté là-bas. Ça a été le concert le plus bouleversant de ma vie, les moments les plus forts que j'aie partagés avec le public :

tout le monde pleurait, et moi avec. J'ai retrouvé une Bulgarie dans l'état où on l'avait laissée. Le mur de Berlin était tombé l'année précédente, le pays était exsangue, les magasins vides, les rues vides, tout était vide. Il n'y avait rien, mais la population était animée d'un souffle extraordinaire de liberté très perceptible.

Le concert allait être diffusé à la télévision française pour une émission de Noël et j'avais peur de ne pas réussir à chanter tant l'émotion était forte. Au fur et à mesure que l'avion s'approchait de Sofia, je me sentais de plus en plus tremblante et émue. J'appréhendais ce retour, même si j'étais très soutenue par Tony, mon mari, mon frère et mon fils. Finalement, cet événement reste à jamais un moment unique dans ma vie. Mais je ne sais pas comment je suis parvenue à chanter tant j'étais submergée par mes sanglots et l'émotion des spectateurs. Cette communion entre le public et moi était si intense que je me suis sentie comme vidée de toutes mes forces, telle une poupée de chiffon.

Ce concert m'a permis de retrouver les lieux de mon enfance, de revoir la maison de mon grand-père et de me recueillir sur sa tombe.

Cette histoire de transmission très forte avec votre grand-père, l'avez-vous fait perdurer avec David, Darina et vos petits-enfants ?

C'est organique, en effet. On a toujours eu à cœur de transmettre et de maintenir le lien en gardant l'amour comme dénominateur commun. Et d'ailleurs, Ilona, ma première petite-fille, porte le prénom de ma mère : c'est merveilleux !

Votre maman, vous l'avez emmenée avec vous partout, tout le temps !

Je ne pouvais tout simplement pas vivre sans elle ! D'ailleurs, il ne se passe pas un jour sans que je pense à elle ; le matin, le soir, à n'importe quel moment de la journée, avec des détails qui, en apparence, n'ont aucune relation avec ma vie antérieure. C'est quelque chose de tellement profond et ancré en moi. Mais le toucher me manque, les bras, l'étreinte... Tout cela me manque.

David a-t-il bien connu votre maman ?

Il adorait sa grand-mère ! Son grand-père, malheureusement, est parti trop tôt, il avait trois ans. Cela a été un grand manque pour lui qui ressentait tant le besoin d'une image paternelle. Quand je partais, je ne pouvais le laisser qu'à Maman. Elle n'était pas une grand-mère traditionnelle, qui laisse tout passer. Maman avait de la force, elle était rigoureuse et exigeante. Et elle ressentait évidemment un amour fou pour son petit-fils. David l'aimait et sentait bien qu'elle était, pour moi aussi, un pilier dans ma vie de Rolling Stone : je rentrais, je sortais, toujours avec mes valises... J'essayais d'être présente pendant les vacances scolaires, mais quand je partais pour un mois, je ne pouvais pas le laisser à des inconnus, c'était impossible. Donc il restait avec Maman et une jeune fille que tout le monde aimait et qui adorait David. Maman était pour lui une seconde maman. Ma mère, c'était tout !

Quel genre de grand-mère êtes-vous ?

Pour eux, je suis Mimi ; c'est Ilona, ma première petite-fille, qui m'a donné ce surnom. Je suis un peu la maman de tout le monde, en fait... Je l'étais déjà pour mes maris ! Même si je ne les vois pas assez, je suis assez complice avec mes enfants et mes petits-enfants... Comme ma fille Darina est de la même génération que mes petites-filles – mon petit-fils Cameron étant né bien plus tard – j'ai eu trois filles coup sur coup, une vraie bande de nanas ! Elles ont joué à la poupée longtemps, j'ai pris beaucoup de plaisir à leur raconter des histoires tous les soirs... Je n'aurais manqué pour rien au monde ce rendez-vous d'amour. C'est ça la transmission.

Y a t-il un titre de votre répertoire en particulier qui est propre à Robert, à votre mamie ou à votre maman ?

« Mon père » résume toutes mes amours : mon grand-père, mon frère, tous les hommes de la famille. Cette chanson fait partie de ma chair et de mon cœur. Tout comme la chanson déchirante de Barbara, « Mon enfance », que j'ai reprise et qui semble avoir été écrite pour moi tant elle est fidèle aux émotions et aux images fortes de mon enfance.

Je me dis que ses soucis, ses angoisses, doivent être apaisés si mon grand-père voit combien j'ai été privilégiée et gâtée par la vie et combien ma passion m'apporte toujours autant d'équilibre et de bonheur. Tout compte fait, quand on est parent, qu'on a pris des années et qu'on regarde en arrière, on souhaite pour ses enfants le meilleur. Et quand on s'en va, j'imagine que de savoir qu'ils sont bien accompagnés, qu'ils sont heureux et qu'ils ont réussi leur vie, c'est le plus beau cadeau que l'on puisse leur faire.

Comme je suis quelqu'un de croyant et de mystique, je veux croire que de leurs nuages, là-haut, mes grands-parents se disent : « Nous sommes contents qu'elle soit comme elle est, et de lui avoir montré la meilleure façon de faire les choses dans sa vie chaotique ! » Leur amour m'a donné de la force et de l'assurance. Même Johnny, ça le rassurait, ces fondations familiales très fortes – ma mère l'adorait, d'ailleurs, et il se sentait protégé. Il aimait ça, et on pensait que c'était pour la vie. On avait dix-huit ans, on était tout mômes, et tout nous est tombé dessus d'un seul coup... mais alors, à nous ensevelir ! Il y avait de quoi perdre la raison, c'est le cas de le dire.

Est-ce votre socle familial qui vous a protégée de la folie et du tourbillon ?

C'est l'amour qui m'a structurée. Celui des hommes de ma famille, celui de tous les hommes de ma vie et celui de mes parents : ça donne de l'assurance, l'amour. Je les remercie beaucoup, tous les deux, de s'être sacrifiés pour nous. Mes parents n'avaient pas besoin de parler pour nous dire ce qu'il fallait faire. Quand on a habité quatre ans dans une chambre d'hôtel, en France, on a compris combien la vie était difficile. Mais si vous vivez dans un milieu aisé, vous n'allez pas faire dormir votre enfant dans la cour sous une tente pour lui montrer combien c'est difficile d'être SDF...

En revanche, ce qui me semblait fou, quand je suis arrivée au collège à Paris, en sixième, c'était que les parents puissent divorcer. Quand j'ai appris ce que voulait dire ce mot, je n'en ai pas dormi de la nuit. J'ai demandé à Maman s'ils allaient se séparer. J'étais complètement effrayée. En fait, comme l'a écrit Romain Gary, c'est très mauvais d'être aimé trop tôt et trop, parce qu'après, on a l'impression que tout le monde est bon et que tout se passe comme ça… Eh bien, non ! Et on n'est pas du tout préparé aux problèmes de la vie : moi je ne supporte pas la violence, je ne supporte pas un cri.

Vous avez gardé une sorte de candeur…

Oui, en quelque sorte. Pourtant, à l'âge de sept ans, j'avais tout compris, je pense. J'avais l'impression d'avoir cent ans. Je sentais trop de choses et je trouvais les gens de mon âge puérils, pas intéressants. Et cela a toujours été comme ça. Même plus grande. D'ailleurs, je n'ai pas eu d'adolescence, je n'ai jamais été rebelle… Je ne sais même pas ce que cela veut dire. Moi, je voulais toujours faire plaisir à ma mère et jamais je n'aurais pu m'endormir en étant fâchée avec elle.

ALEX LUTZ

Il est un artiste aux multiples facettes, tantôt extravagant, tantôt énigmatique. Un créateur singulier, déconcertant, à l'allure juvénile, qui maîtrise avec maturité l'art des mots et des images. Alex Lutz sait tout faire : jouer, réaliser, mettre en scène, écrire. Quand on donne tant au public, se raconter n'a pas sa place. Je m'apprête à recevoir une réponse négative à ma sollicitation quand cet homme, que je sais réservé, me surprend encore, définitivement caméléon…

Avez-vous le souvenir d'un lieu où vous passiez vos vacances avec vos grands-parents ?

Mon plus vieux souvenir, c'est avec mes grands-parents paternels, à Nice. Mon grand-père, André, était un ancien officier de l'armée de l'air. Après la guerre d'Algérie, il a travaillé dans les assurances. Pour leurs vacances, mes grands-parents pouvaient profiter d'une espèce de résidence pour les gens de l'armée. C'était un immeuble des années soixante-dix mais une « résidence », dans mon esprit, c'était un lieu digne d'une série américaine ! Les souvenirs que j'ai sont plutôt ceux d'une époque : le début des années quatre-vingt. J'ai de vagues souvenirs de Nice, la mer, la ville. L'interprétation que j'en ai aujourd'hui, c'est que ce n'étaient pas tout à fait les mêmes vacances que celles que passaient mes parents, incarnation des boomers - donc très modernes pour l'époque - qui étaient davantage comme dans *Les Bronzés* [*il rit*] : clubs et bronzage ! Dans mon souvenir, mes grands-parents, c'était plutôt : restaurants sur la côte, écrevisses, bains de soleil et lecture. Les papys et mamies de l'époque, en somme.

Ces étés étaient-ils synonymes des retrouvailles de trois générations ? Vos parents étaient-ils présents ?

Je crois qu'on y allait en famille, quand j'étais tout jeune. J'étais vraiment petit parce que lorsque j'ai perdu mon grand-père, j'avais seulement cinq ou six ans. J'ai pourtant des souvenirs marquants de lui. D'ailleurs, nous étions en vacances d'été, à la mer, quand on a appris son décès. Je me souviens m'être un peu forcé à être triste parce que je n'avais pas très bien compris ce qu'était la mort. Quand on m'a dit « Grand-papa est mort », comme je voyais tout le monde triste, je me suis dit que j'allais être triste. En attendant, je me disais toutes les cinq minutes : « Il va revenir, je pense. » J'ai compris au fil des mois que non. Ensuite, j'ai été très proche de ma grand-mère, avec qui j'ai passé beaucoup de temps, je passais parfois plusieurs jours d'affilée chez elle.

Et puis, très vite, mes parents ont divorcé et les vacances sont devenues un grand bazar d'organisation : une partie avec ma mère, une partie avec mon père. Même si mes parents se sont toujours très bien entendus et que je n'ai pas de souvenirs de transit compliqué, je me souviens qu'il fallait diviser le temps entre la colo et les semaines où je partais avec eux, ou chez ma grand-mère.

Cette grand-mère vous a-t-elle laissé quelque chose de marquant ? Un parfum, un livre partagé, une découverte... ?

Si je me souviens bien, elle portait *Ma griffe* de Carven. J'ai en mémoire une espèce d'odeur de poudre. Elle m'évoque un grand appartement assez élégant, haussmannien, à Strasbourg, avec tout un tas d'objets, et l'interdiction formelle d'aller dans le bureau de mon grand-père, dans lequel j'adorais aller quand même ! J'aimais m'installer derrière son bureau et faire semblant de signer des documents importants.

Son bureau était adjacent à l'endroit où l'on passait le plus de temps chez ma grand-mère : une pièce pas très grande, qui donnait sur le double-salon, et où l'on se réunissait autour d'une grande table pour Noël et autres réceptions.

Il y avait aussi un petit salon avec la télé. On regardait vraiment tout ce qu'on pouvait, là-bas, dont beaucoup de choses qui m'ont inspiré, notamment quand j'ai réalisé *La Vengeance au triple galop*. Ma grand-mère disait toujours « Qu'est-ce que les Américains savent raconter de belles histoires ! » et ça me faisait rire parce qu'elle le disait à propos de n'importe quelle saga grotesque comme *Les oiseaux se cachent pour mourir*. Pourtant, la télé était d'abord le diable, pour cette génération dont elle faisait partie, tout comme la machine à laver... Finalement, elle s'est très vite collée devant !

Vos meilleurs souvenirs sont donc à Strasbourg, dans l'appartement haussmannien, avec cette grand-mère ?

Oui, chaque début et chaque fin d'été, je les passais là, dans cet appartement, à Strasbourg. On faisait souvent des balades aux Contades, à l'Orangerie, dans un parc où il y avait des animaux, on mangeait une glace. Ce n'était pas une mamie gâteau, de celles qui font des pâtisseries dans tous les sens et passent leur temps dans la cuisine, mais on passait beaucoup de temps ensemble. Elle disait : « On va faire un petit tour en ville, on va au restaurant » ou « On va se promener dans Strasbourg. » On se baladait en ville, on mangeait plein de choses, on faisait des emplettes... Je pouvais toujours très largement me servir d'elle pour acheter quelque chose que je n'avais pas eu le droit d'acheter avec mes parents !

Et pendant l'année scolaire, au lycée, j'allais avec ma mobylette dormir chez des potes ou chez ma grand-mère si c'était plus pratique pour moi. Donc j'y ai passé beaucoup de temps, chez elle.

Et puis tout l'immeuble appartenait à mes grands-parents. Deux de mes oncles y habitaient, mon père y a eu un temps un appartement, ma tante aussi, et moi, mon premier petit appartement d'amoureux avec ma femme. C'était une ancienne loge de concierge, dans un état pitoyable, que nous avons rénovée avec ma femme et mon père. L'appartement de ma grand-mère était juste au-dessus du nôtre, donc on entendait *Les Feux de l'amour* tonitruer... et tout ce qu'elle regardait en général. J'entendais les génériques des émissions tard dans la nuit et quand le lendemain je lui demandais si elle avait regardé un peu la télé, elle répondait : « Non, j'ai regardé le film, et puis après, il y avait des débats un peu voyeuristes, pas très intéressants. » Alors que je savais qu'elle avait regardé jusqu'au bout !

Jusqu'à quel âge avez-vous profité de votre grand-mère ? Comment avez-vous vécu son départ ?

Elle avait pile quatre-vingt-dix ans. J'étais très triste mais soulagé parce qu'elle n'allait pas bien. Et coupable, un peu, du temps que je n'avais passé avec elle comme je l'aurais aimé.

Je m'en veux de ne pas avoir bien accompagné les gens que j'ai aimés parce que j'étais pris par le temps, le travail, tout le reste. Et une forme de peur, aussi. Ça a été le cas avec Sylvie Joly, par exemple, que j'ai aimée comme un membre de ma famille. Dans les derniers moments de sa vie, la voir diminuée était très violent : cela m'abîmait et me terrassait... J'ai du mal avec ce truc vraiment injuste, dégueulasse, ce moment où l'on ne fait que s'amoindrir.

Ce que je trouve vraiment très dur, aussi, c'est de perdre les voix de ceux que l'on a aimés. Pourtant, ma grand-mère, je l'ai imitée sur scène, j'ai écrit un sketch pour Sylvie Joly inspiré d'elle. Mais je me rends compte que le timbre devient flou. Bizarrement, je trouve que les rires des gens, on s'en souvient beaucoup, c'est drôle d'ailleurs. J'ai encore en tête les rires de gens qui sont partis, mais leur voix... elle fout le camp. On s'est tellement parlé, on s'est tellement raconté de choses, on s'est tellement engueulés... et pourtant, le timbre s'efface. On devrait conserver des messages de répondeur où on se dit juste « Je viens à 19 heures... Bon ben, tu n'es pas là... Bisous ». Je regrette de ne pas avoir enregistré la voix de ma grand-mère.

Quelle place la transmission a-t-elle pour vous ? Par quoi passe-t-elle avec votre petit garçon ?

La transmission, c'est un élément essentiel qui fait que l'on ne meurt pas vraiment. Avec mon fils, je fais du mieux que je peux. Nous essayons de lui donner des souvenirs forts, justement, au travers des lieux, des petits rituels, des endroits où nous mangeons ensemble, des régions dans lesquelles nous retournons régulièrement. C'est important parce que j'ai vraiment l'impression que cela crée des ancrages, des choses qui restent.

Votre fils est-il proche de ses grands-parents ?

Oui, il a la chance d'avoir les quatre, et même les cinq, puisque ma maman est remariée depuis plus de trente ans. Il y passe des étés. D'ailleurs, il va bientôt partir car nous allons attaquer un tournage. Il passe du temps chez les parents de ma femme, comme chez les miens, il y a ses habitudes, ses repères, j'aime beaucoup ça.

Dans les familles, on a souvent tendance à dénigrer les événements un peu cérémonieux ou répétitifs, comme Noël et son organisation. Mais si on est honnête, on se souvient qu'enfant, on était embêtés de voir les parents agacés par les retrouvailles familiales... Parce que nous, on trouvait ça chouette ! En vieillissant, chacun doit s'organiser avec le boulot, les cadeaux à ne pas oublier, prendre la voiture... Tout cela devient une charge. C'est pourtant super d'essayer de maintenir ces rendez-vous le plus longtemps possible, parce qu'il y a une grande différence entre ce que les adultes ressentent au sein d'une famille et les souvenirs que s'en font les enfants. Et malgré tout, quand on est adulte, ça devient une madeleine de Proust. C'est très fort, je trouve.

ANA GIRARDOT

Une créature éthérée mais dotée d'une évidente* vis comica *: c'est ma première lecture d'Ana Girardot. Celle que je ne connais que par écran interposé manie aussi le verbe avec grâce.
« Ana avec un seul n, c'est à l'espagnole, comme Maman. » Au bout du fil, quand je l'interroge sur ses ascendants, je sens s'animer la fossette héritée de son père, Hippolyte. Chaleureuse et grégaire : c'est la signature familiale.

Toutes mes vacances d'enfant, de zéro à douze ou treize ans, incluaient mes grands-parents. Retrouver mes cousines chez Zette et Jean-Paul, à Gordes, mes grands-parents paternels, était une sorte de passage estival obligé. Mon grand-père, architecte, avait fait construire une sublime maison en pierre, en béton et en verre à Gordes, ce village perché du Luberon qui sent le soleil toute l'année. Le design de cette maison, d'ailleurs, m'a suivie ensuite dans mon plaisir esthétique. Elle avait de très larges ouvertures en bois magnifiques qui donnaient en surplomb sur la garrigue et ouvrait sur une terrasse d'où on aimait admirer le coucher du soleil, allongés ensemble sur d'immenses coussins. C'était réjouissant et paisible, ces réunions entre générations. Notre grand-père nous racontait ses souvenirs pendant la guerre ou reprenait – pour notre plus grand plaisir – l'histoire de sa rencontre avec notre grand-mère, autour d'une piscine, quand il avait seize ans. On aimait tellement l'entendre, cette histoire !

Comment vous occupiez-vous, dans cette grande maison retirée, gérée par deux seniors ?

À notre grand désespoir, aucun bassin n'avait été creusé dans le jardin, mais une petite piscine gonflable qu'on ressortait chaque année du cabanon en pierres blanches faisait notre bonheur. Je me souviens que chaque fois qu'il fallait l'exhumer de la borie, on craignait qu'une araignée velue ou un scorpion y ait élu domicile… J'étais terrifiée à l'idée d'être désignée pour sortir cette piscine de sa cachette où elle avait passé tout le reste de l'année ! C'était en quelque sorte notre première aventure des vacances.

Que partagiez-vous, concrètement, avec vos grands-parents ? Aviez-vous des rituels ou des petits secrets qui vous liaient ?

Mon grand-père avait une 2 CV rouge décapotable dans laquelle on s'installait debout pour sortir du chemin de la maison… C'était une autre époque, on flirtait plus facilement avec l'interdit ; jamais je ne ferais la même chose avec mon enfant aujourd'hui ! Surtout, mon grand-père prenait les virages un peu brutalement pour notre grand plaisir : c'était difficile de ne pas tomber les unes sur les autres dans un éclat de rire. On dessinait aussi beaucoup ensemble.

Avec ma grand-mère, « on faisait les filles » : on chantait, on prenait des bains, on se mettait de la crème. Elle était une force féminine très vive dans la famille et elle nous a transmis ça. Jusqu'à un âge très avancé, elle a continué à travailler à l'Unesco pour la défense du droit des femmes à travers le monde, et il y avait quelque chose de très puissant autour de cet engagement qu'elle nous faisait ressentir. Elle nous racontait des histoires en anglais et cela me fascinait. À quatre-vingt-trois ans, elle faisait des Skype et avait même un compte Facebook ; elle était très moderne.

Je me rappelle surtout que nos grands-parents faisaient en sorte que nos vacances soient les plus merveilleuses possible. Dès que nous avions une envie, ils se précipitaient pour la réaliser. J'ai l'image de ma grand-mère qui triait même mon muesli du petit déjeuner pour en enlever les raisins secs ! C'était régressif et plaisant.

Notre rituel, c'était la visite à la « Petite boutique des jouets en bois ». Comme son nom l'indique, on y trouvait des jouets en bois, et en tissu. Chaque année, on avait le droit de choisir un petit objet ; c'était un passage obligé. J'en ai conservé certains. J'ai aussi chez moi des bibelots récupérés dans la maison de Gordes et qui sont imprégnés de souvenirs d'enfance. Notamment une longue lampe très épurée avec un grand abat-jour et un socle en boule qui rappelle la Californie dans les années 1970. C'est drôle, je me souviens aussi de cette odeur de peinture sur le béton, de celle du sable et de la pierre mêlées aux nattes en paille sur lesquelles on s'asseyait sur la terrasse. Toutes ces effluves de maison chauffée au soleil toute l'année me reviennent quand j'évoque mes grands-parents. Le rire doux et généreux de ma grand-mère, aussi, qui aimait rencontrer des gens et qui était toujours si joyeuse.

Avez-vous à cœur de perpétuer le souvenir de vos grands-parents, de transmettre à votre tour ce qu'ils vous ont offert ?

Bien sûr ! On a tous hérité, dans la famille, de nos grands-parents. Les cousins, les cousines, mais nos pères et nos oncles avant nous. Chez les Girardot, la famille, c'est sacré ! On aime se réunir, se retrouver et faire la fête. Et par l'écriture, on se transmet aussi beaucoup de choses. Mon grand-père était un artiste, un poète. Il créait. Il a fait beaucoup de montages photo, il écrivait des poèmes pour ma grand-mère… Faire passer des messages à travers l'écriture et le dessin, grâce à des créations artistiques : on a tous eu la chance d'hériter de cela.

Diriez-vous que la transmission des grands-parents à leurs petits-enfants diffère de celle des parents à leurs enfants ?

Oui, absolument. Et la plus forte, en ce qui me concerne, est celle de ma grand-mère. Elle avait travaillé chez L'Oréal à l'époque du fameux slogan de la marque : « La laque des stars, la star des laques. » Elle avait d'ailleurs marqué une génération de collègues de bureau, chez Publicis ou L'Oréal, un milieu d'hommes dont elle savait merveilleusement se démarquer par son énergie débordante, sa silhouette élégante, ses chapeaux et ses costumes Sonia Rykiel auxquels elle tenait particulièrement. Pour moi, elle est restée cette femme jusqu'à la fin de sa vie. Elle était la même que deux décennies plus tôt, quand elle venait me chercher à l'école dans sa voiture pour m'emmener au Bon Marché ! Du haut de ses quatre-vingt-trois ans, elle avait une énergie et une malice formidables. Elle est partie l'année dernière, comme mon grand-père, mais ils sont tous les deux pour toujours dans mon cœur.

MARC LEVY

Nous n'avons aucun lien de parenté, dommage… Seule similitude, notre patronyme a perdu son accent sur le « e ». Pour lui, cela remonte à son installation en Californie au milieu des années 1980, pour nous, c'est plus nébuleux.
Marc a souvent fait référence à sa grand-mère dans ses livres, mais la raconter dans son ensemble est le double cadeau qu'il me fait alors qu'il est de passage en France pour son dernier titre. Double, car il prend d'abord soin de s'enquérir de la vie de mon premier ouvrage, après être tombé dessus dans sa bibliothèque new-yorkaise. Et puis, sans hésiter, alors que rien n'est organisé, il accepte de me raconter Yvonne.
Il me livre ses années au creux de cette femme tant aimée, comme il racontait, le soir, à Louis son aîné, des histoires pour l'endormir.
Marc est un conteur hors pair.

Mes grands-parents paternels sont morts à Auschwitz, et j'ai très peu connu mon grand-père maternel. Il était éditeur et vivait à Monaco avec son épouse. Lorsqu'il est tombé malade, en 1968, mes parents se sont installés dans le Midi pour s'occuper de lui et Papa a repris la maison d'édition. Ma grand-mère maternelle est venue vivre avec nous, et comme mes parents travaillaient beaucoup, elle s'est beaucoup occupée de nous. Elle était très présente dans notre vie.

Son prénom officiel était Yvonne, mais tout le monde l'appelait Lily, c'est pour cela qu'il y a beaucoup de personnages qui s'appellent Lily dans mes romans ; ses traits comme son caractère y sont très présents. Ma sœur et moi l'appelions Manine : en hispano-arabe, *manine* signifie « ma moitié ». Ma grand-mère était oranaise – je crois que mon arrière-arrière-grand-père était maire d'Oran – et elle est revenue vivre en France bien avant la fin de la guerre d'Algérie. Mon grand-père l'avait quittée pour une autre femme juste après la guerre ; elle parlait peu de lui. Maman avait une passion pour son père, qui ne lui avait jamais dit je t'aime... Mon roman *Toutes ces choses qu'on ne s'est pas dites* est né d'une conversation que j'ai eue avec ma maman, dans sa voiture, alors que j'étais au téléphone avec mon propre fils. Avant de raccrocher, j'ai dit à mon fils que je l'aimais, alors Maman, au volant, a murmuré : « Mon père ne m'a jamais dit qu'il m'aimait... » Il était mort depuis longtemps mais cette cicatrice ne s'était jamais refermée.

On parle souvent d'un lien intense entre une fille et son père, le complexe d'Électre, mais entre eux, il n'y avait pas d'expression d'amour ; vous sauriez l'expliquer ?

Maman vouait une passion à son père et elle avait beaucoup souffert de son absence. Il faut dire qu'elle a eu une enfance difficile, marquée par l'exode et la perte de sa sœur cadette, morte à dix-sept ans d'une poliomyélite. Son père, qui aimait énormément ses deux filles, était très présent... jusqu'à ce qu'il parte refaire sa vie du jour au lendemain. Elles sont passées alors au second plan et cela a été une souffrance terrible pour Maman. Toute sa vie, elle a été en quête de l'amour du père. Quand il est tombé malade et que l'on est partis vivre dans le Midi, elle était tous les jours à son chevet à la clinique. Elle ne le quittait pas. Mais sa souffrance était profonde.

Manine a été une grand-mère magnifique ! [*Il sourit.*] C'était une femme de caractère à l'intelligence stupéfiante, douée d'une qualité d'écoute exemplaire. Je me rappelle avoir retrouvé des ex-petites amies dans la chambre de ma grand-mère : elles continuaient à venir la voir pour se confier et écouter ses conseils ! Manine me disait alors : « Ce n'est pas parce que tu les as quittées ou qu'elles t'ont quitté que je dois en faire autant. » Et ces visites ont duré, pour certains de mes amis, jusqu'à sa mort ! Elle écoutait sans complaisance, ne vous laissait jamais pleurer sur votre propre sort. On l'appelait la main de fer dans un gant de velours. [*Il rit.*] Et la reine sévère, aussi, quand on était petits ! Elle était extrêmement stricte sur l'éducation, mais avec un amour, une tendresse et un humour qui faisaient tout passer. On la respectait beaucoup : quand elle disait « Au lit ! », on y allait aussitôt... Mais on pouvait parler de tout avec elle, on pouvait tout lui dire ! Il n'y avait aucun tabou.

Vous louez son intelligence stupéfiante, mais comment se traduisait-elle ? Que vous a-t-elle appris et transmis ?

Bernard Pivot avait une passion pour elle. Il passait la voir toutes les semaines à la maison et elle a énormément compté dans sa vie. Comme elle n'avait peur de rien, après chaque émission d'*Apostrophes*, elle l'appelait pour débriefer, parfois même critiquer le choix de sa cravate. Elle lui disait par exemple : « L'émission était formidable, Bernard, mais qu'est-ce que c'est que cette cravate rouge ! Pourquoi pas un nœud papillon, tant qu'on y est ! » [*Il rit.*] Elle lançait des répliques à la de Funès et ne mâchait jamais ses mots ; elle était absolument irrésistible. Elle avait un langage très fleuri, aussi, et elle inventait des expressions. Quand elle croisait une grande bringue dans la rue, comme les Parisiennes de Kiraz, elle me disait : « L'appartement est haut perché, mais il n'y a personne qui l'habite ! » [*Il rit.*] Elle avait des phrases qui fusaient comme ça. Elle lisait beaucoup, était férue de mots croisés et jouissait d'un vocabulaire incroyable. Une championne de Scrabble !

Mais plus que son érudition, elle nous a transmis la tendresse, l'amour, le sens de l'écoute... Cela peut paraître fleur bleue, mais ma grand-mère nous apprenait à aimer tout le monde, même ceux que l'on avait envie de détester, à chasser la colère, à voir le bon côté des choses. Quand nous étions en conflit avec nos parents, elle ne nous disait jamais : « Ta mère a raison », mais simplement : « Tu te rends compte à quel point ta mère t'aime ?! » Et pourtant, Manine avait connu la pire des souffrances en perdant sa fille de seulement dix-sept ans. Elle ne s'en est jamais remise et a toujours vécu avec son fantôme. Elle était tout amour, nous écrivait beaucoup. Quand j'ai fait mes premiers voyages d'écolier, ou plus tard d'étudiant en Angleterre, elle m'écrivait une carte tous les jours pour me raconter son quotidien. Et quand je suis parti pour la première fois en voyage itinérant à San Francisco, comme le courrier n'était pas fiable, elle avait ouvert un « cahier d'écriture » pour m'écrire un mot chaque jour et me le remettre à mon retour. Je les ai tous gardés, ces cahiers d'écriture ! [*Il sourit.*]

Il y a autre chose que j'ai conservé précieusement : une petite valise noire qui nous intriguait beaucoup quand nous étions petits. Cette valise avait une histoire... Pendant la guerre, ma grand-mère était seule avec ses deux filles, et lors des bombardements, il fallait se précipiter dans les abris. La petite valise noire était toujours prête dans l'entrée, avec tout le nécessaire pour survivre au cas où l'immeuble s'effondrerait. Chaque fois que les sirènes retentissaient, elle prenait ses deux petites filles sous le bras, la petite valise noire, et descendait dans le métro. Un jour, les bombes sont tombées immédiatement après la sirène et ma grand-mère et ses filles ont descendu les escaliers dans la précipitation. Maman devait avoir onze ans et Monique neuf. Au moment d'arriver dans la station de métro, ma grand-mère a crié : « La valise ! J'ai oublié la valise ! » Puis la petite voix de Monique lui a dit : « Mais moi je l'ai prise, Maman ! » Cette valise est toujours restée dans sa chambre. Ma sœur et moi nous demandions ce qu'il pouvait bien y avoir dedans et lorsque nous l'interrogions elle répondait : « Il y a toute ma vie ! » Peu de temps avant sa mort, elle me l'a confiée et m'a dit : « Quand je serai partie, tu l'ouvriras ; seulement lorsque les souvenirs ne seront plus sources de chagrins mais le rappel des moments joyeux que nous avons vécus ensemble. » J'ai attendu plus de quinze ans pour l'ouvrir. J'ai trouvé à l'intérieur toutes ses lettres d'amour, celles qu'elle avait écrites et jamais envoyées, celles qu'elle avait reçues, celles d'un homme qu'elle avait aimé et dont j'ignorais l'existence.

Elle ressemblait à quoi cette grand-mère, si vous deviez la décrire ?

On me demande très souvent si j'ai des manies en écriture. Je n'en ai aucune, mais j'ai toujours une photo de ma grand-mère sur mon bureau. C'était une petite femme, toujours mince, toujours bien coiffée, toujours souriante. Elle a passé les vingt dernières années de sa vie dans une robe de chambre, impeccable et toujours permanentée. Évidemment, dès qu'il y avait du monde, elle s'apprêtait. Toujours rayonnante !

Sa passion, c'était la pêche en Méditerranée. Avec elle, j'ai appris à pêcher à la palangrotte. Elle adorait ça ! En vacances en Corse, chaque matin, elle venait me chercher à 5 heures 30 dans ma chambre, puis elle m'emmenait dans la cuisine. Voilà autre chose qu'elle m'a appris : c'est elle qui m'a fait boire mes premiers cafés qu'elle préparait dans une cafetière italienne. Ça fait vraiment partie de mes saveurs d'enfance ! [*Il sourit.*] On sortait le petit paquet d'appâts roulés dans des papiers journaux et remisés dans le frigo, on emportait un sceau, les palangrottes et nous descendions à travers le maquis jusqu'au petit embarcadère qu'il y avait en bas de la maison. À bord d'une barque, nous allions pêcher sur une mer d'huile, dans l'aube silencieuse. Sur les coups de 8 heures du matin, ma grand-mère ouvrait son panier, en sortait une miche de pain, du saucisson, du fromage et sa bouteille de bordeaux. Et elle s'offrait un petit verre en mer pour célébrer le lever du jour ! [*Il rit.*] C'est là, d'ailleurs, que j'ai goûté mon premier bordeaux. J'avais douze ou treize ans et c'était notre secret : pas un mot à ma mère ! Lorsque le soleil grimpait dans le ciel, nous revenions avec assez de poissons pour faire de la soupe, une soupe qu'elle m'apprenait à préparer en cuisine avec elle.

Nous avons vécu tant de moments précieux, avec ma grand-mère !

Je m'étais mis au piano assez jeune et j'aimais cela. Ma grand-mère avait été une très grande pianiste. Quand sa fille fut atteinte par la poliomyélite, et pour lutter contre la paralysie, elle lui faisait faire des exercices au piano ; après sa mort, ma grand-mère n'a jamais plus touché un clavier. Un jour, je devais avoir douze ou treize ans, j'étudiais le *Clair de lune* de Debussy et ma grand-mère, qui vivait au même étage que moi, est entrée dans ma chambre et m'a dit : « Pousse-toi ! » Elle s'est assise sur le tabouret, a posé ses mains sur l'ivoire et a joué ce *Clair de lune* avec la virtuosité d'une concertiste. Elle m'a fixé du regard et m'a dit : « C'est comme ça qu'il faut le jouer ! » avant de repartir dans sa chambre. Le soir même, j'en ai parlé à ma mère qui était très émue, parce que ce *Clair de Lune* était le morceau que jouait chaque soir ma grand-mère avec Monique.

Cet après-midi-là fut le seul moment où j'ai pu entendre ma grand-mère au piano.

Après le Midi, vous vous êtes installés à Paris avec votre grand-mère ? Quel âge avait-elle à l'époque ?

On est revenus à Paris en 1975-1976, elle avait soixante-dix ans. Elle aurait pu vivre seule, mais il n'en était pas question, on était trop attachés à elle ! C'était inconcevable de faire autrement. Elle avait sa chambre, sa salle de bains et même une kitchenette. Comme un appartement dans notre appartement. Surtout, elle respectait absolument l'intimité de mes parents. D'ailleurs, elle ne venait jamais le soir à table ; elle ne dînait pas, mais elle se faisait son apéro à 18 heures : un verre de bordeaux, ou de whisky les jours de fête, accompagné d'un fromage blanc et de sablés qu'elle préparait elle-même. Et vers 20 heures, elle se mettait devant sa télé, puis se couchait pour la nuit.

Elle ne vivait que pour Lorraine et moi, et mes parents. Nous étions ses seuls petits-enfants, et elle avait une passion pour sa fille et son gendre. Nous étions tout, pour elle. Et puis, c'était une période très différente au sujet des rapports parents/enfants. J'ai lu récemment cette phrase d'un écrivain : « Nos parents nous aimaient énormément, mais nous n'étions pas le centre de leur vie. » C'était très vrai pour ma génération. Aujourd'hui, les parents – dont je fais partie – sont tellement centrés sur leurs enfants qu'ils n'existent souvent plus que pour eux, alors qu'à l'époque, les parents avaient une vie dont les enfants ne faisaient pas partie. On ne dînait pas avec eux, par exemple. Mes parents sortaient souvent ou recevaient et nous étions constamment avec notre grand-mère, même l'été, lorsqu'ils partaient un mois avec leur bande d'amis, nous restions avec elle. Grandir avec une grand-mère est une grande chance.

Après que j'ai quitté l'appartement familial, un rituel s'installa entre nous : je l'appelais le dimanche soir si je n'étais pas passé la voir pendant le week-end. Si j'oubliais et que je l'appelais le lundi, alors elle décrochait – elle avait sa propre ligne – et à peine lui avais-je demandé de ses nouvelles qu'elle disait : « Qui est à l'appareil ?! » [*Il rit.*] Et d'enchaîner : « Je plaisante, tu es en voyage, où es-tu ? – Mais non ! Je suis à Paris. – Ah bon ! Comme tu n'as pas appelé hier, je pensais que tu étais en voyage. » Elle était piquante, pleine d'humour et ses remarques étaient percutantes.

Une autre fois, j'avais vingt-six ans et je rentrais de Californie après avoir signé mon premier contrat avec IBM (j'étais dans l'informatique avant d'être écrivain). J'ai débarqué dans sa chambre, fier comme Artaban, en lui annonçant la signature dudit contrat. Elle était en train de faire ses mots-croisés, elle a relevé un sourcil et m'a lancé : « Tu pourrais ouvrir le premier tiroir de ma commode, s'il te plaît, et m'apporter mon porte-monnaie ? » Ce que j'ai fait. Elle m'a glissé une pièce de cinq francs dans la paume de la main, a refermé mes doigts dessus, a retourné délicatement ma main et m'a dit : « Ouvre-la, maintenant. » Évidemment, la pièce est tombée par terre. « Tu vois, c'est exactement ce qu'il adviendra de ton argent quand tu seras mort ! », a-t-elle dit.

Un jour, alors que nous traversions la place d'un village dans le Sud, elle s'est arrêtée devant la statue de Garibaldi, m'a regardé et m'a dit avec un sourire en coin : « Les hommes pensent que c'est ça, la postérité, à croire qu'ils ne se doutent pas de ce que les pigeons vont en faire de leur postérité ! » Elle était comme ça ! [*Il sourit.*]

Comment le lien entre vous deux a-t-il perduré lorsqu'elle a pris de l'âge et que vous avez construit votre vie d'adulte ?

Notre lien était constant ; elle était aussi présente dans ma vie que ma propre mère ! J'allais la voir deux fois par semaine au moins, et l'appelais tout le temps quand je voyageais.

Il faut savoir que ma grand-mère était résolue à ne jamais dépendre de personne. À quatre-vingt-deux ans, elle faisait toujours ses vingt-cinq pompes tous les matins et se récitait dans son lit chaque soir l'alphabet, associant à chacune des lettres le prénom des gens qui étaient dans son agenda pour faire travailler sa mémoire !

Au début d'un été, elle a eu des maux d'estomac et on l'a conduite dans une clinique parisienne pour faire des examens. Le médecin qui l'a auscultée souhaitait la garder une nuit pour faire des examens complémentaires. Quand il le lui a annoncé, ma grand-mère lui a répondu : « Alors ça, mon petit bonhomme, ce n'est pas vous qui allez me garder dans cet endroit la nuit ! » Elle s'est levée, rhabillée, et elle est sortie de sa chambre aussitôt. Peu après, alors qu'elle était encore en train de préparer ses affaires, le médecin nous a annoncé qu'il venait de diagnostiquer un cancer de l'estomac, et qu'à ce stade, c'était l'affaire de six ou sept mois... On l'a raccompagnée à la maison, elle s'est couchée, et elle nous a dit à ma sœur et moi : « Venez vous asseoir à côté de moi. » Elle nous a pris dans ses bras, avec la force d'un lutteur, et nous a serrés contre elle : « Qu'est-ce que je vous aime ! Qu'est-ce que je vous aime ! Bon allez, maintenant, vous pouvez partir. Il est tard, rentrez vous coucher. » Et elle est morte à 5 heures du matin... Je n'ai aucun doute qu'en se couchant ce soir-là, elle avait choisi de partir. Personne ne lui avait dit qu'elle avait un cancer. Quand Maman nous a appelés, ma sœur et moi, à 6 heures le lendemain pour nous annoncer que Manine venait de mourir, nous étions dévastés. Rien ne nous avait laissé prévoir cela, pas même son étreinte de la veille. Elle est morte aussi dignement qu'elle a vécu.

Je dois dire que son approche de la mort me fascinait, même si elle adorait me faire culpabiliser quand je ne me manifestais pas assez pendant les cinq ou six dernières années de sa vie. Quand j'arrivais chez elle, le nez dans ses mots-croisés, elle me disait : « Ce n'est pas grave, je te manquerai quand je serai morte. »

Elle détestait Mitterrand – s'il apparaissait à la télévision, elle se levait pour éteindre ! Pour elle, qui avait connu son passé et ses relations avec Bousquet, Mitterrand était un collabo. Bref, autant dire qu'elle ne le portait pas en haute estime. Quand il est arrivé au pouvoir, elle a déclaré : « Je ne mourrai que quand il ne sera plus à l'Élysée ! » Et elle répétait cela souvent. Un jour, j'ai pris mon courage à deux mains, je lui ai dit : « Tu dis très souvent ça, mais comment fait-on pour parler d'un événement qui aura lieu dans un certain nombre d'années sachant que mathématiquement, on ne sera plus là ? » Elle avait eu un sourire très tendre et m'avait dit : « Tu sais, quand tu t'es levé tôt le matin, que tu as travaillé, puis que tu as vu tes amis, bref, que tu as passé une longue et intense journée, c'est bon de se coucher le soir, n'est-ce pas ? Eh bien, il en est de même pour une vie !

CAROLINE RECEVEUR

Caroline est une splendeur. Quelque peu étrangère à la « planète influenceurs », je m'étonnais d'avoir été interpellée par cette jeune femme vivant à l'autre bout du monde, sous le soleil et les paillettes de Dubaï... Maman, fondatrice de marques, égérie, mannequin, elle a tout, mais en particulier ce supplément d'âme. Confrontée au départ de sa grand-mère tout juste un an avant de perdre son papa, Caroline m'avait infiniment touchée par ses hommages bouleversants, d'une authenticité qui jure avec cet univers de luxe et de mirages...

J'ai perdu ma grand-mère fin 2014. Mamie était comme ma deuxième maman. J'ai eu la chance de grandir avec mes grands-parents qui habitaient à côté de chez moi, dans notre petite ville des Vosges, tout près de l'école. Chaque jour, à l'heure du déjeuner, ma grand-mère venait me chercher à l'école, elle préparait mon repas, et puis je passais la fin de la journée chez elle avant que mes parents ne viennent me récupérer. Et les week-ends, mes grands-parents venaient souvent à la maison avec nous. Pour tout le monde, c'étaient Mémère Maddy et Pépère Titi.

Quelle est votre relation avec cette mamie omniprésente et qui vous voit grandir ? Une grande connivence ?

Je dirais surtout qu'avec ma grand-mère, c'était une parenthèse de douceur. Contrairement à ma maman qui a un fort caractère, ma grand-mère était vraiment toute douce, souriante, elle ne criait jamais.

Nous entretenions une jolie complicité parce que nous possédions le même caractère. Peut-être était-ce lié à notre signe astrologique : nous étions Scorpion toutes les deux et je crois beaucoup à ces choses-là. D'ailleurs, elle m'appelait souvent « mon petit Scorpion ! » en rigolant. Nous étions liées de façon inexplicable, quelque chose nous rapprochait, nous nous comprenions. Elle était un petit peu ma confidente, aussi.

Je ne suis pas quelqu'un de tactile, pourtant j'étais très proche de ma grand-mère physiquement, tout le temps blottie contre elle. Je me souviens que je lui malaxais la peau du bras, un peu détendue comme chez toutes les vieilles personnes. Des souvenirs comme ça, ce sont mes madeleines de Proust.

Que partagiez-vous ensemble ?

Je lui parlais de mes copains, de mes relations amoureuses... Elle me donnait son avis.

C'était l'époque de Britney Spears, de Christina Aguilera, de Jennifer Lopez ; j'adorais regarder les clips à la télé. Ma grand-mère était en adoration devant Jennifer Lopez ! Ce n'était pas au point de se déhancher devant les clips, mais pour elle, J. Lo représentait l'image de la femme, très féminine, entrepreneuse, qui touche à tout : pour moi, c'est devenu un super modèle de businesswoman. Cela a dû m'être insufflé par ma mamie.

Elle était très à la page, cette mamie !

Moderne et très cool ! Elle n'avait pas le profil type d'une mamie : elle n'avait pas les cheveux blancs, elle avait un teint super mat, elle adorait se mettre au soleil, elle était toute bronzée. Avec ses cheveux très noirs relevés en chignon, on aurait dit une Mexicaine, alors que mon grand-père était tout blanc avec les yeux bleus. Elle était hyperactive – elle ne pouvait pas rester en place cinq minutes – et elle était très bien éduquée, elle avait un langage très *old school* : je ne l'ai jamais entendue dire un gros mot.

Votre mamie était-elle avant-gardiste au point d'avoir eu une carrière professionnelle ?

Oui, elle travaillait aux Magasins Réunis. À l'époque, c'était comme Le Printemps, à Paris. Je crois qu'elle était chef de rayon. Elle a travaillé pendant longtemps. À côté de ça, elle s'est aussi toujours occupée d'entretenir la maison, de couper les arbres... elle était vraiment hyperactive. C'est comme ça qu'elle est restée en forme quand elle a perdu son mari, mon papy. Elle lisait énormément, aussi ; je sais qu'elle adorait Marc Levy.

Cette complicité, vous l'avez entretenue au fil des années, en grandissant ?

Je suis partie assez tôt de chez mes parents, pas à cause de conflits, mais parce que je voulais prendre mon envol. J'avais dix-sept ans. Mon papy n'était déjà plus là, et ma mamie se trouvait souvent chez nous. Après, mon papa est tombé malade et l'état de ma grand-mère s'est dégradé. C'était très compliqué pour ma maman de gérer les deux. J'essayais d'aller la voir le plus possible, je faisais des allers-retours depuis Paris, mais c'était psychologiquement très dur de la voir si diminuée ; à chaque fois, je mettais trois semaines à m'en remettre parce que j'étais vidée de toute énergie. Malheureusement, à un moment, j'ai dû faire l'autruche pour me protéger. Pour Maman aussi c'était dur, d'autant qu'elle n'a ni frères ni sœurs ni aucune famille pour l'aider. Elle devait tout gérer seule.

Avez-vous le souvenir d'une senteur, d'un lieu, d'une étoffe ou d'un ouvrage en particulier, indissociable de votre grand-mère ?

L'odeur qui caractérisait ma mamie, c'était le lilas. C'était l'odeur de sa petite maison de ville à Épinal où j'ai passé toute mon enfance. Une maison sur plusieurs étages avec, au fond du jardin, une cabane avec des lapins que j'allais voir en rentrant de l'école. Quand on ouvrait la fenêtre de la cuisine, les jours de printemps, on se retrouvait vraiment face au lilas d'un violet profond, et le parfum qui s'en dégageait était magique. Et avec cette odeur, il y avait les petits oiseaux dans le jardin. Avec le recul, j'ai l'impression que c'était le monde des Bisounours !

Les recettes de ma mamie, j'en ai des tonnes, parce que je déjeunais chez eux tous les midis et qu'elle me préparait des bons petits plats du terroir : petit salé aux lentilles, blanquette de veau, bœuf bourguignon, pot-au-feu... Ah oui, la quiche lorraine, aussi ! Ma grand-mère la faisait super bien, c'était son plat préféré. Elle aimait faire des flans, son dessert favori, des gaufres... Je rêverais de claquer des doigts et de revivre ces moments ! En plongeant dans ces souvenirs, je prends conscience que je ne les revivrai plus jamais.

Votre grand-père a disparu dix ans avant votre mamie. Vous étiez proche de lui, aussi ?

Oui, bien sûr ! D'ailleurs, son décès a été très brutal : il a fait une chute dans les escaliers. Ce jour-là, mes grands-parents étaient à la maison et c'est mon grand-père qui m'avait amenée au lycée. Au moment de sortir de la voiture, je lui ai lancé un : « Merci ! » C'est la dernière chose que je lui ai dite. Je suis heureuse que ce soit le dernier mot que j'aie pu lui dire : je lui devais tellement de choses !

Ma grand-mère, avec sa force de Scorpion, son tempérament solitaire, n'a jamais montré physiquement qu'elle était éprouvée. Parfois oui, bien sûr, quand on regardait des photos, elle pleurait, mais elle a toujours été très digne. Et puis, comme nous étions trois petits-enfants, elle avait une « raison de vivre » : nous voir grandir.

Vous souvenez-vous de son départ à elle ?

Ma maman avait fait hospitaliser ma grand-mère parce qu'elle avait fait un malaise et que l'on s'était aperçu, à cette occasion, qu'elle était très anémiée. Elle avait préféré la placer pour lui redonner des forces. Le jour de sa sortie, c'est l'une de ses sœurs, un peu plus jeune qu'elle, qui s'était occupée de la reconduire chez elle. Mais en sortant de la voiture, elle s'est cassé le fémur. Elle est retournée à l'hôpital où, physiquement, elle s'est remise très correctement de l'opération. Toutefois, on s'est rendu compte qu'elle commençait à perdre un peu la tête. Même si elle nous reconnaissait, on suspectait un début d'Alzheimer : elle me racontait des histoires vécues pendant la guerre qui n'avaient plus trop de sens, un peu délirantes. Je ne disais jamais : « Mais non, Mamie, tu dis n'importe quoi ! », au contraire, pour ne pas la brusquer, j'allais plutôt dans son sens. Un matin, alors qu'elle était sur le point de sortir de l'hôpital parce que tout semblait aller bien physiquement, Maman m'a appelée à Paris en me disant : « Mamie a fait une pancréatite pendant la nuit, elle n'en a plus pour longtemps... » J'étais vraiment sonnée parce que je l'avais vue en forme la semaine précédente. Dans la voiture, sur le chemin, Maman m'a appelée à nouveau. Cette fois, ma grand-mère était partie. Elle avait profité du fait que Maman aille chercher un café pour s'en aller. Ce n'était pas du tout étonnant venant de ma grand-mère, elle se montrait toujours tellement digne...

Ce qui est marrant, c'est que... [*elle se met à pleurer*] dans la voiture, j'étais avec mon chien, Island, que j'avais adopté depuis peu et que j'ai toujours ; il était sur la banquette arrière. Quand Maman m'a annoncé la nouvelle, j'ai fondu en larmes. Mon chien a passé le reste du trajet avec l'arrière-train sur la banquette et tout son corps et sa tête avachis sur moi à l'avant. Il sentait que j'étais très malheureuse...

C'est curieux comme les chiens ressentent nos émotions... Avez-vous des regrets relatifs aux derniers mois de votre grand-mère ?

Non, je n'ai vraiment pas de regrets parce que j'étais toujours très positive lorsque je lui rendais visite, et je partageais avec elle ma jolie vie, je lui montrais que j'étais heureuse.

Suivait-elle ce que vous faisiez à Paris ? A-t-elle eu le temps de voir votre cheminement ?

Oui, elle se montrait toujours très fière, même si, en raison du décalage des générations, elle ne comprenait sans doute pas tout... Mais elle a toujours été très fière, même de mes galas de danse quand j'étais toute petite. Elle prenait toujours ma défense, était très protectrice. Même quand ma maman m'engueulait pour des bêtises, elle ne voyait jamais pourquoi !

Votre maman a-t-elle pu être froissée de cette complicité entretenue avec votre grand-mère ?

Oui, je pense. Elles avaient des caractères tellement opposés que je recevais auprès de ma grand-mère le réconfort que je ne trouvais pas forcément auprès de ma mère. Cela devait un peu la contrarier.

Qu'aurait pensé votre mamie, qui n'a pas connu l'essor d'Internet, des réseaux sociaux ? Y aurait-elle souscrit ?

Quoi qu'il arrive, je ne fais jamais de choses trash, vulgaires, ou qui pourraient choquer ma famille, donc elle n'aurait jamais été indignée. Je pense même qu'elle aurait été très heureuse et fière de voir tout ce que je fais. Néanmoins, je n'ai pas besoin d'être ma grand-mère pour le dire : il y a des choses qui me dépassent, alors que c'est le milieu dans lequel je gravite. Les réseaux, c'est une vitrine, pas une fin en soi. Je suis très heureuse d'avoir mes business et de développer des choses bien plus personnelles et profondes que juste copiner sur les réseaux. Si un jour j'ai une fille, j'aurai très peur pour elle... Quand je vois ce qui circule sur les réseaux, je ne sais pas quelle image cela renvoie aux jeunes. Je ne suis pas parfaite, pas du tout, et je ne prétends pas l'être, mais il y a des choses très graves sur les réseaux, et qui me choquent. Derrière la magie, attention à l'envers du décor… Heureusement, j'arrive à faire la part des choses, à me construire avec mes propres convictions, mes propres envies.

Je vous pensais maîtrisant la bête comme personne, jamais inquiétée ni déstabilisée…

J'ai conscience des risques, et c'est là qu'est ma force, sûrement. Mais comme je suis hyper empathique, je prends parfois tout ça de plein fouet et je dois me protéger. J'arrive à gérer, mais ce n'est pas pour autant que ça ne m'affecte pas.

Votre fils Marlon est encore un petit garçon ; lui racontez-vous déjà des histoires à propos de votre grand-mère ?

Non, je ne lui en ai pas encore parlé. Ce qui est marrant, c'est que Marlon est un petit garçon connecté à des choses qui ne sont pas forcément visibles, comme moi. Il n'y a pas longtemps, en se réveillant de sa sieste il m'a dit : « Ah, Maman, j'ai vu un fantôme dans ma chambre ! » Je lui dis : « C'est bien. Il était gentil ou il était méchant ? – Il était gentil. – Il s'appelait comment ? – Titi ! » Quelques semaines après, c'est moi qui lui ai demandé s'il avait vu un fantôme, après sa sieste : « Oui ! – Il s'appelait comment, ce fantôme ? » Avant qu'il me redise « Titi ! », ça a fait tilt dans ma tête : Titi, c'était le surnom de mon grand-père ! En réfléchissant, je me suis rendu compte que dans la vie de Marlon, personne n'a jamais prononcé ce nom, Titi ; il ne regarde pas *Titi et Grosminet* et ne connaissait pas ce surnom. Cela m'a fait sourire : je suis très connectée à tout ce qui est spirituel et monde parallèle, et Marlon l'est aussi ! Lorsque je vis de gros changements, je sens d'ailleurs beaucoup la présence de mon père et de ma grand-mère à mes côtés. La nuit, il m'arrive d'avoir la sensation qu'il y a quelqu'un dans ma chambre ; je sais que c'est eux et je n'ai pas peur. Ils sont là et veillent sur moi. Un jour, un médium m'a dit : « Ah, vous êtes très entourée ! » en me parlant de mon père et de ma grand-mère. Il a fait un geste avec son index : « Non, non, non… », comme le faisait ma grand-mère. Et il m'a dit : « Votre grand-mère, quand elle a perdu son mari, ne voulait plus monter dormir dans la chambre en haut, elle restait en bas. » Comment pouvait-il savoir que ma grand-mère ne voulait plus monter dans sa chambre à coucher, et qu'elle dormait sur le canapé du rez-de-chaussée depuis le décès de mon grand-père !?

Avez-vous toujours eu cette grande sensibilité ?

Oui, je crois, parce qu'il y a des choses qui sont venues à moi que je ne maîtrisais pas : des intuitions, des rêves prémonitoires. Plus jeune, ça me faisait rire, mais avec l'âge je me suis un peu raccrochée à ça aussi, parce que lorsque vous commencez à perdre des êtres chers, soit vous sombrez, soit vous vous raccrochez à autre chose. J'ai préféré me raccrocher aux énergies de mes proches qui perdurent quand ils nous quittent. Je vois des signes dans beaucoup de choses, et cela me rend très heureuse. J'ai mille anecdotes comme ça et ce n'est qu'après coup que je réalise. Par exemple, mon père adorait les oiseaux. Dans le jardin, il me disait toujours : « Oh, regarde ! C'est un merle… » Récemment, à Dubaï, j'ai passé deux coups de téléphone importants depuis ma chambre. Le premier était avec une coach pour travailler sur mes angoisses, c'était assez fort émotionnellement. Pendant que nous étions en ligne, un oiseau est venu se poser au pied de la porte vitrée du balcon, à l'intérieur. Il a eu l'air de m'observer pendant deux ou trois minutes, alors qu'un oiseau est plutôt effrayé par le mouvement. La deuxième fois, j'étais au téléphone avec ma mère pour lui donner des résultats d'examens médicaux importants. Pareil, un oiseau était là, à côté de moi, pendant toute la communication… Dans des moments pareils, je me dis que c'est mon père qui m'accompagne.

Est-ce cette empathie qui vous a convaincue de vous livrer dans ces pages sur vos grands-parents, vous qui êtes sans cesse sollicitée ?

Je ne sais pas. C'est un peu comme certains des messages que je reçois par milliers sur Instagram : il y en a qui me touchent plus que d'autres. Je fais peu d'apparitions publiques, peu d'interviews ou de plateaux-télé parce que, justement, quand je le fais, il faut vraiment que ce soit avec le cœur, que je sache pourquoi je le fais. Là, j'ai trouvé le format vraiment instructif, et puis, tout ce qui est lié au cœur me touche mille fois plus que des choses seulement rattachées à l'argent ou la notoriété.

Était-ce une manière de rendre hommage à votre mamie ?

Je me suis surtout dit que ne pas le faire n'aurait pas de sens. C'est magique de le faire ! Si un jour je lui avais dit ça, ma grand-mère ne m'aurait pas crue.

Que dirait votre mamie de votre vie à Dubaï ? Que penserait-elle de la manière dont vous gérez votre vertigineuse ascension ?

J'espère qu'elle me dirait que je suis sa petite J. Lo ! De toute façon, ma grand-mère aurait été heureuse pour moi, quoi que je fasse, parce que tout se passait avec le cœur chez elle. Tant qu'elle me voyait heureuse, elle l'était aussi. Même si elle avait son avis sur mes petits copains, par exemple !

Certains n'ont pas été adoubés ?

Elle ne m'aurait jamais dit de ne pas rester avec untel ou untel ou de faire telle ou telle chose. Mais à la fin d'une relation, elle me donnait son avis, partageait son intuition, ses ressentis. Elle pouvait me dire : « Ah, tu vois, ça, je le sentais ! » ou « Ah ça, je l'avais vu ! »

Vous souvenez-vous d'une attitude, d'une expression, d'un dicton ou d'une parole qu'elle vous répétait ?

Quand j'étais petite, j'avais plein de petits bourrelets, j'étais bien en chair. Je me souviens que mon père et ma grand-mère m'appelaient « ma grosse mémère » : c'était tellement mignon ! Quand ma grand-mère me rappelait des souvenirs de bébé, elle me disait : « Toi, tu étais vraiment une grosse mémère, tu rigolais tout le temps... »

Que vous manque-t-il de cette femme avant tout, aujourd'hui ?

Sa présence, vraiment... Je voudrais voir ma mamie, quoi ! Et puis à travers elle, ce sont aussi beaucoup de moments de vie avec mes parents, mes grands-parents, les sœurs de ma grand-mère qui habitaient Épinal aussi, et leur mari. On faisait des barbecues à la bonne franquette sur la terrasse en été.

Les valeurs, le lien familial serein et puissant, vous avez à cœur de les enseigner à Marlon ?

Oui bien sûr, mais je vais attendre qu'il grandisse un petit peu, qu'il soit en âge de comprendre d'où il vient. On ira chez ma mère regarder des albums photo. Et je prendrai le temps de lui parler de mon papa, qu'il n'a pas connu. Quand Marlon était tout petit, parce que j'étais seule, Maman est venue m'aider quelques mois, et depuis, on s'est toujours organisées pour fêter Noël ensemble et pour qu'elle vienne nous voir pendant les vacances d'été. On se voit peu, mais intensément, et Marlon a une relation privilégiée avec elle. Comme avec les parents d'Hugo... C'est important pour nous qu'il partage des moments avec ses grands-parents et ils le lui rendent bien. De plus, grâce aux réseaux sociaux, ma mère peut avoir des nouvelles de Marlon sans arrêt !

Quelle part de votre mamie s'est glissée dans la femme que vous êtes ?

Sa douceur, je pense... En tout cas, elle n'avait aucune méchanceté envers les gens, aucune méchanceté tout court, et elle m'a vraiment transmis ça.

THIERRY MARX

Il est un chef doublement étoilé atypique, ceinture noire de Judo, apôtre de la cuisine moléculaire, un homme de tête et de terrain, avant-gardiste, militant et fraternel, un esprit zen qui aurait pu mal tourner si l'amour, les valeurs et les paroles de ses grands-parents ne l'avaient pas accompagné dans la première partie de son existence.
Je le retrouve dans son atelier-laboratoire parisien, à deux pas de la place de la République. Les surchaussures sont obligatoires pour celui qui a fait de la rigueur une valeur cardinale dans l'art de la transmission.

Le grand-père Marx, la grand-mère Marx, et puis ma mère et mon père, bien sûr, ont été les piliers du clan Marx. Ils m'ont donné les premiers principes pour me construire en tant qu'individu, même si j'ai grandi en pensant qu'il faut être absolument solitaire pour être plus fort. C'était une richesse absolue de dire : « Construis-toi toi-même, sois solide, regarde la vie en face. » Ce sont les leçons qu'ils me donnaient tous les jours alors que je les observais, et c'est ce que j'espère avoir le courage d'être : un personnage à angle droit, c'est-à-dire solitaire et solidaire. Comme ces hommes et ces femmes du 140 rue de Ménilmontant qui avaient vécu la guerre et les arrestations pour leur religion ou leur appartenance au parti communiste, et diffusaient, finalement, une idée de la solidarité : pas celle qui consiste à porter l'autre, mais qui l'aide à s'épanouir. Je pense que je possède ces fondamentaux-là grâce à eux.

Mon grand-père, pépé Marcel, est resté au Parti communiste jusqu'en 1954, je crois. Après, il a pris beaucoup de distance tout en conservant une vraie proximité avec le syndicalisme. Il était devenu chef d'entreprise, à la tête de son propre atelier. Il avait échappé au travail dans les mines du Nord et appris un métier grâce à la France et aux Compagnons du Devoir. Il était maréchal-ferrant.

Vous avez passé énormément de temps avec mémé Francine et pépé Marcel…

J'ai même vécu avec eux longtemps puisque mon père est resté loin de ma mère pendant ses années de militaire en Algérie, puis en Allemagne. Tout petit, je vivais avec ma mère dans un minuscule appartement de la rue du Groupe-Manouchian, où j'ai été parfaitement heureux, d'ailleurs : c'était la campagne à Paris ! À l'entrée en maternelle, je suis allé chez mes grands-parents, rue de Ménilmontant. Finalement, j'ai bénéficié de deux personnages qui n'étaient plus contraints par le temps – même si ma grand-mère était debout à 5 heures 45 pour prendre son petit déjeuner toute seule avant de mettre en route toute la mécanique familiale. Mon grand-père, lui, a fait de la récupération de vieux métaux, « la biffe », jusqu'à la fin de sa vie, après avoir été plombier-chauffagiste et maréchal-ferrant bien avant. Il vendait aux Puces de Saint-Ouen tous les vieux métaux qu'il trouvait : les vieilles prises de courant, les câbles électriques jetés à la poubelle… Tout ce qui pouvait être recyclé : il était à la mode bien avant l'heure, finalement !

Vous participiez, j'imagine ?

Oui, beaucoup. Et pour me motiver sur ses chantiers, puisqu'il faisait de la boxe française – de la savate –, il me disait : « Tu vas voir, scier du bois, porter des choses comme ça, c'est le même entraînement que celui de Georges Carpentier et de Marcel Cerdan ! » Évidemment, je plongeais lamentablement dans cette image, et j'essayais de scier du bois à la même vitesse que lui pour avoir ses biscotos.

Comment qualifieriez-vous votre relation avec eux ? Ce n'était pas évident, pour un gamin de votre âge, de vivre avec des seniors…

La relation qui nous unissait ne m'a pas quitté. Eux sont partis, bien sûr, mais leur bienveillance et leur analyse des faits sont toujours là. Que ce soit mon grand-père, ma grand-mère, ma mère, mon père, tous avaient une analyse des faits extrêmement froide qui nous imposait de regarder les choses en face.

Mon grand-père, qui était vraiment très loin de ma génération, n'opposait pas des contraires, ne cherchait pas à me mettre en conformité : il diffusait. Un peu comme un sachet de thé. Il me faisait constater les choses. Quand j'avais un zéro, il me disait, en ancien des tranchées de Verdun : « Finalement, ce n'est pas grave, il n'y a que la mort qui est irréversible. Mais pourquoi tu as zéro ? Tu n'as pas compris ta leçon… » Et ça m'aidait beaucoup parce que j'étais obligé de regarder les faits. Ainsi, il m'a guidé sur les premières marches de ma vie pour monter un peu dans la hiérarchie sociale en prenant mes responsabilités.

Combien de temps avez-vous vécu chez eux ?

De mes quatre ans jusqu'à mes onze ans, environ. Mais je voyais mes parents le week-end. Ils étaient logés par la Ville de Paris, en grande banlieue, à Champigny-sur-Marne. À l'époque, il y avait trois métros, trois changements, et cinq bus pour monter jusqu'au plateau du Bois-l'Abbé. Quand j'allais chez mes parents, j'avais l'impression que c'était un voyage d'une demi-journée ! C'était loin, et un peu humiliant, aussi, de se dire que nous n'étions pas faits pour habiter à Paris. C'était un peu compliqué pour le gamin que j'étais de quitter le brouhaha de Belleville-Ménilmontant et sa diversité absolue, pour me retrouver dans une immense cité HLM, comme on les appelait à l'époque, avec des champs de betteraves autour et rien d'autre.

Vous avez le souvenir de moments plus délicats à l'adolescence, avec ces grands-parents au fort tempérament ?

Dans ma famille, le statut de garçon était très particulier : un garçon, ça ne pleure pas ; un garçon, c'est costaud ; un garçon, c'est indépendant ; un garçon c'est solide, etc. Si on jouait, il fallait que ce soit utile : au foot, parce que c'était du sport et que c'était bon pour la santé ; de la boxe ou du judo, parce qu'on apprenait à se défendre... Alors peut-être que je les ai occultés, mais je n'ai pas de souvenirs de jeux d'enfant. Et puis, j'ai effectivement eu l'impression de sauter de la petite enfance à l'adolescence – qui n'en a pas été vraiment une – d'un claquement de doigts. C'est ce qui m'a longtemps perturbé : les autres jeunes étaient sortis, avaient fait des choses, ils avaient eu des jeux, alors que moi, non. Chez nous, un garçon, c'est utile et surtout, ça ne se plaint pas.

Ça veut dire qu'il n'y avait pas non plus d'éclats de voix ? Jamais d'opposition avec ces grands-parents ?

Non, jamais ! Ni violence, ni conflits... Pas même de contradictions, parce qu'avec ma grand-mère, c'était sujet, verbe, complément et... point ! Pas de débat. Avec mon grand-père, beaucoup plus philosophe, il y avait débat : il arrivait à faire la preuve par neuf que la chance, c'était la conséquence de nos choix. Pragmatique et luthérien !

Y a-t-il des souvenirs olfactifs, une image, un son, un livre qu'elle et lui, Francine et Marcel, vous ont fait découvrir ? Ou un lieu...

Le son, c'était Piaf, que ma grand-mère adorait. La voix de Gabin, aussi... Je me souviens de la télé en noir et blanc et des phrases d'Audiard, des dimanches soir de mon enfance. C'était tout une époque ! Et puis les arômes de la cuisine, ceux du boulanger merveilleux sur le chemin de l'école ; Bernard Ganachaud, avec son four dans la vitrine, c'était l'attraction du quartier ! Une odeur de cocotte-minute, aussi, parce que c'était la mode.

Il y avait les hommes, aussi, qui parlaient fort dans la cour, en bleu d'atelier, parce que, entre la cour du haut et la cour du bas, au 140 rue de Ménilmontant, il y avait une cellule du Parti communiste, donc ça s'engueulait assez grassement. Ce parti que j'ai connu, c'était celui de Ménilmontant, un communisme de gens qui en avaient pris plein la figure pendant vingt ans, qui avaient risqué leur vie. Une fraternité d'hommes qui apaisaient ce quartier de voyous. Je trouvais ça fort.

Pendant plus de six ans, vous avez été la raison d'être de vos grands-parents ?

Oui, je crois. Parce que ma grand-mère avait perdu son premier mari à Verdun, et dans le même temps, son premier fils, de la polio, je crois. Je devenais l'homme unique de la famille, l'homme à construire. Par moments, ça me mettait une pression un peu excessive : si j'avais envie de m'effondrer de temps en temps, ce n'était pas possible. C'était compliqué à gérer, cette construction.

C'est en voyant des gamins qui avaient plus de liberté que vous en avez pris conscience ?

C'était une autre époque. Aujourd'hui, je n'ai de cesse de remercier ce cercle familial de m'avoir construit comme je suis, de m'avoir permis d'assumer mes choix. Quand je regarde les gamins d'aujourd'hui, je me demande ce que leur dirait mon grand-père, mon père ou ma mère : « Fixe-toi un cap ! Tu veux aller où, là ? Tu vas danser d'un pied sur l'autre comme ça, entre l'ordre et le désordre ? » C'est ce que j'essaie de transmettre aussi : « Fixe-toi un cap. Pose-toi, observe et tais-toi. Apprends et comprends, ensuite tu pourras innover. Mais pour innover, il faut un cap. C'est quoi, ta direction ? Sois dans l'ordre, rentre dans le rang. » L'ordre est sclérosant par moments, mais le désordre est une spirale infernale qui peut nous consumer. Donc, pour rester droit, entre l'ordre et le désordre, il faut un projet. Il faut élever sa ligne d'horizon, relever la tête et aller de l'avant. C'est ce que j'ai compris quand mon grand-père me disait : « Il n'y a que la mort qui est irréversible. » Si tu n'es pas mort, c'est que tu peux encore faire des choses très bien !

Quel père êtes-vous avec vos enfants ?

Je n'ai pas été vraiment bon sur l'éducation de mes enfants. J'ai toujours en tête cette phrase d'Oscar Wilde qui disait : « Les enfants commencent par aimer leurs parents ; devenus grands, ils les jugent ; quelquefois, ils leur pardonnent. » J'ai essayé de faire des enfants modèles, ce qu'il ne faut jamais essayer de faire. Mes trois enfants – de la même maman, d'ailleurs – sont vraiment formidables. Ils ont chacun pris un petit bout de ce que je leur disais en essayant de leur inculquer des modèles, mais le modèle de départ, que moi j'avais en tête, je n'ai pas pu le diffuser intégralement.

Comment cela s'est passé quand vos grands-parents ont pris de l'âge ? Vous êtes parti de chez eux, vous vous êtes émancipé…

Je les ai quittés pour mieux revenir ! J'ai eu une adolescence compliquée, et pour éviter l'écueil, il a fallu que je refixe un cap. Je revenais les voir régulièrement parce qu'ils étaient ma tente à oxygène, mon ancrage ; en anglais, on pourrait dire qu'ils étaient mon *basecamp*. Je vois toujours, dans ce lieu extrêmement petit, ma grand-mère assise dans le même fauteuil, regardant par la fenêtre ce qui se passe, mon grand-père à côté du poêle, tout le temps. C'était mon repaire. Je les ai vus partir l'un après l'autre. Ma grand-mère avait été opérée d'une pathologie qui l'avait fait énormément souffrir, et à la fin de sa vie, elle a absolument voulu retourner à la maison. J'étais resté dormir dans le canapé – c'est là que je dormais – et un soir, en se couchant, elle m'a dit : « Tu dis à ton père que je ne retourne pas à l'hôpital. C'est fini, ce soir. » Voilà, ce sont ses mots !

Elle vous a dit ça alors que vous n'étiez qu'un gamin…

Oui, j'avais seulement treize ans, mais l'impression d'en avoir vingt. Je revois la scène comme si c'était hier. Quand elle m'a dit « c'est fini et c'est maintenant »… je n'ai pas compris ce que ça voulait dire. Je me suis couché, et le lendemain, effectivement, c'était fini. Cela a été un traumatisme pour mon grand-père de se retrouver seul. Il est parti très vite à la campagne, au fin fond du Lot, dans une modeste maison que possédait mon oncle. Il avait pris l'habitude d'y aller dès le mois de mars pour retaper la maison et faire les quatre cents coups ! Mais, bon, il avait déjà quatre-vingts ans ! Quelques années après, il a fait une mauvaise chute et il est rentré avec cette blessure à Paris, sans rien dire à personne. Finalement, il a été hospitalisé pour une fracture du col du fémur, ce qui, à un certain âge, est très compliqué. L'hôpital, qu'il n'avait connu qu'en 1914, pendant la guerre, il trouvait ça insupportable. Quand je suis allé le voir, il m'a dit, droit dans les yeux : « C'est fini. Je connais les blessures, c'est fini. » Et voilà. Ce combat, c'était le dernier. J'avais dix-sept ans.

Vous n'avez pas eu l'occasion de leur montrer celui que vous alliez devenir…

Mes grands-parents étaient très fiers de moi, bonnes notes ou mauvaises notes ; fiers de mon apprentissage plus que de mes résultats à l'école. Et surtout, fiers de me voir devenir un homme : d'avoir déjà un revenu, une paye. Je me souviens que le premier cadeau que j'ai fait à ma grand-mère, c'était un peu d'argent ; elle n'en avait pas besoin, évidemment, mais comme j'avais gagné trois cents francs, je lui avais donné la moitié. Le 15 du mois, il me manquait déjà cent-cinquante francs ; elle me les a redonnés en me disant : « Tu me les rendras plus tard… » Elle avait compris que je n'avais pas saisi le mécanisme économique !

Après, j'ai vraiment voulu que mes parents soient fiers de ma réussite sociale, et c'était une erreur, finalement. J'ai cru que la réussite sociale pouvait les impressionner, ou qu'ils pourraient un jour avoir besoin que je les aide à mon tour, comme ils m'avaient aidé. Mais ma mère me disait : « On s'en fout, de ton fric ! On s'en fout, de ta réussite. » J'étais devenu chef étoilé, chef de l'année, chef d'entreprise, tout ça. Pour ma mère, c'était pipeau, tout ça ! Que je puisse socialement monter, ce n'est pas ça que mes parents attendaient de moi. Les voyages, la télé, ma réussite financière, ça ne les impressionnait pas, ils auraient préféré que je sois un peu plus présent. « Ce n'est pas parce que tu fais deux ou trois apparitions à la télé, que ça va nous impressionner. Tu es Thierry Marx, point. » C'était des gens solides, pragmatiques, qui ont fait seuls leur chemin, guidés par des valeurs. Ma mère n'a jamais accepté que je prenne en charge quoi que ce soit dans sa vie. Mon père non plus, d'ailleurs. Ils sont restés campés sur leurs principes : on fera avec ce qu'on a, on n'a pas besoin d'une assistance.

Pensez-vous que Francine et Marcel auraient dit la même chose s'ils vous avaient vu sur les plateaux de télé ?

Absolument.

Vous avez perdu vos grands-parents, qui vous avaient élevé comme des parents, à treize et dix-sept ans. Comment vous ont marqué ces départs ?

La mort était assez présente dans notre quotidien. Au sein de la famille et du quartier… Quand il y avait un mort au 140 rue de Ménilmontant, on mettait un catafalque noir sur la cage d'escalier et une quête était organisée, où chacun donnait ce qu'il pouvait. Ces cités ouvrières avaient une conscience de la mort extrêmement forte. Et puis, il y avait eu la guerre. Mon grand-père avait connu les tranchées, la Résistance ; son frère avait connu la déportation ; mon oncle et mon père avaient servi en Indochine, en Algérie, donc la mort faisait partie du rythme de la vie, et il n'y avait pas de raison que les enfants en aient peur. Ce qui ne m'empêchait pas de changer de trottoir en passant devant l'hôpital Tenon pour ne pas voir les cercueils qui sortaient…

Comment faites-vous perdurer le souvenir de vos aïeuls, aujourd'hui ?

Ils sont toujours dans mon esprit par des réflexions, des mots. Mon grand-père avait toujours des expressions très philosophiques que ma grand-mère appelait des « soulagicons »... Quand il répétait, par exemple, qu'il n'y a que la mort qui est irréversible, elle disait : « C'est les soulagicons de ton grand-père, ça ! » Pour elle, qui avait perdu son premier mari et son fils, la mort était certes irréversible mais elle créait un manque. Alors que mon grand-père, en bon mâle alpha, n'avait pas peur de la mort. C'était un peu ce qu'il voulait m'enseigner... Mon grand-père disait souvent : « J'apprends la langue française parce qu'elle est magnifique et qu'elle me permet de faire des métaphores extraordinaires ! » Beaucoup de ses expressions sont toujours avec moi. De ma grand-mère, j'ai conservé une analyse logique des événements, presque mécanique, mais pleine d'amour et de bienveillance. Tous les deux me manquent, mais leur présence est bien là. On disparaît physiquement, mais la nourriture par l'esprit reste et perdure.

On a souvent tendance à penser que les grands-parents n'ont pas de défauts, pas de faiblesses ni d'accrocs. Avec le recul, vous diriez quand même qu'ils étaient faillibles aussi...

Lorsque vous croisez des personnes qui sont des *role models*, vous ne pouvez pas percevoir leurs défauts ! J'ai dû les voir quand je vivais avec eux, que je rongeais mon frein à ne rien réclamer... J'ai probablement dit, au moment où cela arrivait : « Ils m'emmerdent, ils sont chiants, ils sont *has been* ! » Mais avec le recul, évidemment, on gomme l'irritation et on ne garde que le beau. La mémoire se patine. Comme il n'y a jamais eu d'échanges violents avec eux, je n'ai gardé aucun coup porté, aucune insulte, humiliation ou quoi que ce soit.

Je n'ai jamais idéalisé mes grands-parents et je n'ai pas dit que j'avais connu une enfance formidable... Je ne suis pas sûr que ce soit la bonne méthode de laisser croire à un enfant que, parce qu'il est un garçon, il ne doit pas pleurer, qu'il doit être dur au mal, ne pas se montrer faible… Quand vous vous faites recoudre l'arcade sourcilière et que l'on vous dit : « Ça se recoud comme ça parce qu'un garçon, ça ne pleure pas ! », il n'y a aucune méchanceté, bien sûr, mais le revers de la médaille, c'est que vous allez croire pendant des années que l'homme, c'est un héros, point. C'est ce qui m'a amené à faire des conneries, en croyant en cette espèce d'immortalité… C'est un véritable danger.

Néanmoins, la hantise de ma grand-mère, c'était que je touche un jour à l'alcool ou au tabac. L'un de ses frères avait sombré dans l'alcool, avec une violence inouïe, entraînant tout son entourage familial… Donc pour ma grand-mère, c'était radical : pas d'addiction, pas d'alcool à la maison. Nuire à la santé, c'était nuire au comportement : perdre pied, perdre la face. Du coup, je suis un ascète. Je déguste quand je peux, mais j'ai une non-attirance pour l'alcool, les drogues. J'ai même du mal à voir mes enfants boire un verre de vin à table !

Il faut dire que dans les années quatre-vingt, j'ai souffert de perdre énormément de copains de ma bande, morts du sida ou de toxicomanie. Je suis un des seuls survivants de cette « bande des fortifs » qu'on formait à dix ans, au milieu des terrains vagues du 20e arrondissement.

Avez-vous le sentiment d'avoir pris une sorte de revanche sur les difficultés qu'ont connues vos grands-parents ? Le petit appartement, la violence du quartier, les moyens modestes…

J'ai aimé le mot « revanche » – et je pense que je finis par le détester aujourd'hui. Mon combat, qui est arrivé avec l'adolescence, c'était de m'extraire de mon milieu social : ne plus connaître le regard de l'autre quand votre carte bancaire ne passe pas à la caisse… On m'a interdit bancaire à seize ans pour trois jours de découvert, en découpant devant tout le monde mon chéquier en deux et ma carte bancaire. J'étais apprenti, je montrais toute ma bonne volonté à essayer de m'intégrer… Alors oui, j'ai eu envie de cette revanche-là. Elle a conduit ma main et mon esprit pendant longtemps. Ensuite, j'ai suivi d'autres chemins, c'est-à-dire d'autres projets.

La réussite sociale n'est pas un projet ; gagner de l'argent, ce n'est pas un projet. Des études, un métier, l'épanouissement personnel, ce sont des projets. Et forcément, leur aboutissement vous fait monter dans l'échelle sociale.

Je me suis beaucoup trompé, au départ, en voulant absolument sortir de mon milieu social. Je me suis même éloigné de mon but, bêtement et brutalement. J'étais devenu le solitaire qui va de l'avant, mais isolé de tous et loin de tout. Ceux qui comptaient le plus pour moi se disaient que j'allais les juger… Mais pas du tout, j'étais resté le même ! S'extraire de son milieu laisse des blessures durables parce que vous vous êtes effectivement éloigné de ceux qui vous inculquaient des bases : mon père, ma mère, mon grand-père, ma grand-mère m'ont donné des bases solides, intellectuelles, de réflexion, l'envie d'aller de l'avant, d'être un garçon solide… Et en vous éloignant de tout ça, vous vous demandez : « C'est quoi, mes racines ? »

J'ai commencé à comprendre ce que m'avait apporté mon extraction sociale grâce à Véronique Colucci (alors administratrice des Restos du Cœur) puis à Véronique Carillon (qui dirige aujourd'hui les écoles d'insertion) qui m'ont aidé à remettre les choses en perspective en me disant : « Qui es-tu, toi ? Tu veux marcher sur l'eau, sauver le monde ? On s'en fout, de ta vie ! » Alors j'ai misé sur la formation professionnelle des gens en précarité, pour leur dire ce que m'avaient fait comprendre mes grands-parents : « Choisissez un projet utile. Je ne dis pas qu'il vous rendra riche, mais en tout cas, il peut vous rendre heureux ! » Il a fallu que j'attende quand même l'aube des années 2000 pour me rendre compte de ça…

Est-ce que c'est une manière aussi de rendre à Francine et Marcel ce qu'ils vous ont donné ? À vos parents, aussi ?

C'est surtout pour leur dire : « Excusez-moi, je me suis trompé ! J'ai cru à la réussite à tout prix, mais c'est pipeau, on s'en fout. C'est qui tu es, qui compte, il n'y a pas besoin d'en rajouter ! »

Que vous diraient Francine et Marcel aujourd'hui ?

Je pense qu'ils diraient, comme à chaque fois qu'on arrivait au 140 : « Tu veux un café ? » Avec ma mère, c'était pareil quand j'allais chez elle. Ses premiers mots, ce n'était pas « Bonjour, tu vas bien ? » mais « Tu veux un café ? » Cette odeur d'arabica me reste encore... Mon café du matin, d'ailleurs, me fait penser à eux. C'est noir, mais c'est bon !

Je crois qu'ils me diraient : « Laisse tomber l'artifice, c'est pas nous, ça ! » Que les gens deviennent plus riches ou moins riches, connus ou pas, tout ça les laissait froids. Ma notoriété, c'était dérangeant pour eux, parce que mon grand-père comme ma mère m'ont appris à être discret et efficace, et surtout pas sous les feux de la rampe.

S'ils sont présents dans tous les aspects de votre existence, qu'est-ce que ça vous fait de les évoquer aujourd'hui, vos grands-parents ?

C'est agréable, parce que leurs valeurs, leur caractère, finalement, ont formaté ma personnalité. Néanmoins, j'y vois aussi le cycle du temps, je me dis : « Comme le temps a passé... » J'ai l'impression qu'il défile comme une traînée de poudre et que les centaines d'aventures que j'ai vécues dans ma petite enfance, c'était hier... J'espère en vivre encore des centaines et des centaines mais le compteur tourne. Je me dis aussi qu'ils sont restés très présents – est-ce que je resterai aussi présent ? – parce que je les ai aimés, idéalisés. Par ailleurs, il ne faut pas oublier que c'était un repère – en deux mots : re-père –, cet élément qui, à un moment donné, vous sert de rempart mais aussi de propulseur. Quand on est propulsé en dehors du clan familial, on se demande : « Est-ce que je pourrai revenir ? Est-ce qu'ils ne m'oublieront pas ? Est-ce qu'ils m'ont déjà oublié ? » C'est toute cette mécanique qui se met en place quand je pense à eux, parce qu'en me voyant dans *Les Carnets de Julie* ou *Top Chef*, ils ne savaient pas que je n'avais rien oublié de ce qu'ils m'avaient appris : ne jamais me plaindre. Ils ignoraient par quoi j'étais passé, le nombre de couleuvres qu'il m'a fallu avaler ! Et les coups dans la gueule que tu prends parce que tu n'as pas fait l'école hôtelière ! Parce que tu n'es pas « élève de », ni « fils de »... que tu n'es pas ci, tu n'es pas ça. Je ne pouvais pas leur avouer ça parce que ça aurait été déprécier le cadre de départ.

Alors pour moi, c'était la double peine : on ne me reconnaissait plus vraiment, je ne faisais pas partie du clan... Je me disais : « Grand-père avait raison : en avant, calme et droit, attitude et aptitude, et tu avances. » Mon grand-père, je crois qu'il ne connaissait pas la marche arrière, et je pense qu'il m'a laissé ça : le jour où c'est fini, c'est fini, mais tu te seras battu jusqu'au bout. Comme cette phrase de Bertolt Brecht, « Celui qui ne combat pas a déjà perdu », qui correspondait à l'état d'esprit de mon grand-père, qui a galvanisé la famille. C'était lui le sachet de thé, finalement, qui a diffusé ça ! Avec une certaine forme de froideur : « Pas de problème, t'es pas mort ! Qu'est-ce que tu viens m'emmerder, là !? » C'était quand même des mots assez crus : t'es vivant donc ferme-la ! Pourtant, il ne voulait pas croire à un être supérieur, à un guide spirituel. Ce n'était pas son truc. « Il faut croire au Bouddha mais ne pas compter sur lui », c'était un peu la philosophie de mon grand-père : fais les choses, même si tu rectifies le tir après, mais fais les choses. Rien ne se passe dans l'observation. Tu observes, tu apprends, mais à un moment donné, il faut agir ! Ces affirmations étaient d'une telle puissance que ça pouvait d'ailleurs déranger tout l'écosystème familial : il incarnait l'autorité et ça pouvait être gênant, une personnalité aussi « masculine ».

C'était aussi un homme de son siècle, qui avait une haine absolue de la guerre. Quand mon père et mon oncle se sont engagés en Indochine, pour mon grand-père, c'était un cataclysme. Les combats de 1914, le discours politique, la mobilisation des hommes, cette boucherie de la Grande Guerre... Il ne parlait pas de ce qu'il avait vécu, mais il parlait du capitalisme qui avait conduit à cette boucherie. Sa grande fierté, et je terminerai là-dessus, c'était de montrer comment il écrivait, en pleins et en déliés, un français sans fautes, alors qu'il avait quitté l'école avant treize ans. Tandis que ma grand-mère était en peine avec l'écriture et l'arithmétique, lui, il faisait des calculs avec une grande facilité. Cette émancipation, grâce à la République française, il se serait fait couper en deux pour ça ! Ça fait des personnages attachants, non ? Alors, c'est vrai que j'ai gommé certains de ses traits de caractère, je le reconnais ; pour plein de gens, il était celui qui porte la voix. Il faisait autorité. Sauf vis-à-vis de ma grand-mère pour qui il avait un respect incroyable ! Il disait : « Il ne faut pas s'engueuler avec une femme, ça ne se fait pas. Quand on est un homme, on ne lève pas la main sur une femme, on ne touche pas une femme ! » C'était l'éducation très moderne de mon grand-père. Et quand on entend ça dès l'âge de cinq ou six ans, ça finit par rentrer : on n'insulte pas une femme, on ne manque pas de respect à une mère de famille. Il faisait souvent la leçon à ses copains du Parti communiste dans la cour de l'immeuble !

PATRICK BRUEL

Je ne peux m'empêcher d'esquisser un sourire… Retrouver Patrick Bruel dans son antre, ses bureaux parisiens, sa deuxième maison, il y a de quoi susciter quelques jalousies…
C'est au dernier étage que nous nous installons, où trônent instruments de musique et œuvres représentant Barbara, les Stones ou une photo de Coluche. Les bœufs, ici, en famille et entre amis, doivent être chargés d'autant de sourires que de souvenirs.

Dans l'album** Juste avant, **sorti en 2001, vous interprétez une chanson magnifique sur votre grand-père, Élie.

C'est en 1996 que mon frère David a écrit cette musique qui vient des profondeurs de son âme et de racines qui ne sont, a priori, pas les siennes, puisqu'il est juif séfarade. Il n'a aucune racine d'Europe centrale, et pourtant… Éventuelle réincarnation ? Qui sait… ?!

En tout cas, c'est ce que dit cette musique magnifique… Il y a quelque chose d'extrêmement fort, de liturgique. Lorsque mon grand-père s'en va, cette année-là, mon petit-neveu, le fils de David, a trois mois à peine. Mon grand-père, très malade, n'avait pas parlé depuis six mois, et quand on lui a présenté Johann, il l'a pris dans ses bras et il lui a parlé. C'était bouleversant. J'ai tout de suite imaginé écrire sur la transmission, et j'ai pensé à la musique de David. Je lui ai dit : « Rejoue-moi cette musique… Ça ferait une belle chanson, non ? » Il a hésité : « Je ne sais pas, je ne m'étais pas imaginé en faire une chanson… » Et puis j'ai écrit ce texte sur la transmission entre un homme de quatre-vingt-seize ans et un bébé de trois mois. C'est devenu un titre majeur de mon répertoire.

Avant ce titre, dans votre existence, il y a une histoire d'hommes, d'affect... On connaît un peu votre trajectoire personnelle avec votre maman, bien sûr, ce papa également... Mais votre grand-père, quelle place occupe-t-il dans votre vie ?

Il a toujours été très présent, parce que je vivais uniquement avec la famille de ma mère, mes oncles, mes grands-parents. Ils n'ont pas joué le rôle de mon père ; je pense que c'est plutôt ma mère qui a joué ce rôle et un peu mon beau-père Philippe (deuxième mari de ma maman), mais la présence référente était incarnée surtout par mon grand-père, en raison de son caractère, de son autorité, de son passé et de ses convictions politiques et sociales : Juif laïc, franc-maçon, homme de gauche, adjoint à la mairie de Tlemcen... Je l'ai connu assez longtemps pour qu'il me transmette pas mal de choses.

Que vous a-t-il légué, justement ? Vous parlait-il de franc-maçonnerie ?

Même s'il y a eu beaucoup de conversations, j'ai toujours l'impression que je n'en ai pas eu assez, seul à seul avec lui. J'allais chez eux le mercredi soir, souvent partager avec lui un match de Ligue des champions. C'était la grande époque de l'Ajax Amsterdam... Et puis de temps en temps le week-end. J'étais bien, là-bas, avec ma grand-mère et mon grand-père. On échangeait sur un peu tout, mais nous avions surtout des discussions politiques assez poussées avec parfois quelques controverses, mais la franc-maçonnerie, il restait assez discret là-dessus.

Vous vous opposiez ?

Oui, évidemment ! Enfin, je m'opposais... J'ai eu la chance de grandir dans un environnement assez éclectique à cette période charnière qu'est l'adolescence. Ma meilleure amie, Marion, que j'ai connue à douze ans, était la fille de Georges Suffert, l'un des fondateurs du *Point*, un homme de la droite catho assez affirmée, qui n'avait pas très bonne presse chez les progressistes. Donc plutôt à l'opposé du monde dans lequel je grandissais. Et pourtant, j'ai tellement appris avec lui… J'avançais devant lui les arguments de ma famille de gauche et mes convictions, et après nos conversations, je rentrais chez moi et défendais une controverse très recevable… mais à laquelle on me répondait. Et je recommençais de l'autre côté ! J'ai fait ce ping-pong pendant pas mal de temps, et ça a dû forcément contribuer à une certaine ouverture d'esprit et quelques facilités dans les joutes oratoires… [*Rires.*]

Dans ma famille, on était très à gauche. Je vendais des programmes communs sur les marchés à douze ans, puis j'ai suivi tous les axes de cette gauche qui se reconstruisait, depuis le PSU de Rocard, en passant par Marchais… jusqu'à Mitterrand. Nos discussions étaient très politisées, à table, avec les oncles, ma mère, les cousins, les amis. Mais ce que j'aimais avec mon grand-père, surtout, c'étaient ses souvenirs, l'Algérie… Je voulais qu'il me raconte son Algérie. Et il m'a transmis quelque chose d'assez joli, c'est de n'avoir aucune soif de revanche, aucun ressentiment, ce qui n'est pas toujours le cas des gens d'Afrique du Nord qui ont été rapatriés. Malgré la douleur, la difficulté, le déracinement, mon grand-père a toujours essayé de comprendre. Il ne le verbalisait pas nécessairement, mais il me l'a transmis en ne disant jamais de choses déplacées sur ceux avec qui on avait vécu si longtemps. Ça aurait été antinomique avec notre fonctionnement, avec cette culture du vivre ensemble extraordinaire qu'on a connu entre Juifs et Arabes, en Algérie et à notre arrivée à Argenteuil.

Ma mère était institutrice, donc on habitait dans l'école, à côté de l'appartement du directeur. Rachid, son fils, était mon meilleur ami. Il y avait une différence de culture entre nous, mais on se disait : « On a tellement de points communs, finalement, ton couscous est forcément différent mais pas meilleur que le mien ! » Même si celui de ma mère était meilleur bien évidemment ! [*Il rit.*]

Vous n'avez jamais eu envie de découvrir l'Algérie qu'il vous contait ?

Si, bien sûr. En 1991, j'avais prévu un concert là-bas et je voulais emmener ma famille. Mon grand-père, lui, ne voulait pas. Il semblait gêné qu'on y retourne… Je pense qu'il avait peur pour moi.

Et il n'avait pas forcément tort. À l'époque, la situation était très tendue et on m'a fait comprendre que ce n'était pas le moment pour moi et je n'y suis pas allé. J'ai failli y retourner avec Idir quand nous avons fait ce merveilleux duo en 2017 et puis j'ai eu un empêchement familial. Aujourd'hui, j'aimerais vraiment y faire un concert, mais surtout aller avec ma mère en Algérie… J'ai écrit une chanson sur mon nouvel album qui s'appelle « Je reviens » et dans laquelle j'évoque ce retour avec ma maman… Jusque-là, ce n'est qu'un rêve, il est temps de le réaliser.

Vous ne mentionnez pas votre grand-mère : est-elle présente ?

Elle est là, tout le temps ! Céline et Élie, c'est un couple, un binôme. Je ne connais pas assez bien toute leur histoire, je sais seulement qu'ils ont traversé des orages, comme tous les couples, qu'Élie n'était pas toujours simple, mais que ça a tenu soixante-deux ans… jusqu'au dernier souffle et même au-delà puisqu'elle n'a pas supporté son absence et l'a rejoint dix mois plus tard.

Les grands-parents, on les regarde longtemps avec ses yeux d'enfant, on ne se rend pas compte du temps qu'on perd. Aujourd'hui, je me dis que je ne sais pas assez de choses sur la vie de ma grand-mère. J'ai quelques photos, je parlais avec elle, mais elle ne s'est pas confiée à moi, je n'étais pas en âge d'aller ouvrir ces portes-là. Et quand j'ai été en âge de le faire, je n'ai pas eu le temps de réaliser que c'était le moment… C'est dommage, j'ai ce regret.

Dans une chanson que j'ai écrite pour ma mère, « Raconte-moi », je dis : « Raconte-moi les choses de ta vie. Raconte une autre histoire, cette vie avant de m'avoir. » C'est un peu ça que j'aurais dû demander à ma grand-mère, c'est un peu tout ce qu'on ne s'est pas dit. Je suis passé à côté de quelque chose, je n'ai pas assez posé de questions... et pourtant, Dieu sait que j'en posais, des questions !

Je n'avais pas de points de discorde avec mes grands-parents, à part un, peut-être : mon grand-père m'agaçait quand il bâclait les shabbat et les prières des grandes fêtes. Je n'ai pas été élevé dans la religion, mais je me suis toujours inscrit dans le respect des traditions. Son shabbat, en quinze minutes, il était bouclé ! Un jour, j'ai même dit : « Moi, je vais aller faire Pessa'h ailleurs ! Parce que mes amis, ils racontent vraiment la sortie d'Égypte et c'est génial d'entendre la sortie des Juifs d'Égypte ! »

Le shabbat est une invention formidable. Imposer une rencontre hebdomadaire où toute la famille se retrouve, parle de la semaine qui se termine, de la suivante ; on réfléchit, on s'interroge, on rit, on chante, on remet en perspective quelques fondamentaux, on laisse de côté la télé, le téléphone... et on se parle. C'est intelligent, ludique et constructif, et on n'a pas spécialement besoin d'être juif pour faire ça !

Avec Céline, vous étiez dans l'étreinte, la tendresse, avec Élie dans la réflexion, le débat. C'était un peu cela ?

Oui, absolument. Et mon grand-père avait un œil très tendre sur mon parcours. Il m'avait dit une chose très jolie, un jour, après m'avoir vu chanter à la télé, une de mes premières fois : « Quand tu regardes dans la caméra, il faut que tu chantes comme si tu parlais à une personne, c'est très important. Adresse-toi à moi quand tu chantes ta chanson. » Et c'est vrai que ça a fonctionné. Quel malin, Élie, d'avoir compris qu'individualiser était universaliser. D'ailleurs, je pense très souvent à lui quand je fais une prestation.

Vos grands-parents ont donc connu vos premiers succès. Comment les ont-ils appréciés ?

Comme toute ma famille, amusés au début, puis intrigués, puis stupéfaits... [*Rires !*] Et quand a commencé ma carrière, mes oncles et mes tantes disaient tous : « Il va aller où, avec ses conneries ? Quand est-ce qu'il va trouver un vrai travail ? » – c'est aussi ce que disait sa mère à Michel Drucker après vingt ans de carrière !

Mon grand-père a pensé que les choses devenaient sérieuses quand j'ai fait *7 sur 7*, il était très fier ! Certains pensaient que ce n'était pas « mon rôle », mais pour lui, j'étais exactement à ma place : mes grands-parents avaient suivi tous mes combats lycéens – à Henri IV, on était très politisés – et étudiants, puis mon entrée à SOS Racisme, mon implication dans la vie associative, mon intérêt pour « la vie de la cité », etc. Ils étaient très fiers de tout ça et du coup l'aspect artistique prenait plus de crédibilité.

C'est insensé parce que vous me parlez de* 7 sur 7*, mais avant cette émission, il y a quand même eu des concerts grandioses ! Votre grand-père vous aurait préféré dans une carrière d'intellectuel ou d'homme politique ?

Oui, dans ma famille de fonctionnaires ou de professions libérales, il y avait un côté « vrai travail ». Il était fier de mon passage dans cette émission parce que j'avais beaucoup travaillé, comme si je préparais un examen de Sciences Po (je l'avais d'ailleurs préparé comme tel avec mon ami Guy Carcassonne).

Mais Élie était là à mon premier Zénith, il voyait Catherine Deneuve, Michel Berger, Yves Montand et le Tout-Paris qui défilait autour. Je me souviens de son regard dans cette foule. Je sais qu'il y a des photos. J'aimerais bien les retrouver… ce sont des images très jolies.

Ils connaissaient vos textes, vos chansons ?

Oui, très bien. Il faut dire que je leur imposais des spectacles depuis que j'avais six ans ! Ma famille a subi un môme de six ans qui, tous les dimanches, à chaque réunion de famille, donnait son « pestacle » ! Quand j'ai vu *L'Idiot*, à L'Atelier, je rejouais les tirades de Rogojine avec un drap, devant la famille un peu perplexe. Et puis je leur chantais des chansons. Et ça a duré longtemps, très longtemps. Comme je le dis dans mon spectacle : « Ils ont été tellement contents quand le public a pris le relais ! » [*Rires.*]

Quel talent, quelle spécificité ou quelle appétence vous ont fait découvrir Céline et Élie ?

Mon grand-père peignait. Il réalisait plein de tableaux. Il s'amusait surtout à faire des reproductions : c'était un faussaire amateur. Très, très amateur ! Et de grands peintres comme Van Gogh ou Miró... C'était pas si mal, quand même. Moi, je trouvais ça bien – mon beau-père, peintre lui-même, n'avait pas forcément le même avis que moi.

À sa disparition, on a partagé ses œuvres, c'est un peu ça que j'ai gardé de lui. Et un bureau aussi, un joli bureau. Mais je n'ai pas beaucoup d'objets.

Ce que j'ai conservé de Céline, ce sont ses silences, ses regards et puis sa cuisine... un plat. Sa grande inquiétude, c'était qu'on ne mange pas ! Quand j'arrivais, elle avait souvent préparé sa salade cuite de poivrons à l'huile qu'elle était la seule à savoir faire comme ça. C'est un peu ma madeleine de Proust.

Comment avez-vous accompagné vos grands-parents dans les dernières années de leur vie ? Vous étiez sur les routes sans cesse...

J'ai été présent, et je suis souvent allé voir Élie à la fin, à l'hôpital. Mais j'étais à Los Angeles lorsqu'il est parti. C'est David qui l'a accompagné en lui chantant des chansons toute la nuit. Avec toute la famille autour. C'était très émouvant. C'était bien, il est parti comme il fallait.

Au matin, David m'a appelé, j'ai pris l'avion et je suis arrivé le lendemain. Il me fallait être là, pour les autres, et pour ma grand-mère, surtout, qui était très fragilisée et diminuée. Je n'avais jamais repensé à tout cela jusqu'à aujourd'hui...

On a beaucoup entouré ma grand-mère par la suite. Je l'avais même emmenée à Megève, où je faisais un stage de sport avec mon coach.

Ma mère aussi était venue. On était tous les trois, Céline, ma mère et moi. Mon coach nous emmenait dans la montagne. Parfois ma grand-mère sur ses épaules... elle était heureuse ! Céline est partie dix mois après mon grand-père, en octobre 1997.

Vos grands-parents n'ont pas souhaité être inhumés en Algérie ?

Non, ils voulaient être à Bagneux, avec leur fils Jean-Jacques, le grand frère de ma mère, qu'ils avaient perdu quand il avait trente-deux ans. Parce que ça a été leur grande souffrance, la perte de cet enfant. Ils avaient fondé une famille soudée, avec trois garçons et deux filles, d'abord, nés en tir groupé en 1934, 1936 et 1938 – ma mère et deux de ses frères –, ensuite ma tante, beaucoup plus tard, en 1948, puis mon oncle, en 1954. J'ai seulement cinq ans d'écart avec lui : c'est comme mon grand frère et il a joué un rôle très important. La disparition de Jean-Jacques a tout changé dans la famille. Les choses sont devenues moins festives, je crois.

Depuis la crise de Covid-19, la relation des Français avec leurs aînés a un peu changé. Est-ce que vous avez toujours eu conscience de l'importance des anciens, de nos aïeuls ?

« La vieillesse bien comprise est l'âge de l'espérance », dit Victor Hugo ; bien stupide est celui qui ne respecte pas ce bagage extraordinaire.

Bien sûr qu'ils comptent et depuis toujours... je n'ai pas attendu cette crise pour m'en rendre compte.

J'ai toujours eu un rapport très tendre avec les personnes âgées, parce qu'elles représentent beaucoup pour moi et que j'ai croisé des gens fantastiques. Mes grands-parents, bien sûr, mais aussi des gens merveilleux, exemplaires, des gens qui m'ont tellement appris.

Je pense notamment à mon ami Jean Friedman qui est parti l'année dernière à l'âge de quatre-vingt-quatorze ans. Nos conversations resteront tellement fondatrices.

J'ai aussi enregistré cet album de reprises des années 1930, « Entre deux », qui aurait tellement fait plaisir à Élie et Céline. Il m'est même arrivé de rentrer à l'improviste dans un Ehpad avec une guitare, de m'asseoir au milieu des personnes âgées, des aînés, des vieux – qu'on les appelle comme on veut – et de chanter, simplement pour un petit moment de bonheur.

Ça me rend triste que des familles ne puissent pas, ou ne veuillent pas, les garder le plus longtemps possible à la maison. Il y a parfois des comportements difficiles à comprendre, voire indignes.

Quel est le manque de vos grands-parents le plus vivace, aujourd'hui ?

Prendre le métro jusqu'à la Porte de Vanves, arriver dans l'immeuble, monter, et puis qu'ils soient là. Être assis à côté de mon grand-père, regarder les matchs de la Coupe d'Europe des clubs champions, et baisser le son que lui mettait si fort que ça devenait insupportable, parce qu'il n'entendait plus très bien à la fin, et ne pas être d'accord sur tel ou tel joueur.

C'est dans l'ordre des choses, mais ce qui me manque le plus, c'est de ne pas pouvoir lui dire : « Regarde ce que je suis en train de faire, regarde ce que j'ai fait, regarde mes oliviers. » J'aurais adoré qu'il vienne sur ce domaine, qu'il goûte mon huile d'olive...

Parler de tout ça, c'est très émouvant, mais pour conclure, voilà ce qu'on devrait dire à tous nos enfants et petits-enfants : « Profitez de vos grands-parents pendant qu'ils sont là, et soyez curieux, posez-leur des questions ! » C'est tellement beau de poser des questions.

VALÉRIE PERRIN

Écrire, coucher des mots qui content une histoire ordinaire, soulignée de sa sensibilité de femme, où affleurent amour et bienveillance entremêlés de zones d'ombre… Sa littérature nous ressemble, nous exalte.
Je retrouve Valérie au Club 13… Quel meilleur endroit que cette adresse mythique ? Elle y a ses entrées car son époux Claude Lelouch a lancé cette maison de cinéma en 1968 ; nombre de célébrités y ont défilé, de Charlie Chaplin à Francis Ford Coppola en passant par Stanley Kubrick ou Martin Scorsese. Une atmosphère surannée mais pleine de charme pour se livrer.

En relisant Les Oubliés du dimanche, ***j'ai retrouvé le lien intergénérationnel infiniment fondateur chez vous, tant dans votre histoire que dans votre écriture…***

Écrire ce roman a vraiment été pour moi une nécessité. Une question de vie ou de mort. Je devais absolument parler de la vieillesse, et de Justine, qui faisait le choix de devenir aide-soignante en disant : « Je veux m'occuper des vieux, je veux être aide-soignante pour les toucher et en prendre soin. Ok, je passe la serpillière, je fais le "sale boulot", mais en tout cas, je suis à côté d'eux. » Dans cette histoire qui mélange fiction et réalité, Lucien Perrin était mon grand-père paternel. Déporté à Buchenwald, il est vraiment venu retrouver ma grand-mère, sa marraine de guerre, qui ne l'a pas reconnu tant il était abîmé par ce qu'il avait vécu pendant quatre ans.

Je ne sais pas pourquoi, je suis touchée par les gens âgés depuis que je suis petite. Enfant, j'allais frapper chez les petits vieux du voisinage pour qu'ils me racontent leur histoire. J'ai toujours pensé que la vieillesse était un trésor à protéger. Je voulais en parler autrement à travers cette jeune femme qui s'interroge sur sa propre histoire tout en prenant soin des anciens.

Avez-vous bien connu vos grands-parents ?

Mon grand-père paternel, je m'en souviens très bien. Il était assis au bout de la table, toujours très silencieux. Ma grand-mère paternelle, je m'étais rapprochée d'elle adolescente. Elle est partie en janvier 2015, quelques semaines seulement après la sortie des *Oubliés du dimanche*. Elle avait quatre-vingt-quatorze ans. À ce moment-là, je partais en Inde pour tourner *Un plus une* et je n'ai pas pu aller à ses obsèques, ce qui m'a bouleversée. Je m'en suis servi dans *Changer l'eau des fleurs* : j'ai écrit le discours que j'aurais voulu prononcer ce jour-là, et j'ai dit tout ce que j'avais à lui dire, la limonade, la saucisse dans les petites patates sautées, la superbe cuisine de l'Est, les tartes, son rire permanent, son regard bleu... Elle était très belle. Quand je l'ai vue pour la dernière fois – on avait déjeuné au restaurant avant de la ramener dans son Ehpad –, elle m'a dit : « Je veux absolument que le bon Dieu me rappelle. » Elle était très croyante. Je l'ai serrée dans mes bras et je lui ai chuchoté : « C'est bon, il va venir te chercher, ne t'inquiète pas. » Elle est partie trois jours après.

Ma grand-mère maternelle, que j'adorais, est partie en 1996. J'étais folle d'elle, elle me faisait rire, croyait en moi et me regardait avec tant d'amour ! On se tourne forcément vers ceux qui nous regardent avec amour.

Je passais toutes les vacances scolaires chez mes grands-parents maternels. Quand on me demandait ce que je voulais faire pour les vacances, je répondais invariablement : « Aller chez mes grands-parents ! » Là-bas, j'avais tout : leur amour fou, les cousins-cousines, mon lit, la belle campagne vosgienne, l'odeur qui émane de la cuisine... Ils géraient un café et ils travaillaient toute la semaine ; ce qui veut dire que quand tu te levais le matin, le café était déjà ouvert et eux occupés. Mais tu traversais un couloir, et hop, tu étais dans la cuisine de la maison : tout se passait au même endroit. Je me rappelle que j'entendais ma grand-mère battre des œufs en neige pour la préparation des desserts. Ils étaient exceptionnels, les meilleurs que j'ai mangés de ma vie ! Le dimanche, elle enlevait sa blouse, se maquillait un peu, mon grand-père prenait le volant, et on partait toujours faire quelque chose : se baigner à Plombière l'été, où ils se mettaient sur une terrasse pendant que je faisais des allers-retours dans la piscine, ou faire le tour du lac de Gérardmer et déjeuner au restaurant. S'il faisait moins beau, on allait faire du poney au ballon d'Alsace. Ils disaient : « La semaine, on travaille, mais le dimanche, on se promène. » Quand elle était occupée, j'adorais ouvrir ses tiroirs, je mettais sa poudre... Je me rappelle du pot de chambre aussi, dans ma chambre ; c'était celle de mon arrière-grand-mère. Je ne l'ai pas connue, mais elle avait habité là à la fin de sa vie.

Je sais que la vie de mes grands-parents maternels a été très compliquée et pleine de violence. Ma grand-mère a eu neuf enfants, mon grand-père, des maîtresses... C'était dur pour Maman et ses frères et sœurs. Mais nous, leurs petits-enfants, on a été super gâtés et super aimés. Mon grand-père, Hugues, qu'on appelait Lulu, avait des accès de colère vis-à-vis de ses enfants, et il a voulu d'une certaine manière « rattraper » quelque chose avec ses petits-enfants. Je me rappelle que c'est un cousin qui m'avait dit que Lulu frappait parfois Mémère – on l'appelait comme ça. J'étais ado, j'adorais mon grand-père qui était pour moi « l'homme le plus gentil du monde » : c'était impossible. Pourtant, je l'ai appris plus tard, ma grand-mère avait effectivement essayé de le quitter, quinze fois, vingt fois, mais elle revenait toujours. La dernière fois, elle avait plus de quatre-vingts ans ; elle s'était réfugiée chez mes parents mais elle appelait mon grand-père en cachette pour savoir ce qu'il faisait ! Ça a été comme ça toute leur vie : « Je t'aime, moi non plus. » Je me rappelle l'avoir regardé comme un monstre, sur le coup. Mais je ne l'ai pas désaimé parce que ce n'était pas mon histoire. Ils sont morts tous les deux à deux mois d'intervalle – elle, fin décembre, et lui, en février. Ils ne pouvaient pas vivre séparés.

Comment se perpétue ce lien, aujourd'hui ?

Ma fille porte comme deuxième prénom celui de ma grand-mère maternelle. Quant à moi, je suis devenue grand-mère à mon tour, même si Gabrielle n'est pas ma « vraie » petite-fille puisque nous n'avons pas de lien de sang. On s'aime d'amour depuis qu'elle est née ! Je vais la chercher à l'école, on se parle, on se tient la main ; c'est une enfant qui rayonne. Elle est géniale. Mais j'ai prévenu ses parents : « Il ne faudra pas me demander d'être sévère. » Je ne l'ai jamais été avec mes enfants, alors avec mes petits-enfants, c'est n'importe quoi !

Mes enfants sont beaucoup allés en vacances chez mes parents et chez mes beaux-parents quand ils étaient petits. Je pense que ça leur a beaucoup apporté et ils ont toujours eu de bons rapports avec eux. Ils continuent à voir et à appeler leurs grands-parents qui sont encore de ce monde. C'est une évidence, chez nous, de perpétuer le lien familial.

C'est important la transmission. Je me rappelle qu'adolescente, avec ma grand-mère paternelle, on allait au marché le samedi matin – elle arrivait la première, avant l'ouverture, alors qu'elle était à la retraite ! On rentrait des courses à 8 heures 30 avec son filet, on écoutait la radio, elle chantait. Elle aimait beaucoup fredonner Hervé Villard qu'elle écoutait sur son tourne-disque. Le soir, j'avais le droit de regarder la télé dans le salon et je la rejoignais tout doucement pour aller me coucher sans la réveiller – on dormait dans la même chambre. Elle n'était pas sévère du tout. Elle m'a transmis autre chose : l'amour des plantes. Il y en avait partout devant chez elle. C'est grâce à elle que je suis folle des fleurs, que j'adore planter, jardiner... Elle a toujours eu un jardin potager. J'adorerais avoir un jardin, mais à Paris, je n'ai pas la vie qui va avec...

Je vais vous avouer ce que ma grand-mère maternelle m'a transmis, que je perpétue avec mon frère, avec mes enfants, et que tout le monde déteste : quand on allait chez elle, on repartait systématiquement avec de la nourriture… des gâteaux, du chocolat, comme si elle craignait qu'on ait faim. Ma mère est comme ça, je suis comme ça : j'ai toujours peur que mes enfants aient faim. Quand ils sont de passage à Paris, les applis de livraison à domicile me sauvent la vie : ils ont un compte à mon nom, comme ça, s'ils ont faim, ils peuvent commander ! Ça, c'est tout ma grand-mère.

Vos grands-mères n'ont donc pas vu vos premiers succès de romancière ?

Non, et je regrette qu'elles soient parties avant *Les Oubliés du dimanche*, mais je suis convaincue qu'il y a une protection sur moi et que ce sont mes grands-parents qui me protègent depuis toujours. Ils savent, quelque part dans l'univers, ce qu'il s'est passé. Et puis, peut-être que si je ne les avais pas rencontrés et autant aimés, je n'aurais jamais écrit ce roman qui est ma genèse. C'est comme *Un homme et une femme* de Claude [*Lelouch*]. D'ailleurs, je suis quand même avec un homme qui a trente ans de plus que moi, qui n'a rien d'un vieillard, qui a bien plus la pêche que moi et que nous tous réunis… mais n'empêche, il a trente ans de plus que moi !

Mes grands-parents sont si présents entre les lignes qu'ils sont toujours là ; je les fais revivre et ils ne partiront jamais. Dans mes rêves aussi : je me retrouve quasiment toutes les nuits dans le petit appartement de ma grand-mère paternelle. Je vais la voir, je lui parle… Dans *Changer l'eau des fleurs*, elle prononce mon épitaphe préférée : « Tant qu'on continue de rêver de quelqu'un, c'est qu'il est vivant quelque part. »

Ce qui me manque pourtant terriblement, c'est de ne pas pouvoir leur téléphoner, de ne plus entendre leur voix au bout du fil. Je dis toujours à mes enfants : « Appelez vos grands-parents. Vous ne savez pas la chance que vous avez de pouvoir faire un numéro et qu'ils décrochent. » Je me rappelle encore la réaction de ma grand-mère maternelle à qui j'ai annoncé, très heureuse, que j'étais enceinte de Valentin : « Oh mais mon Dieu, tu es sûre ? Ben… je te laisse ! »

Elle avait eu neuf enfants... quand on lui annonçait une grossesse, c'était pour elle une catastrophe, mais quand elle rencontrait ses petits-enfants, elle était folle de joie.

Pour finir, j'ajouterai juste que grand-mère paternelle n'a jamais appris que j'avais divorcé du père de mes enfants ; comme elle l'adorait, je ne voulais pas la contrarier, et quand je lui rendais visite, je lui disais simplement : « Vincent va super bien. » Elle était dans son Ehpad, loin de tout, je voulais la protéger. Elle n'a jamais rien su de ma relation avec Claude.

MICHEL DRUCKER

J'ai toujours voulu m'installer dans la durée... Est-ce mon enfance qui m'a rendu ainsi ? Petit, mon père, simple médecin de campagne à Vire, en basse Normandie, dans le bocage normand pluvieux des années 1950, m'emmenait souvent avec lui visiter ses malades dans les villages voisins. À l'époque, on accouchait à la ferme, pour ne pas quitter les vaches trop longtemps – le vétérinaire était presque aussi important que le médecin. Mon père soignait des gens âgés, alors qu'ils étaient encore jeunes : le calvados et les alcools du cru faisaient beaucoup de dégâts...

J'ai toujours été frappé par la façon dont Papa soignait ces personnes qui étaient déjà physiquement marquées par les travaux des champs et par la dureté du métier de fermier. J'étais attiré par ces hommes et ces femmes, par leurs visages ridés et leur silence. On voyait qu'ils avaient travaillé toute leur vie sans beaucoup voir le soleil. J'avais une dizaine d'années et je voulais prendre la relève de mon père pour, à mon tour, les soigner un jour. La vie du cancre que j'étais en a décidé autrement.

Quand je suis arrivé à la télévision, j'avais une vingtaine d'années. J'ai eu la chance de rencontrer des pionniers qui avaient presque l'âge de mes parents, comme Léon Zitrone, dont j'ai été un temps l'assistant. Tous ces gens que je découvrais avaient entre quarante et cinquante ans, la télévision était arrivée très tard dans leur vie. Moi, comme auprès de mon père en Normandie, j'étais le plus jeune partout.

Mes pionniers, mes phares, mes boussoles dans le métier, c'étaient Charles Aznavour, Gilbert Bécaud, Léo Ferré, Jean Ferrat... J'ai tout de suite sympathisé avec tous ces artistes chevronnés. Je suis resté très proche de Charles Aznavour. Nous étions voisins en Provence, on se voyait presque tous les deux jours pendant l'été, jusqu'à sa mort. Il avait quatre-vingt-quatorze ans. Mes modèles, c'étaient aussi Hugues Aufray, qui chante encore à quatre-vingt-treize ans, Annie Cordy, qui s'est éteinte à quatre-vingt-dix ans, et que dire de Line Renaud qui tourne encore à quatre-vingt-quatorze printemps ! J'ai toujours aimé les gens d'un certain âge ; me promener, bavarder avec eux, les écouter me raconter leur vie.

Puis le temps a passé, et je ne me suis pas du tout rendu compte qu'à mon tour, je rentrais dans le deuxième, voire le troisième âge ; aujourd'hui, j'ai l'âge qu'avaient mes parents quand ils sont partis.

Pendant le confinement, en mars 2020, j'ai adressé des petits messages de soutien sur le site Stop à l'isolement, mis en ligne par madame Dupré-Lévêque, à ces personnes isolées dont on ne s'est pas assez occupé. J'ai envoyé pendant plusieurs mois des petites vidéos où je parlais de ma vie en Provence, de la campagne, des animaux, de mes souvenirs avec Jean-Paul Belmondo, Louis de Funès, Claude François, Johnny et les autres... Je parlais de tous ces gens qui m'ont appris des choses.

Aznavour disait toujours : « Vieillir oui, devenir vieux non, ça n'a rien à voir. »

J'aurais aimé vous parler de mes grands-parents, mais je ne les ai pas connus. Je viens des brumes des Carpates, d'Europe centrale, et je n'ai pas connu les parents de ma maman Lola Schafler. Ma maman était viennoise, mais l'Autriche d'alors était roumaine, et toutes les frontières de cette région de l'Est européen ont beaucoup changé pendant cette époque sombre de l'après-guerre. Mes grands-parents paternels, j'en ai entendu parler par mon père, Abraham Drucker. Ils venaient d'une partie de la Roumanie devenue ukrainienne – pays dont l'actualité est donc très douloureuse pour moi. J'aurais vraiment aimé avoir un grand-père, une grand-mère. Les connaître. J'espère que de là où ils sont, ils sont contents de leurs trois petits-fils – et fiers aussi de leur arrière-petite-fille, Léa Drucker, devenue actrice de premier plan. C'est peut-être de ne pas les avoir connus qui m'a donné envie de rencontrer très tôt des « seniors » – même si je n'aime pas du tout ce mot.

Si je n'ai pas eu de grands-parents, j'ai la chance aujourd'hui d'être un grand-père d'adoption, puisque Stéphanie, que j'ai élevée depuis ses cinq ans, a une jolie fille de vingt-cinq ans, qui s'appelle Rebecca Jarre Drucker Château. J'ai donc été un papa puis un grand-père par procuration, mais je pense tous les jours à ces papis et mamies que je n'ai pas connus.

Hasard de la vie, c'est moi qui ai le premier interviewé Jeanne Calment, il y a quarante ans – et c'est la seule interview qui existe ! Elle vivait dans une maison de retraite près de chez moi, à Arles, et elle était à l'époque la seule centenaire en France.

J'aurai bientôt quatre fois vingt ans – c'est sûrement pour ça que je n'aime pas trop qu'on parle de troisième âge ! –, mais pour reprendre la formule que m'a soufflée Claude Lelouch : « Les plus belles années d'une vie sont celles qu'on n'a pas encore vécues. » Avoir quatre-vingts ans aujourd'hui, c'est être jeune…

Parmi mes projets pour les prochaines saisons, je vais consacrer un *Vivement dimanche* par mois à de grandes figures du passé présentées par ceux qui, légitimement, peuvent en parler : Bourvil, de Funès et Moustaki seront aussi mis à l'honneur en présence de leurs enfants, de leurs proches. Je continuerai à être le trait d'union entre la jeune génération et les anciens dont on ne parle plus, et je suis très fier d'être devenu un peu la mémoire de ce métier, de ces gens qui ne sont plus là. Je ne veux pas qu'on oublie. J'aurais tant voulu que Léo Ferré se trompe en écrivant sa sublime chanson « Avec le temps » – une des plus belles chansons du monde, à mon avis – et qu'avec le temps, tout ne foute pas le camp… Les jeunes doivent savoir qu'avant eux, il y a eu des géants qui s'appelaient Jean Gabin, David Bowie, Romy Schneider, Lino Ventura, Daniel Balavoine, Michel Berger, Johnny Hallyday… Tous ces gens-là sont dans mon panthéon, et comme je suis l'un des rares à les avoir tous connus, je veux leur rendre hommage.

JULIE GAYET

Je connais la carrière de comédienne et de réalisatrice de Julie Gayet, bien sûr, et puis son compagnon, mais nous ne nous sommes jamais rencontrées. Chaleureuse et enthousiaste lors de notre échange téléphonique, elle m'a spontanément invitée chez elle.
L'après-midi est tiède, je termine un appel en faisant les cent pas entre les glycines généreuses et odorantes devant son domicile.
Je m'apprête à sonner quand surgit de nulle part un homme à la carrure imposante qui me questionne fermement sur mon identité et ma présence ici. Julie, souriante, ouvre alors la porte, et je comprends qu'il s'agit d'un agent de sécurité ; petit moment de flottement qui donne immédiatement lieu à un échange de regards complices. La glace est brisée et je suis Julie dans sa cuisine où trône encore un plateau de fromages entamés qui tenait lieu de repas frugal et improvisé quelques minutes à peine avant mon arrivée.

Votre grand-père paternel Alain, « ce héros », comme vous l'aviez qualifié au moment de lui rendre hommage, a disparu à quatre-vingt-quatorze ans, un bel âge. A-t-il été ce héros avec vous aussi ?

Mon grand-père disait : « Nous n'étions pas des héros, nous ne sommes pas des héros... » lorsqu'il évoquait la Seconde Guerre mondiale et le fait d'avoir rejoint De Gaulle à la rame avec l'un de ses camarades. C'est pour lui rendre hommage que j'ai écrit ça. Mais avec Poune, puisque qu'on l'appelait ainsi, j'avais cette relation très particulière qui vous unit à vos grands-parents, qui n'est pas celle qu'on a avec ses parents au quotidien. Même s'il pouvait être exigeant sur certaines choses. Je me souviens qu'il m'avait dit un jour, alors que j'étais devenue comédienne : « Tu as la tête dure, tu es un peu comme moi, on n'aurait pas pu t'empêcher d'être comédienne... » J'ai su plus tard, grâce à une interview dans le journal des *Compagnons de la Libération*, qu'il se retrouvait dans le tempérament de sa petite-fille. J'avais été surprise et émue : il se comparait à cette petite-fille têtue qui avait réussi à imposer son envie de faire du cinéma alors que ce n'était pas du tout le schéma familial — il était médecin, mon père était médecin, j'ai un frère architecte et un autre radiologue... un moule très classique. Ça a été très difficile pour moi. Après une de mes toutes premières émissions de télévision, alors que je travaillais comme une brute depuis trois ou quatre ans, je me souviens d'une de ces réunions de famille très importantes où je me suis rendu compte que mes grands-parents avaient changé leur regard sur moi. Mon grand-père ne me parlait plus, il ne me regardait plus de la même manière. Heureusement que j'ai du caractère et une liberté d'expression certaine. Je lui ai dit : « Non, mais, attends ! Je n'ai pas changé, je suis toujours la même Julie ! » et c'est reparti. Mais j'ai vu un petit quelque chose dans son regard, comme une admiration, un respect. Comme si je n'étais plus tout à fait sa petite-fille. Heureusement, ça n'a pas duré, et aux premières vacances, ce changement d'attitude avait disparu.

Il faut dire que dans notre famille, on n'impose pas les choses ; elles se font avec naturel, chacun est libre et ça se reflète dans nos relations.

Votre grand-mère ou votre grand-père se sont-ils prononcés sur votre choix de carrière ?

Non, ma grand-mère ne jugeait pas, elle était plutôt comme le tam-tam de la famille : elle donnait des nouvelles des autres. C'était assez formidable, ça nous permettait de savoir que notre cousine avait fait ceci, qu'un autre cousin avait fait cela... En général, on ne parlait pas de nous, on parlait des autres. Il y avait des photos de nous tous partout chez elle, d'ailleurs.

Du côté de mon grand-père, si je me souviens de ce moment où son regard a changé, je sais aussi qu'il était fier.

Nous avons eu des discussions sur d'autres choix... C'est marrant, parce qu'il est devenu plus croyant à la fin de sa vie, alors qu'il n'avait jamais eu ce rapport au baptême avant que j'aie mes enfants. Je n'ai pas baptisé mes enfants, par respect pour ma belle-mère, et parce que je me suis dit qu'ils feraient ce chemin-là eux-mêmes s'ils le souhaitaient. Mais il a quand même laissé échapper une petite phrase, je me souviens, sur le fait que c'était peut-être important... Donc nous avons eu des discussions, contre toute attente, sur la religion. Ce furent nos dernières discussions. Et ce fut plutôt un conseil qu'un reproche, ou... une demande. Je me souviens que l'on avait aussi parlé de la circoncision à l'occasion d'une balade.

À la fin, il commençait à perdre un peu la tête. Il se déplaçait en chaise roulante, mais je savais qu'il était important qu'il participe à ce dernier 18 Juin, qu'il soit présent à cette commémoration, après avoir géré les Compagnons de la Libération pendant des années. Avec mon père, nous étions allés le chercher en voiture pour qu'il y assiste. C'était en 2015 ou 2016. Il était atteint d'Alzheimer ; c'était assez bouleversant pour moi. Quand nous sommes revenus, ce jour-là – je peux le raconter parce que mon père était là – il m'a draguée : « Bonjour, vous habitez chez vos parents ? » Pour mon père, il avait sans doute reconnu une femme qu'il avait aimée. Je me suis dit « je suis à son goût, alors ». C'est assez joli. J'étais très émue parce qu'on voyait bien qu'il commençait à ne plus me reconnaître. C'était émouvant, pour mon père, aussi. Mais j'étais vraiment très heureuse de l'avoir accompagné à cette dernière commémoration. Quand je l'ai ramené, il m'a pris les mains, les a serrées et il m'a dit merci... en pleurant. Je sais que j'ai vu son dernier visage à ce moment-là. Et ça restera mon dernier grand souvenir. C'était bouleversant pour moi et mon père. Donc je suis très fière de l'avoir fait. C'était très important pour mon grand-père. Il a toujours eu une passion pour de Gaulle, comme mon père voue une passion pour Mitterrand. C'est pour ça que j'ai tellement aimé la politique.

Votre grand-père, résistant, fut décoré de la Légion d'honneur par le général de Gaulle. Il a aussi traversé plusieurs océans, et même œuvré à l'étranger : Dakar, la Syrie…

Oui, il a même passé son bac en Syrie, parce qu'il était l'un des plus jeunes quand il est parti : il avait triché sur sa carte d'identité, en grattant le dernier chiffre pour qu'on ne le voie pas exactement !

Comment l'avez-vous su ? C'est lui qui vous l'a raconté ?

Non, il m'a plutôt raconté les Russes, la Libération. Il me parlait de politique et on n'était pas toujours d'accord, ce qui donnait lieu à de longues discussions. C'était passionnant, d'ailleurs, d'avoir un contrepoint par rapport à mon père, pur produit de Mai 68 qui s'était même retrouvé en prison après une manif ; mon grand-père n'était même pas allé le chercher, considérant qu'il n'avait qu'à se débrouiller ! (Ça, c'est mon père qui me l'a raconté.) Lorsque l'on parlait de politique, on pouvait s'engueuler très fort : il ne lâchait jamais ! Il était passionné et entier. Je crois qu'il aimait bien mon côté buté. Pour moi, c'était devenu un jeu : j'essayais de le convaincre… mais c'était peine perdue ! D'autant qu'avec son parcours de résistant… Quel modèle ! C'est pour cela aussi que je dis « mon grand-père, ce héros ». Après la guerre, il n'a accepté aucun passe-droit auquel il aurait pu prétendre, et il a recommencé ses études et passé tous ses examens. Il a toujours été très intègre, très droit.

Vous diriez que c'est ce dont vous avez hérité de lui ?

J'ai quelques principes, c'est vrai ; je m'impose des règles dans ma vie personnelle comme dans ma carrière. Mais chez lui, j'ai le sentiment qu'il y avait quelque chose de l'ordre de l'intérêt général : il voulait faire avancer la cause humaine, le monde, sans chercher un retour financier. Il était extrêmement généreux, d'ailleurs. Il paraît qu'il y avait toujours une place et une assiette le soir, à table, pour un inconnu de passage. Mon grand-père rentrait régulièrement avec des personnes qui vivaient dans la rue, pour les inviter à dîner à la maison. Sa simple présence et sa façon d'être étaient un modèle. Il n'avait pas besoin de nous faire de grandes leçons, c'était même tout le contraire d'un donneur de leçons. Finalement, il a créé une tribu autour de lui, la famille Gayet, un clan très important.

Les réunions familiales font partie des choses qui rythment nos habitudes : les « Tout Gayet », ça s'appelle, et on peut être jusqu'à deux-cent-cinquante ou trois cents ! On se retrouve tous les dix ans. Il existe un film, d'ailleurs, qui a été fait par un proche de la femme de Costa-Gavras, une tante, sur nos rassemblements de famille. On y voit les Irlandais, du côté de la mère de mon grand-père ; celle à qui il passait son temps à dire : « C'est fou ce que tu ressembles à Maïté ! » Cette branche d'Irlandais faisait partie des tout premiers indépendantistes irlandais... Je crois que le père de Maïté a été numéro deux de l'IRA... Il y a plein d'indépendants chez nous !!! [*Elle rit.*]

Dans ma famille, ce qui est assez fou, c'est qu'on considère que les enfants deviennent des hommes et des femmes à quinze ans. Et donc, à chaque anniversaire de quinze ans, on organise une dégustation de vin. Mon père a fait ça pour mes fils, comme il l'avait fait avec moi. C'est une sorte de communion au vin... Et comme on ne recrache pas, évidemment, ça permet d'apprendre la vie ! [*Elle éclate de rire.*] Je compte bien faire pareil avec mes petits-enfants : de temps en temps, je mets des bouteilles de côté. Des blancs, des bourgognes, des rouges, des bordeaux, des champagnes... Je me prépare à respecter la tradition familiale !

Cette figure un peu tutélaire, ne laisse pas beaucoup de place à son épouse dont il divorce jeune et très tôt. C'est assez moderne…

[*Elle rit.*] Il n'écoutait pas beaucoup l'avis de ma grand-mère ! D'ailleurs, il ne le lui demandait pas vraiment… Il prenait des décisions et partait dans la direction qu'il avait choisie. Sans que jamais personne puisse le faire changer d'avis.

Et cette grand-mère, quelle place a-t-elle pour vous ?

Très, très, très importante ! Aussi importante que celle de mon grand-père. Et elle m'a transmis une chose très belle : c'est qu'en dépit de leur divorce, ils étaient très proches et continuaient à former une famille. C'est pour cela que je n'ai jamais eu peur d'un divorce ou d'une séparation. À Noël, aux mariages, aux communions, ma grand-mère était là avec son nouveau compagnon, et mon grand-père avec sa nouvelle compagne. Il n'y avait pas de scission ; elle faisait partie de la famille Gayet, évidemment !

Donc, petite fille, vous les voyiez séparément ?

Oui, j'allais chez elle et j'allais chez lui… Alors que mes parents sont toujours ensemble, après s'être connus quand ils avaient dix-sept ans !

Est-ce qu'on a le double de cadeaux, comme avec des parents divorcés, le double de voyages ?

J'ai surtout eu le double de grands-parents ! Et des grands-parents jeunes, parce que les différentes générations ont eu des enfants très tôt, dans la famille ; même la mienne : quand mon fils est né, mon père n'avait pas encore cinquante ans. Ma grand-mère nous a quittés récemment, j'ai eu la chance d'en profiter longtemps. Et si je tiens mon caractère de mon grand-père, physiquement, j'ai le corps de ma grand-mère, qui est pourtant la mère de mon père.

Je rentrais dans toutes ses robes, toutes ses jupes. Quand elle est partie, j'ai gardé ses affaires, et je mets tout ce qu'elle portait, comme si c'était fait pour moi. Je lui demandais souvent ce qu'elle avait eu comme maux, comme difficultés, parce que je savais que j'allais avoir la même chose. Quand elle avait mal aux genoux, je me disais : zut, ça veut dire que je vais finir avec le genou en vrac... Comme si la transmission se faisait aussi par le biais de la santé. Ensemble, on a d'ailleurs pu parler de sujets comme la ménopause, alors que je n'en parlais pas avec ma mère ; mon lien physique me rapprochait plus encore de ma grand-mère.

C'est comme si la complicité sautait une génération ! Avez-vous été deux compères jusqu'au bout ?

Jusqu'au bout, j'ai passé mes vacances dans le Bourbonnais, près de Montluçon, chez Mamie, car mon père travaillait beaucoup. J'y ai appris à traire, à jardiner, à faire du miel aussi, avec son compagnon apiculteur. Découvrir la nature au travers des grands-parents qui ne sont plus dans le système temps de la vie active, qui racontent les plantes, le printemps... c'était assez fou.

Du côté de mon grand-père, c'était plutôt la Bretagne, et puis les Ardennes, la guerre, la politique : l'histoire avec un grand H. Les valeurs, aussi, à commencer par celle de l'enracinement. Il nous a d'ailleurs laissé une lettre sublimissime chez le notaire quand il est parti. Je crois que je n'ai jamais lu quelque chose d'aussi fort que cette lettre, avec les valeurs qu'il voulait nous transmettre, la force des racines, des fondations. J'essaie de transmettre ça à mes enfants.

Quand on s'est parlé, vous avez cité le livre de Gisèle Halimi,* Histoire d'une passion, *sur son amour fou et réciproque pour sa petite-fille. Simone de Beauvoir a écrit aussi sur nos aînés... Vous m'avez dit spontanément : il y a une prise de conscience à avoir sur ce que les grands-parents apportent aux petits-enfants...

Quelle que soit la relation, même quand elle est très compliquée, ce lien avec les grands-parents est très intéressant pour les petits-enfants ; c'est une relation très forte, différente, dans un autre rapport au temps que celle des parents. Finalement, c'est ce que disait Chantal Ladesou dans ce film qui s'appelle *C'est quoi, cette Mamie ?* dans lequel j'ai joué et qui était si drôle : « Les petits-enfants, ce sont les "chic/ouf : Chic, ils arrivent ! Ouf, ils s'en vont !" » Ils viennent pour un temps donné – deux heures, un week-end ou carrément toutes les vacances – et ils repartent. Dans l'intervalle, comme je le faisais quand je passais quinze jours chez ma grand-mère paternelle, se noue une relation différente basée sur la transmission, la compréhension d'un monde différent. Je le vois bien, aujourd'hui, avec mes enfants et mes parents : ce lien est très important. Et je me suis rendu compte de la force de cette transmission quand j'étais enceinte de mon fils aîné – je peux le dire parce que le père de mes enfants, Santiago Amigorena, a écrit un livre là-dessus, qui s'appelle *Le Ghetto intérieur* (P.O.L., 2019). J'ai lu, pendant ma grossesse, beaucoup de livres sur la Shoah. C'était très fort, comme une espèce de besoin de comprendre. Ma belle-mère est arrivée un jour et m'a dit : « C'est incroyable que tu lises ça ! Mais pourquoi ? » Je n'ai pas vraiment su répondre et elle a fondu en larmes, en me racontant l'histoire que Santiago narre dans *Le Ghetto intérieur*, celle de son père à elle, parti en Argentine, dans le Nouveau Monde, bien avant la guerre ; en correspondant avec sa mère, il comprend qu'elle est dans le ghetto de Varsovie et que, petit à petit, toute sa famille va être détruite.

Je sais que ma belle-mère aura de belles choses à transmettre à mes enfants sur leurs racines. De la même façon qu'en nous invitant à cette dégustation pour nos quinze ans, mon grand-père nous transmettait ce que son propre père lui avait transmis. Les choses positives, comme les négatives. Comme ma grand-mère m'a transmis son physique en héritage alors que je l'aimais tant. C'est complètement fou !

Votre grand-mère vous a-t-elle fait découvrir un livre, une musique, un plat ou quelque chose en particulier ?

L'équitation ! Je pense que je ne serais jamais montée à cheval sans ma grand-mère. Elle a rencontré son compagnon à l'étranger, et leur vie, c'était un peu *Out of Africa*, ils ont fait des voyages incroyables, elle adorait ça. Elle a conservé cette curiosité jusqu'à la fin, et elle découpait des articles de journaux qu'elle nous donnait : « Tiens, tu devrais lire ça, tiens tu devrais faire ça… » tout le temps. De temps en temps, je fais ça aussi, j'arrache une page et je la donne à mon fils, comme ma grand-mère…

Donc, elle montait à cheval, c'était sa passion. Et quand elle a dû gagner sa vie, parce qu'elle n'avait pas fait d'études, au moment de son divorce, à quarante-deux ans – ce qui ne se faisait absolument pas à l'époque – elle a été prof d'équitation. C'était tellement moderne !

Votre mamie est partie tard. Vos enfants l'ont donc bien connue ?

Elle est morte il y a deux ans, donc mes deux enfants, qui ont vingt-et-un et vingt-deux ans, l'ont bien connue, oui. Je suis allée lui dire au revoir avec mon père ; c'était très, très, très important. Elle a eu un problème de sang, et elle souffrait trop, elle avait mal partout. Elle m'a beaucoup, beaucoup transmis. Ils m'ont beaucoup, beaucoup transmis tous les deux. C'est si émouvant de penser à eux. Je suis très heureuse d'en parler. Cette relation que j'ai eue avec eux est tellement importante ! Ce n'est pas la même que celle qui unit des enfants à leurs parents. Très vite et très tôt, on connaît bien les limites, l'autorité… J'ai appris d'autres choses auprès de ma mère, on pourrait en parler pendant des heures… Mais c'est cette richesse-là, née de la relation avec nos grands-parents, qui nous construit, de toute façon, puisqu'elle a construit nos parents. C'est compliqué de vouloir l'empêcher.

Vous m'avez confié les idéologies politiques de votre papa, de votre grand-père, deux tempéraments. Vous avez le sentiment d'avoir été influencée par qui ?

[*Elle éclate de rire.*] Ce qui était bien, c'était la rhétorique, cette capacité de pouvoir penser par soi-même. Quant aux valeurs républicaines, je crois que dès mon plus jeune âge j'ai compris que les impôts, nos impôts, permettaient de faire vivre la société. J'ai toujours pensé que l'on participait à la société, que l'on faisait partie d'un pays en payant des impôts. Mais tous les deux étaient quand même médecins. Je pense que ce qui a rendu fier mon grand-père, c'est que mon père « a eu les hôpitaux de Paris », comme on disait à l'époque. Il était meilleur médecin que lui ne l'avait été, croyait-il. Et cela le rendait fier. Mais tous les deux ont toujours été tournés vers l'être humain, vers l'égalité. Pour s'adresser à celui qui ne parle pas la même langue que nous, ils nous ont appris à dessiner, à communiquer autrement. Je dois avouer que ce mouvement vers l'humain, vers les autres, c'est peut-être ce qui m'a donné envie de jouer, de transmettre, d'essayer de raconter, de donner plus. Je me souviens d'une discussion avec mon père pendant laquelle il m'avait dit : « Comédienne, ce n'est pas possible ! À part les comédiens de théâtre, qui sont bons – et encore –, tu connais des comédiens qui ont une vie équilibrée, une vie de famille ? Ils sont tous fous ! » Je lui avais répondu : « Si je fais ce métier, je vais devenir folle, c'est ce que tu dis ? Eh bien, si je ne le fais pas, je vais devenir folle, aussi ! Donc entre devenir folle de ne pas le faire et devenir folle de le faire, je vais le faire ! »

Aujourd'hui, je m'évertue à avoir une vie de famille équilibrée et à continuer de transmettre mes valeurs familiales.

MARC LAVOINE

Sa voix suave est plus profonde encore ce jour-là, tandis qu'il a du mal à se départir d'une vieille angine. Des pastilles, multiples sirops et bouteilles d'eau minérale sont à portée de main. Le canapé d'angle moelleux qui trône dans le salon semble accueillir Marc et ses émotions nuit et jour ; comme le cockpit de la maison, il vibre au rythme des textes, des mélodies et des compositions, il voit passer turbulences et accélérations.

Entre deux questions, j'ai le droit à un tour du propriétaire... La créativité de Marc, son éclectisme s'affichent aussi sur ses murs.

Enfant, je passais beaucoup de temps avec mes grands-parents paternels. Avec mon grand-père, surtout. Lui, je l'ai toujours connu dans son jardin. Il m'apprenait à bourrer une pipe, à rouler des pouces. Il prenait des bains de pieds dans une bassine bleue, dans laquelle il nous demandait de mettre du gros sel, et puis il fumait. Il m'apprenait des chansons populaires, aussi, et me parlait de Jean Gabin, de Victor Hugo. C'était ça, son truc ! Mais il buvait du vin Préfontaines toute la journée, si bien que ma grand-mère avait un peu honte de rapporter les consignes ; d'abord elle changeait de magasin tous les jours et ensuite on gardait les bouteilles parce qu'on ne savait pas quoi en faire. On les mettait au fond du jardin, qui était mitoyen de celui de mes parents, sur un tas qui montait petit à petit. Mon grand-père, on l'entendait avant de le voir, avec ses flatulences permanentes qu'il ponctuait d'un « Jean Valjean... *wof* ! » ; il sentait le tabac, le prout et le Préfontaines. J'ai compris très tôt que l'alcool, le verre de petit vin blanc, les « Viens boire un p'tit coup ! » peuvent s'accompagner parfois d'une main un peu lourde.

Mon grand-père était beau, il était magnifique ! Il avait une voiture dans le garage, une Ondine grise, qui n'a quasiment jamais bougé. Il la sortait de temps en temps. C'était celle de ma tante Denise, une femme exceptionnelle qui est toujours vivante. Il aimait beaucoup Françoise Hardy et le Tour de France. C'est tout. Pendant qu'il écoutait la TSF, ma grand-mère préparait du café, et s'occupait de tout le monde.

Ma grand-mère, un mètre cinquante, ne pouvait, quant à elle, se retenir de faire pipi. Elle courait vers une sorte de petite gouttière, et se mettait au-dessus en poussant un petit gloussement « Houu, hou ! » [*Il rit.*]

Je faisais des siestes avec elle. Elles étaient fantastiques ! Dans sa chambre, à l'étage, il y avait une sorte de duvet, comme un nuage. Les volets, derrière les fenêtres ouvertes, étaient un peu fermés, à l'espagnol. Ça faisait comme en écho avec ce qui se passait à l'extérieur, un halo sonore. La sieste se préparait comme un plat. Dans la pénombre, je la voyais se déshabiller, se regarder dans la glace, c'était flottant, très beau, puis elle enfilait une robe de chambre. Ensuite, elle venait s'étendre. J'étais tout petit, protégé contre elle, avec ses seins lourds, flottants dans sa chemise de nuit. C'était magnifique ! J'en ai gardé ce goût de perdre du temps. Je n'ai pas peur de dormir, de me laisser aller. Dormir et faire une sieste, c'est comme pleurer, tu vides ton sac. Et ma grand-mère savait faire cela ; elle était tellement préoccupée qu'elle avait besoin de se reposer, la pauvre. C'étaient ses moments de plaisir.

Elle m'appelait « ma poule ». Entre nous, il y avait très peu de dialogues. Elle encaissait, elle encaissait vraiment beaucoup. Mais toujours heureuse, toujours positive.

Voilà, c'étaient mes grands-parents. Henry et Marie-Louise. Pour moi, pépé Riton et mémé Malou.

Mon autre grand-mère, Louise, commerçante et catholique, était différente, d'une autre classe sociale. J'adorais aller dans sa boutique, parce que qui dit boutique d'alimentation, dit arrière-boutique, dit frigo ! Elle était quasiment aveugle et portait des lunettes en culs de bouteille. Elle se repérait aux halos de lumière. Quand je dormais chez elle, dans un clic-clac déplié dans sa salle à manger, elle me touchait le visage pour comprendre comment j'étais foutu. Je me souviens qu'il y avait chez elle ce qu'on appelle un « panorama » de Constantinople, deux photos retouchées, l'une à côté de l'autre, qui formaient un panorama des toits de la ville. J'adorais regarder ce truc-là. Longtemps après, Tchéky Karyo, qui est turc, est venu à la maison – il est comme un frère pour moi –, je suis monté lui chercher ce panorama que j'avais chez moi. Je lui ai filé, et il l'a mis au-dessus de son lit ! Ça, c'est de la transmission ! [*Il rit.*]

Cette grand-mère maternelle m'intrigue… Quel rapport aviez-vous avec elle ?

Le rapport à la chair, la proximité physique, les maisons voisines, la culture d'Afrique du Nord, le communisme, le prolétariat, la lutte des classes : tout ça, ce sont mes grands-parents paternels. Victor Hugo, la poésie, le surréalisme, mon père.

Avec ma mère, c'est une autre transmission. D'elle, j'ai conservé son dé à coudre et quelques livres, c'est tout. Chez ma grand-mère et ma mère, on est catholiques, dans une classe sociale un tout petit peu au-dessus. Et mon grand-père, c'est l'invisible de la famille – le petit commerçant basque avec son béret, sa camionnette, qui a aujourd'hui une rue à son nom.

Mon grand-père, c'est le héros : tous les gens morts sont des héros, lui, il est mort… Tous ceux qui ne meurent pas sur le champ d'honneur, qui sont entrés dans la Résistance, meurent après, prématurément, de ce qu'ils ont rapporté de la guerre. Mon père est mort en Algérie, même s'il a vécu longtemps après. Un peu à l'image de Simone Veil, qui est morte dans les camps, mais qui s'est construite car elle n'avait pas de ressentiment ; on ne construit rien sur du ressentiment, et cette femme admirable, comme mon grand-père, avait le sens du pardon, de la mémoire et de l'oubli.

Ma grand-mère, Nana Georges – je l'appelais comme ça parce que je n'arrivais pas à retenir son prénom –, c'était un peu ça. C'est elle, à vélo, qui apportait à manger sur son porte-bagages à des gens qui se cachaient. Sa sœur, tata Suzanne, qui a vécu jusqu'à cent-quatre ans et que j'aimais beaucoup, m'a raconté qu'à l'époque, elle s'arrangeait avec le curé pour faire passer des juifs de l'autre côté.

Vous n'avez découvert ça qu'une fois adulte ?

Oui, ce sont des choses dont tu ne parles pas, mais qui se font. Ils ont eu le courage de ne pas obéir, le courage de dire non. Ces choses se sont inscrites petit à petit dans ma mémoire, par fragments, par images. *Guernica*, par exemple, le tableau… quand tu es petit, tu te demandes pourquoi il y a un cheval au milieu. Parce que c'est l'homme, un animal mi-domestique mi-sauvage. Et tu comprends peu à peu, la mythologie, la place du cheval dans la vie artistique. Cet apport vient de mes deux parents. Ils étaient différents des autres. Ma tante me disait qu'ils étaient faits l'un pour l'autre. Ils pensaient traverser l'océan ensemble, mais ils se sont perdus en mer… Ces deux êtres, bohèmes – mais pas bourgeois – tout le monde les regardait. Et je découvre avec le temps l'histoire de ma mère, parce qu'elle était discrète, silencieuse. Et du silence naît la vérité. J'ai été élevé par quatre femmes : ma mère, mes deux grand-mères et ma tante.

Vos deux grands-mères se côtoyaient ? Ce n'est pas fréquent !

Oui, et elles s'aimaient d'un amour incroyable !

Et Louise (Nana Georges) et tata Suzanne étaient indivisibles. Il y en avait une dans le vieux Wissous et une dans le nouveau Wissous. Une banlieue comme dans *Mon Oncle* de Tati où tu as l'aéroport d'Orly et les immeubles style années soixante-dix qui se construisaient, et des champs, des fermes avec des vaches, où ça sent la bouse.

Comment vous occupiez-vous, avec Louise ?

Avec elle et Suzanne, on partait à La Rochelle. C'étaient des vacances difficiles pour moi, parce que j'étais gros et que je n'aimais pas mon physique. Et puis il y avait des méduses. Plutôt qu'aller à la plage, je préférais manger des madeleines à la maison... Il y avait un chat qui traînait sur un toit : c'est grâce à lui que je sortais. Il me fascinait. Il était libre alors que moi j'étais enfermé dans ce corps.

J'ai toujours eu un rapport au corps avec mes grands-parents. Pas du tout un rapport érotique, attention ! J'adorais aller au lit avec mes grands-mères. Et quand je lavais ma mère, à la fin de sa vie, parce qu'elle avait besoin de moi, elle qui m'avait lavé si souvent, elle s'excusait d'être nue, d'être une dame qui approche de la fin, qui doute de tout, de son charme, de sa féminité... C'est magnifique ces moments-là. Tous les gens se ressemblent à ce moment-là. Les yeux qui coulent tout seuls, tout le temps, il n'y a plus le barrage. C'est ça les vieux, et j'aime beaucoup les vieux parce qu'ils vous réapprennent à aimer la vie, à la considérer malgré tout. Et mes grands-mères avaient des petits trucs qui font que la vie est belle. Ma grand-mère qui ne pouvait pas se retenir de faire pipi par exemple, qui ne parlait pas et qui a tout fait pour que son mari ne soit pas vu dans son alcoolisme, qu'il ne perde pas sa place d'homme dans la société...

Je me souviens d'un mot que j'ai reçu un jour, pendant un tournage, d'une jeune fille qui me disait : « Je suis de Nice, je travaille dans une maison pour la fin de vie des gens, et il y a une dame qui est amoureuse de vous. Elle va mourir bientôt et son rêve, c'est de vous voir. » J'y suis allé et on m'a emmené dans sa chambre. Elle s'était détaché les cheveux, soigneusement coiffés, sur son lit. Magnifique. « Ah, je suis tellement amoureuse de vous ! Je vous aime, Monsieur ! Vous êtes merveilleux ! – Non je ne suis pas merveilleux, je fais juste des chansons. – Comment allez-vous Monsieur, vous êtes heureux dans votre vie ? – Oui, ça m'arrive d'être heureux. – Vous ne pouvez pas me chanter une petite chanson ? » Et je lui ai chanté « Chère amie ». Elle était heureuse ! Je suis retourné sur mon tournage et la même jeune fille m'a refait un courrier pour me demander « l'autorisation » de passer ma chanson dans l'église parce que la dame était morte. Vous rendez-vous compte de la gentillesse des gens ?!

Louise vous charmait-elle avec des paroles conteuses ? Vous ne faisiez pas de siestes, avec elle ?

Si, mais comme elle était aveugle, c'était différent. C'est moi qui dirigeais la démarche. Elle était dans une semi-obscurité permanente et quand il y avait trop de lumière, cela pouvait être agressif pour elle. C'est fou, parce que nos échanges étaient plus physiques que verbaux, ils prenaient le pas sur les mots qui étaient réduits à l'essentiel. Ce n'est pas que le langage était rétréci, au contraire, il était agrandi pour qu'avec un minimum de mots on puisse comprendre un maximum de choses. J'ai appris ça tout petit, pour lui rendre service et organiser la vie avec elle. Je soulageais son cœur par ma présence affective. Mon attention et celle de mon frère lui faisaient un bien fou. Et je soulageais son corps en devenant le prolongement du sien. Et puis elle était seule, elle était veuve, et il y avait partout la place manquante de l'homme, les silences du manque.

Avec mon autre grand-mère, c'était la même chose, mais différemment : elle voyait très bien et s'occupait de tout, mais je savais combien elle prenait sur elle, comment parfois elle évitait les coups, et qu'elle pleurait toute seule sans le montrer.

En partageant, adolescent, le quotidien de ces femmes, vous ressentiez une colonne vertébrale émotionnelle distincte ?

Ma construction était forcément différente : ma mère – elle est gonflée quand même – voulait tellement accoucher d'une fille qu'elle m'a appelé Brigitte pendant mes neuf premiers mois... Elle ne voulait pas de moi quand je suis né. Par la suite, ce refus s'est transformé en fusion, en un amour inconditionnel de sa part et de la mienne.

Elle m'a transmis l'immortalité. Elle est toujours là. Elle est là quand je m'endors ou quand je me réveille. Et je l'aime.

Quel héritage vous ont transmis vos grands-parents ?

Mon grand-père, c'est Victor Hugo. Ma grand-mère, « Les Gens du Nord » d'Enrico. Ma grand-mère maternelle, les émissions qu'elle écoutait à la radio... et la Résistance. Sans rien dire, sans parler. Dans la discrétion. Moi non plus, je n'aime pas parler de moi. C'est sans doute l'héritage de ma grand-mère maternelle.

Vous souvenez-vous de la disparition de vos grands-parents ?

Je m'en rappelle, oui, parce que ma mère s'est occupée de ma grand-mère jusqu'à la fin de sa vie. Tous les jours, elle allait la laver. Et ma grand-mère perdait l'esprit et devenait ce qu'elle n'avait jamais été de toute sa vie : méchante. Comme quoi la méchanceté existe en nous, mais on la maîtrise. La gentillesse est un choix, finalement. Elle devenait agressive, faisait des reproches qu'elle n'avait pourtant jamais faits de sa vie.

Pour mes deux grands-mères, ça a été une souffrance. Ma tante me dit que cela ne s'est pas tout à fait passé comme ça, c'est possible, mais moi, ce que j'ai vu, c'est un petit oiseau dans l'ombre, avec une langue toute sèche et un dernier soupir. Ma grand-mère que j'aimais tant, qui me préparait mon café et mes sandwichs, et que mes cheveux longs faisaient rougir en public quand j'étais jeune, mais qu'elle acceptait par amour et par délicatesse.

Toutes les femmes de ma famille étaient magnifiques, Maman, ma tante Denise, ma grand-mère Louise, Malou.

ALEXANDRE JARDIN

Moutie, ma grand-mère paternelle, est probablement l'être humain le moins concerné par la réalité. C'est elle qui m'a initié à la possibilité de vivre de manière totalement poétique, en se foutant des contraintes réelles. Quand quelqu'un qui avait le déshonneur de lui déplaire lui parlait, elle tournait la tête en chantonnant de manière ostensible, faisant ainsi comprendre à l'individu qu'il avait la grossièreté de l'ennuyer. Et puis, elle le surveillait d'un coup d'œil pour vérifier s'il était toujours là.

Elle s'endormait les yeux ouverts, dans une chambre totalement illuminée. Et, à chaque fois que j'allais lui dire bonsoir, elle me murmurait : « Chéri, est-ce que tu peux entrouvrir la fenêtre ? » au cas où un cambrioleur sexy se serait glissé pour lui faire l'amour !

Elle n'avait aucun rapport non plus avec la légalité, qui « l'ennuyait ». Elle n'avait pas de papiers, elle me disait : « Je suis contre ! » Et quand je lui faisais remarquer que ce n'était pas une opinion, qu'on avait des papiers, un point c'est tout, elle insistait en me disant : « Je sais qui je suis »... Un jour où elle m'avait demandé de l'emmener de Suisse en Normandie pour retrouver un ancien amant, je lui avais demandé où était son passeport pour passer la frontière – c'est comme ça que je me suis rendu compte qu'elle n'avait vraiment pas de papiers. Quand je lui ai dit qu'à la douane il faudrait montrer un document, elle est restée saisie. Elle ne comprenait pas qu'un être humain sensé puisse avoir plus confiance en un bout de papier qu'en elle. Et quand je lui ai dit : « Oui mais, il faut que tu prouves que tu es Française... », elle m'a regardé, étonnée, en me disant : « Mais que veux-tu que je sois d'autre ? » Finalement, je l'ai emmenée en Normandie cette année-là, en la passant en contrebande par des petites routes derrière Genève, dont le poste-frontière est fermé la nuit. C'est comme ça que je l'ai sortie de Suisse !

Mais là où ça devenait vraiment scandaleux, c'est quand j'ai constaté à quel point le réel ne l'intéressait pas pendant la guerre. Quand je lui ai demandé son pire souvenir de Vichy, elle m'a raconté « un souvenir atroce », prenant un air pénétré : un jour, mon père et son frère (mon oncle) avaient pris une scie et coupé toutes les branches des arbres fruitiers du jardin. Je lui ai fait remarquer qu'il y avait eu cinquante millions de morts autour, Auschwitz et tout ça. Elle m'a regardé, terrifiée, et elle m'a dit : « Mais ce jardin était atroce ! » Son esprit ne se fixait que sur certaines zones...

Elle a été la maîtresse, pendant des années, de Paul Morand ; et quand je lui faisais remarquer que Morand était quand même un personnage peu reluisant, elle ne partageait pas du tout cet avis. Elle me disait que lorsque Paul touchait un fruit, tout à coup, la pêche prenait une grande valeur...

Elle ne voyait les gens que par le prisme de son esprit. Elle est la source, dans notre famille, de la possibilité de vivre de manière poétique.

Elle passait son temps à entretenir des correspondances avec des hommes qui lui faisaient plus ou moins la cour.

Et puis elle mangeait, elle mangeait, elle mangeait. Il n'était pas question de mettre un couvert à table avec des assiettes froides si elle avait préparé un plat en sauce. Elle hurlait en disant que les sauces allaient figer, qu'il fallait chauffer les assiettes.

Et quand ses chiens mouraient, elle leur faisait l'honneur de les manger en terrines. Elle bouffait ses chiens ! Personne ne bouffe ses chiens pour leur rendre hommage ! Elle n'appartenait pas au monde réel, elle était en délicatesse avec la réalité.

Aujourd'hui, je m'exprime dans un français qui était le sien, et qu'elle avait transmis à mon père, avant moi : tous les deux, dans ces concordances de langue, on a été influencés par Moutie, ce personnage hors du commun.

D'une manière plus générale, je crois vraiment que le lien entre les générations, entre les plus vieux et les autres, c'est ce qui cimente à la fois les familles, mais aussi les régions et les pays. Il y a quelques années, on a pris pleinement conscience qu'on ne parviendrait à réduire l'échec scolaire que si on demandait aux vieux du pays de transmettre le plaisir de la lecture, parce que, dès qu'un enfant ressent du plaisir, il pérennise ses acquis scolaires. C'est très compliqué de transmettre du plaisir ; on ne peut pas voter une loi obligeant les profs à transmettre du plaisir. En revanche, les retraités peuvent le faire. C'est comme ça qu'est apparu le programme « Lire et faire lire » : on a embarqué 20 000 personnes âgées qui, aujourd'hui, font lire 750 000 gamins. Ces jeunes sont ainsi vaccinés contre l'échec scolaire grâce à l'intervention des vieux. Je crois que tout ce qui est complexe dans une société, tout ce qui touche à l'intégration, à l'identité, doit être pris en charge par des programmes destinés à l'action des plus vieux. On doit leur confier des tâches essentielles, et notamment tout le boulot d'intégration dans la société française, ou d'intégration des plus jeunes sur le marché du travail. C'est leur boulot.

Un jour, Moutie m'avait demandé de l'emmener en ville, chez le pédicure. Elle vivait à Corsier, au-dessus de Vevey, en Suisse, et en rentrant, elle m'a absolument interdit de suivre le sens giratoire, parce qu'elle trouvait absurde de faire le tour du village alors qu'on pouvait couper plus rapidement pour regagner sa maison... J'ai donc pris un sens interdit et il y avait un flic au bout de la rue. Le flic sifflait comme un fou, m'a demandé mes papiers. J'ai arrêté la voiture, elle s'est penchée par la vitre, et elle l'a attaqué bille en tête : « Vous êtes un paltoquet ! » Elle s'est mise à injurier le flic qui essayait de faire comprendre qu'on venait de commettre une infraction. Il a fini par nous laisser passer, parce qu'une vieille dame qui éructe comme ça, le jeune flic n'allait pas se donner le ridicule de lui passer des menottes !

J'ai demandé un jour à Moutie si, à Vichy – parce qu'elle était tout de même la femme du directeur de cabinet de Pierre Laval ! – elle avait ressenti des choses, ou si elle avait totalement plané. Quand je lui ai demandé si elle avait déjà déjeuné avec Pétain, elle m'a dit : « Oui, une fois avec Pétain et Laval... » Parce que son mari, mon grand-père, lui avait demandé d'être là. Elle a ajouté à voix basse : « Ces gens étaient d'un ennui dont tu n'as pas idée ! » Elle s'était tellement ennuyée à table qu'elle s'était endormie dans la soupière ! Mon grand-père ne l'a jamais plus emmenée. En fait, elle ne savait pas qui étaient ces gens. Un jour, dans sa maison en Suisse, je lisais un historien qui avait écrit un papier sur Allen Dulles, le patron de l'ancêtre de la CIA, qui représentait les États-Unis à Berne. Je lui montre la photo et lui demande : « Est-ce que tu as déjà vu cet homme ? — Mais oui, tout à fait, c'est Allen... — Tu sais ce qu'il faisait ? — Non ! — Mais tu l'as vu où ? — En 1943 ou 1944, on faisait des grandes promenades avec lui, le long du fleuve à Berne, et il me citait Rilke ; il adorait Rilke, c'était un fou de poésie... — Ce n'était pas seulement un fou de poésie, c'était le patron de la CIA ! » Je me souviens qu'elle m'a regardé bizarrement et m'a demandé : « Tu crois ? — Oui, oui, je te promets ! » Et en lui montrant le journal : « Regarde, c'est écrit, c'est le patron de la CIA de l'époque... — Tu sais, il ne faut pas toujours croire ce qui est écrit dans les journaux ! » Elle ne le croyait pas : cela ne correspondait pas à l'expérience qu'elle avait vécue avec cet homme, donc pour elle, c'était juste un amateur de Rilke et de poésie.

Au fond, elle m'a montré que certains êtres peuvent traverser l'existence uniquement dans leur vision, en flottant totalement sur la réalité.

YANN ARTHUS-BERTRAND

Son bureau boulonnais est à quai. Un peu plus au nord, on entendrait les drisses dans le vent… Travailler sur la Seine, entre les pontons, comme un plaisancier, sans avoir besoin de manœuvrer, cela ressemble à « cet optimiste de plus en plus inquiet ».
De son travail de photographe animalier au Kenya à la création de la fondation Good Planet, nous pourrions revenir sur ses cinquante ans d'engagement écologique, mais c'est de son ancre, ce qui croche le fond et empêche le bateau de dériver, dont je viens lui parler.

On vous sait fervent défenseur de l'environnement, on connaît vos documentaires, vos photos d'une beauté prodigieuse… On en sait moins sur votre famille, vos parents, vos grands-parents, dont vous déclarez qu'ils avaient vécu l'angoisse, la peur, la faim, la privation. Que vouliez-vous dire par là ?

Né en 1946, je suis un enfant d'après-guerre. Ma mère avait perdu ma petite sœur alors que mon père était soldat ; il ne l'avait jamais vue. Mes parents ont été très marqués par la guerre, très marqués par la faim, par des moments durs.

Pour moi, l'année de mes dix-huit ans, c'était Mai 68 : j'étais vraiment en décalage complet avec ces gens qui avaient eu très peur de l'avenir, qui avaient vu des gens mourir autour d'eux et qui avaient vécu des choses difficiles. J'avais des parents très sérieux, il fallait travailler dur… On allait tous à l'école en blouse à Saint-Jean de Passy. J'étais un gosse épouvantable, j'ai fréquenté de très nombreuses écoles. Et les seules personnes qui m'écoutaient, c'étaient mes grands-parents, comme souvent.

Je le vois bien avec mes petits-enfants, aujourd'hui ! Nous sommes beaucoup plus flexibles, en-dehors des règles puisque nous n'avons pas cette responsabilité d'autorité.

C'est vrai que j'ai adoré mes grands-parents et ma tante, qui s'est beaucoup occupée de moi, parce que c'étaient les seuls, en fin de compte, qui me comprenaient. J'avais l'impression qu'ils me respectaient. Qu'ils m'aimaient, quoi ! Je pense que mes parents m'aimaient autant, mais ils étaient prisonniers d'un système, d'un devoir de faire de leur fils aîné quelqu'un de bien. Je n'avais pas du tout envie d'être quelqu'un de bien, moi !

Parlez-vous là de vos grands-parents paternels ?

Oui, et surtout de mon grand-père paternel, André Arthus-Bertrand, un ancien militaire couvert de médailles qui dirigeait la société Arthus-Bertrand. Je me souviens très bien de ses cigarettes Pall Mall et de son odeur, l'odeur du tabac. Il avait une grosse barbe, c'était un grand-père comme dans les films !

Il possédait une petite maison en forêt, dans la Sarthe, que je trouvais extraordinaire. C'est drôle, je suis allé la voir il n'y a pas très longtemps et elle m'a paru ridiculement petite. Mais j'y étais heureux ! On est toujours nostalgique de ces vacances qu'on passe avec ses grands-parents dans des endroits où l'on est en liberté totale, puisque les petits-enfants ont le droit de tout faire. Chez moi, je dis toujours à mes petits-enfants : « On fait tout qu'est-ce qu'on veut ! »

J'allais dans son lit le matin, et il me racontait sa guerre. Moi qui suis plutôt un antimilitariste aujourd'hui, je rêvais de faire Saint-Cyr, d'être militaire : mon grand-père me racontait 14-18 et comme tous les petits gosses, j'étais fasciné par les soldats et la guerre. Il me racontait aussi les camps de concentration où il avait souffert... J'ai vraiment baigné dans les histoires de mon grand-père.

J'allais beaucoup avec lui en forêt, à sept, huit, ou dix ans. J'adorais ça. Avec sa serpe, il coupait les gourmands, ces petites branches qui poussent le long des troncs. Aujourd'hui, je me dis que mon amour de la nature, de la forêt, vient peut-être de ces promenades, main dans la main.

Je me sentais aimé sans condition, aimé complètement. Qu'importe que j'aie été viré de l'école, que j'aie volé de l'argent dans le sac de ma mère, je me savais aimé, alors j'étais bien. C'est vraiment une nostalgie. D'ailleurs, quand cette propriété a dû être vendue, j'ai pleuré de ne pas pouvoir l'acheter. J'y avais été tellement heureux ! Je pense qu'on revient toujours dans les endroits où on s'est senti bien. Il y a des moments où on part et puis, en vieillissant, on a cette nostalgie de l'enfance heureuse.

Dans ma vie, il y a ma tante Yvonne aussi, qui a cent-deux ans et que je vais souvent voir dans sa maison de retraite. Pas assez souvent, d'ailleurs. Elle est formidable. Elle lit *La Croix* tous les jours et elle m'envoie des courriers – à l'ancienne – sur les articles qu'elle trouve intéressants. Les maisons de retraite, ce n'est pas très gai, ça sent un peu l'urine, il y a des gens qui ont Alzheimer, tu entends des cris. Mais quand tu arrives dans sa chambre, elle a toujours un grand sourire. Et si tu lui demandes comment elle fait pour garder le moral à son âge, alors qu'elle a perdu les gens qu'elle aime, elle te répond : « Ce n'est pas difficile, je ne pense pas à moi, je pense aux autres… » Voilà ! Il faut se débarrasser de son ego. À cent-deux ans, elle illumine, elle resplendit parce qu'elle s'est occupée des autres ! J'ai l'impression que ceux qui partagent, ceux qui donnent, ont un truc en plus dans le regard. En tout cas elle, elle l'a. D'ailleurs, elle me racontait qu'à dix-huit ans, la seule chose qui l'intéressait, c'était de soigner les lépreux. Comme on a trouvé un produit pour soigner la lèpre, elle est partie en Angleterre pour devenir sage-femme, et elle est rentrée dans les ordres – en blanc, avec une vraie couronne d'épines sur la tête, et à plat ventre dans l'église, mais ça, c'est une autre histoire…

Vous ne parlez d'aucune grand-mère…

Je n'ai pas connu ma grand-mère paternelle, qui était morte. Ma grand-mère maternelle, une vraie personnalité, était issue d'une riche famille italienne de soyeux basée à Lyon. Les soies Bianchini-Férier. C'était une femme autoritaire avec ses enfants, assez riche, chez qui mon père détestait aller parce qu'il avait toujours l'impression d'avoir moins d'argent. C'est ce que j'imagine, en tout cas. Elle était un peu fantasque, utilisait un fume-cigarette, portait des robes de couleur, peignait, jouait de la musique – c'était une grande organiste ; mon arrière-grand-père lui avait construit une petite maison avec un orgue comme dans les églises. Je l'aimais beaucoup, cette grand-mère, mais je n'entretenais pas vraiment de rapport avec elle ; elle évoluait dans un autre monde que le mien. Mon grand-père, lui, avait été gazé pendant la Première Guerre mondiale ; il est mort, je crois, quand ma mère avait dix ans.

Pouvez-vous nous confier l'histoire du patronyme Arthus-Bertrand, son symbole et ses valeurs ?

Les Arthus-Bertrand étaient, et sont encore aujourd'hui, les premiers fabricants de médailles militaires et de baptême. Ils les commercialisaient au sein d'un magasin emblématique, place Saint-Germain-des-Prés, en face de l'église – ils ont déménagé depuis. Quand j'étais gosse, on lançait du balcon de mon grand-père des petits cailloux sur les gens qui prenaient leur café aux Deux Magots !

C'est curieux parce que ce grand-père, André Arthus-Bertrand, a fait un truc incroyable : il m'a écrit des lettres pratiquement tous les jours de sa vie de mes vingt ans jusqu'à sa mort (je devais avoir trente-cinq ans). À la fin, je n'arrivais plus à lire un mot de ce qu'il m'écrivait, à cause de son écriture... C'est horrible, j'ai perdu ces lettres. Je ne sais pas où elles sont passées. Dans un carton, sûrement, je garde tout.

Que vous racontait-il, dans cette correspondance ?

Il faut savoir qu'à vingt ans, je suis tombé amoureux de la mère de mon meilleur ami, donc je me suis fâché avec mes parents qui ne voulaient plus me parler. Lui continuait à le faire. Et puis il avait très envie que je rentre dans les affaires, que je travaille chez Arthus-Bertrand. Moi, cela ne m'intéressait pas du tout. Dans ses lettres, il me donnait des nouvelles de ses affaires, mais il me parlait aussi de moi, de ma passion pour les animaux... Il me disait : « Cela va s'arranger avec tes parents... » Et cela s'est effectivement arrangé. J'aime bien que les grands-parents ne prennent pas parti et essaient de ressouder les familles.

Quand je dis que j'ai été un gosse épouvantable, je n'exagère pas : le gosse que j'aurais détesté avoir ! Un jour, on a calculé avec ma mère que j'avais fréquenté treize ou quatorze écoles. C'est fou ! Et je suis parti de chez moi pendant un an sans donner de nouvelles à mes parents. J'étais un sale con ! Il n'y a pas très longtemps, mon père m'a dit que quand j'étais parti, ma mère pleurait tous les soirs... Avec mon égoïsme de jeune idiot, je ne me rendais pas compte. Si mon fils m'avait fait ça, comme j'aurais été malheureux ! Donc je suis allé voir ma mère, qui n'était pas très en forme, et en pleurant je lui ai dit : « Maman, je voudrais m'excuser pour tout ce que j'ai fait. » Elle a éclaté de rire et elle m'a dit : « Mais Yann, on pardonne tout à ses enfants. Il y a longtemps que je t'ai pardonné ! » Ça m'a fait un bien fou. Je n'ai pas réussi à faire cela avec mon père. J'aurais aimé lui dire : « On ne s'est pas bien entendus, mais merci pour ce que tu as fait. Merci d'avoir essayé à ta façon, au maximum. » On se parlait, on se voyait, mais on n'osait pas se dire les choses. Comme si on attendait le coup d'après pour se dire qu'on s'aimait, probablement. Et on ne se l'est jamais dit. Il ne faut pas hésiter à dire aux gens qu'on les aime tant qu'ils sont là ! C'est un truc qu'il faut apprendre et que j'ai compris, maintenant : je dis beaucoup aux gens que je les aime.

Un élément atypique dans votre trajectoire : vous avez fréquenté plusieurs écoles et, cinquante ans plus tard, votre nom s'affiche sur le fronton de ces écoles ! En êtes-vous fier ?

Quand les écoles portent mon nom, elles portent plutôt le nom de nos convictions : l'écologie, l'environnement. D'ailleurs je n'y vais pas assez souvent, dans ces écoles ! Il faut que je fasse un jour un tour de France pour les voir.

Y a-t-il derrière cela une sorte de réparation ?

Pas du tout, parce qu'aujourd'hui, les profs sont vraiment sympas, ouverts... À mon époque, avec des curés qui m'ont un peu tripoté, qui m'ont battu, c'était compliqué. On ne s'en souvient pas, mais on battait beaucoup les enfants à cette époque. Mon père m'a filé des torgnoles mémorables, on prenait des claques, et c'était normal ! Ça ne m'a pas plus marqué que cela, d'ailleurs, parce que j'avais l'impression de le mériter. Et puis j'étais bagarreur, donc j'attrapais ce que je donnais. Je n'en veux à personne.

Avez-vous conservé le lien avec votre grand-père en quittant le domicile familial ?

À partir du moment où je me suis barré de chez moi, je faisais ce que je voulais. Je vivais dans la rue, j'étais libre... Je me souviens, je dormais dans les cinémas : on rentrait par la porte de sortie et on s'allongeait entre les sièges. On était réveillés le matin par les femmes de ménage qui passaient l'aspirateur. C'est comme ça que j'ai vu *Citizen Kane*, une vingtaine de fois, et *Le Fanfaron*. Mais j'allais quand même souvent chez mon grand-père, pour le voir et pour manger. Je n'allais plus chez mes parents, je ne leur téléphonais plus, mais j'allais chez mon grand-père. Mon grand-père m'offrait cette liberté que je n'avais pas avec mes parents : l'acceptation de ce que j'étais, c'est-à-dire un cancre, nul, un peu voyou...

Vous êtes parti vous installer au Kenya à trente ans, c'était une manière de vous éloigner de votre famille ?

Gosse, je détestais l'image de ma famille : Bretagne l'été, messe le dimanche, tous les week-ends à la campagne... Ce côté rigide, très sérieux. J'appartenais à une famille dont les enfants étaient véritablement aimés, mes parents faisaient le maximum, mais on était toujours un peu coincés. Dès que j'arrivais chez moi, en deux minutes, on s'engueulait. Cela créait des relations peu agréables, et j'ai fini par vraiment couper les ponts avec ma famille jusqu'à mon retour du Kenya.

On est partis là-bas avec ma femme, Anne, faire une thèse sur les lions. Mon grand-père était très fier que je me remette à faire des études et à travailler. Le courrier arrivait un mois après, et je recevais parfois jusqu'à trente lettres de mon grand-père à la fois. Difficiles à lire ! Mais recevoir des mots comme ça, de la part des gens que tu aimes, c'est important. Je pense qu'il ne le faisait pas qu'avec moi, il devait le faire aussi avec ses enfants, mes sœurs et mes cousins, pour conserver le lien.

C'est important de conserver les liens dans une famille. Ma mère m'avait dit : « Tu sais, si vous vous engueulez avec nous, ce n'est pas très grave. Si vous vous aimez, vous les enfants, pour moi, c'est le plus important… » Elle avait compris ce qui était essentiel : qu'entre frères et sœurs, on s'entende. Et c'est le cas, même si ce n'est pas toujours facile.

Votre grand-père était-il sensible aux questions climatiques et écologiques, avant même que le concept ne se précise ?

L'écologie n'existait pas. Je me souviens très bien avoir voté pour Dumont, le premier écologiste à s'être présenté aux élections présidentielles, dans mon petit village de l'Allier de 300 ou 400 habitants : il n'y avait qu'une voix pour lui, c'était la mienne.

Néanmoins, on vivait vraiment de façon écolo : chez mon grand-père, dans la Sarthe, on ne mangeait que des choses du jardin et on allait faire le marché et chercher l'eau de source avec un âne qui tirait une carriole ! Tout ce qu'on achetait, c'était du circuit court. On n'avait pas de voiture, on prenait le train… Il n'y avait pas plus écolo que notre vie à cette époque-là, et ça me paraissait tout à fait normal.

Le problème, c'est qu'après, on a vécu dans un confort incroyable, sans nous rendre compte que ça détruisait notre environnement.

À quelles causes, à quels thèmes ce grand-père vous sensibilisait-il ? Sa carrière militaire, les camps ?

Oui, l'armée faisait partie de notre vie : les fêtes militaires, les monuments aux morts, c'était très sérieux, parce que tout le monde avait perdu quelqu'un. Mon grand-père avait fait deux guerres, avait perdu des amis, vécu les camps de concentration... Il avait vraiment souffert de la guerre.

La guerre, aujourd'hui, c'est celle du climat ?

Ce qui fait une grosse différence entre la génération de mes grands-parents, de mes parents et la mienne, c'est que je suis obsédé par le sens que je donne à ma vie : aujourd'hui, à soixante-seize ans, à quoi ça sert ce que je fais ? Quelle est ma place sur la Terre ? Qu'est-ce que je dois faire ? Parce que réussir sa vie professionnelle, ce n'est pas très difficile, en fin de compte, mais réussir sa vie d'homme, c'est vachement plus compliqué. Suis-je un bon mari ? Suis-je un bon grand-père ? Bien sûr, je suis très loin d'être parfait, mais cette banalité du mal dans lequel on vit tous, je n'en suis pas fier et donc je le combats. Le monde tel qu'il est aujourd'hui, les inégalités, le changement climatique, la perte de la biodiversité, te permettent très facilement de donner du sens à ta vie. J'ai longtemps été complètement obsédé par ma réussite, mon ego... En plus, comme tous les indépendants, mes copains photographes ou artistes, on vivait au jour le jour, je devais me démerder au quotidien. Aujourd'hui, je suis sûr qu'on a chacun la mission d'améliorer le monde autour de soi ; vivre sans s'occuper des autres, ce n'est pas bon, tout simplement, tu te fais du mal à toi-même. Donner du sens à ta vie, c'est indispensable. La crise du Covid-19 nous a aidés à réfléchir à ça, je crois. Dans ma famille, on a toujours fait un peu pour aider les autres : ma mère faisait de l'alphabétisation pour les jeunes Africains, mon père s'occupait d'une maison de retraite bénévolement une journée par semaine. Et j'ai toujours été attiré par les gens qui donnent, les gens qui partagent : ils sont meilleurs que moi, et je ne leur ressemble pas, mais j'essaie.

Que transmettez-vous à votre tour à vos petits-enfants ? Les sensibilisez-vous à l'environnement ?

Mes petits-enfants, pour l'instant, sont encore trop jeunes pour être dans la responsabilité. Quand je leur ai montré mon film *Legacy*, ils n'ont pas trouvé ça gai du tout. Il faut dire que parler de fin du monde à des enfants de dix ans, ce n'est pas très agréable... Mais je réalise des films pour les grands, ceux qui peuvent décider. Il faut arrêter de penser que je parle aux générations futures : moi, c'est aux adultes que je veux parler, ce n'est pas aux enfants de faire ce qu'on n'a pas envie de faire.

Il y a quand même quelques bons réflexes à leur donner !

Chez nous, par exemple, on ne tire pas la chasse quand on fait pipi. Ça fait rire tout le monde, mais mes petits-enfants le font en disant : « Je fais comme Yannou ! » (Ils m'appellent comme ça.) Il n'y a rien de plus con que de mettre plusieurs litres d'eau potable à la poubelle quand on fait pipi, non ?

On peut parler aussi de mon côté un peu casse-couilles d'être végétarien, des vins bio... Je ne les emmerde pas, mais c'est induit. Finalement, mes trois garçons sont très conscients de ce qui arrive, et très intéressés par ça.

Comment qualifieriez-vous votre relation avec vos petits-enfants ?

Mes petits-enfants sont très tendres avec moi : quand ils viennent me voir, ils me serrent contre eux plus fort que moi je le ferais. C'est touchant de voir qu'ils n'ont pas peur d'aimer, parce qu'ils sont heureux. Parce que leurs parents sont top, tout simplement, donc ils leur donnent cette force.

Mon gros regret, c'est d'avoir décidé de ne plus prendre l'avion : ils sont furieux parce qu'ils espéraient comme des fous partir au Kenya avec moi. Je ne le ferai pas, mais ils iront avec leurs parents. C'est sûr que le Kenya, chez nous, c'est tout un symbole. D'ailleurs, les enfants de mes amis font souvent des exposés à l'école sur mon travail sur les lions.

Quel héritage vous a laissé votre grand-père ?

Je lui dois certainement l'exemple de ce que doit être un grand-père. C'est déjà important ! Avec lui, j'ai été un enfant heureux : Qu'y a-t-il de mieux, de plus fort dans la vie, que d'être un enfant heureux ? Rien.

Et puis, de m'avoir accepté tel que j'étais, ce qui était l'opposé de mes parents. Mes parents ne supportaient pas ce que j'étais. Ça les rendait malheureux, et ils ne comprenaient pas ; ils ne savaient pas par quel bout me prendre.

Avez-vous pu le voir vieillir, l'accompagner ?

Oui, c'est même la première personne que j'ai vu mourir de ma vie. Un peu à l'ancienne, dans un appartement à Paris, avec tous mes oncles qui pleuraient autour. Ça a été un moment très fort de voir disparaître ce personnage si vigoureux qui tenait la famille, une espèce de symbole. D'ailleurs, quand il est parti, la famille s'est un peu délitée.

Vous souvenez-vous de votre peine ?

Bien sûr ! Mais quelqu'un de très âgé qui meurt, c'est normal, ce n'est pas une mort soudaine. J'étais prêt. Pour mes parents aussi :

mon père, ce fut un peu plus soudain, mais c'était un homme très âgé, donc ça faisait partie de l'histoire. Moi, j'ai soixante-seize ans, je ne dis pas que j'ai envie de mourir demain, mais... c'est déjà un âge, quand même ! J'ai bien rempli ma vie, même si j'ai encore beaucoup à faire.

Je me souviens que pour le film *Human*, on avait interrogé une dame, à Madagascar, qui faisait de l'agriculture de subsistance. Ces gens ne vendent rien, travaillent au quotidien la terre, comme un sacrifice, pour nourrir leur famille. Ils ont peur de la météo, dont ils dépendent, et ils sont dans une sorte de survie perpétuelle. Elle avait mis au monde seize enfants dont six étaient morts. On lui a demandé : « Quel est votre plus grand rêve ? » Elle a réfléchi, réfléchi, et puis elle m'a regardé droit dans les yeux et elle m'a dit une chose à laquelle je pense tous les jours : « J'aimerais mourir avec le sourire... » Pour moi, cela signifie avoir rempli ta vie avec ce qui tu avais envie de faire, être content, être fier. Tous les jours, je me dis : « Avant de mourir, tu dois t'ouvrir à tout, tu dois pardonner à tout le monde... pour mourir avec le sourire. » Peut-être que c'est mon grand-père qui m'a appris ça. En tout cas, il est mort en paix, entouré de ceux qui l'aimaient, et qu'il aimait.

Que penserait-il de votre trajectoire, de vos combats, aujourd'hui ?

Il n'était pas particulièrement sensible à l'environnement. À cette époque, la « protection » de l'environnement relevait du sens civique, de la décence la plus élémentaire (on ne jetait pas de papiers par terre). Mais comme il avait le sens de la loyauté, du courage, je pense qu'il aurait très bien compris le combat qu'on doit mener aujourd'hui. De toute façon, on ressemble tous à nos parents et à nos grands-parents : le petit courage qu'on peut avoir, il vient de là. D'ailleurs, tu t'aperçois d'un truc très curieux, c'est que tu ne peux pas mentir à tes enfants. Ils te connaissent parfaitement, ils savent tes défauts, tes qualités ; tu ne peux pas les baratiner, tes enfants ! Tes grands-parents, c'est pareil, tu les connais par cœur. Et quand tu les aimes, tu les respectes pour ce qu'ils sont, et ça te permet d'accepter les gens tels qu'ils sont. En m'aimant et en me donnant comme il l'a fait, mon grand-père m'a donné quelque chose d'inestimable : être capable d'aimer. Peut-être que l'amour que tu peux donner aux autres, tu le dois à tes grands-parents. D'ailleurs, dans tous les reportages que je fais, je retrouve cet amour inconditionnel qu'ont les grands-parents pour leurs petits-enfants. C'est plus important que tout.

JOYCE JONATHAN

La chaleur est partout dans son sourire, sa spontanéité, ses souvenirs, ses plaisanteries. La réserve inhérente à une première rencontre s'est évaporée en quelques secondes à peine, et nous voilà partageant un thé comme deux amies qui se retrouveraient. Plus tard, dans ce tête-à-tête, Joyce essuiera une larme. J'en viens à me demander si je ne suis pas cruelle avec tous ces souvenirs que je viens réveiller...

Mes grands-parents maternels sont tunisiens tous les deux ; ils sont arrivés en France quand ma mère avait quinze ans, en 1964. C'est un peu le moment où tous les Juifs tunisiens sont arrivés en France et pour moi, ils vivaient tous à Paris, dans cet appartement du 15e arrondissement, rue Émile Duclaux ! Je me souviens encore de leur numéro de téléphone fixe et du son qu'on entendait dans le combiné, parce qu'on leur téléphonait tout le temps, c'était une passion. Ma mère nous a eues assez tard, mes sœurs et moi : Victoria à trente-cinq ans, Sarah à trente-huit et moi à quarante ans. Nous étions les enfants tant attendus de leur fille chérie – ma mère a trois frères.

Enfants, comme mes parents bossaient beaucoup, ils nous confiaient souvent à nos grands-parents. De la sortie de l'école le vendredi jusqu'au samedi soir – voire dimanche –, nous étions chez eux, rue Émile Duclaux, quoi qu'il arrive. Et alors qu'à la maison c'était très strict – pas le droit de regarder la télévision ni de manger des bonbons –, chez nos grands-parents, on était les reines absolues : on avait le droit de tout faire ! Au petit déjeuner, ils nous apportaient des tartines de Nutella devant la télévision avec notre chocolat chaud...

Chaque vendredi soir, jusqu'à la mort de ma grand-mère – j'avais treize ans –, on faisait shabbat chez eux. On n'a jamais été spécialement religieux ou croyants, mais ces plats de shabbat, c'était notre rendez-vous familial : les hallah, un milliard de desserts, les plats en abondance, les amis autour de la table – il y avait toujours une chaise vide au cas où –, c'était vraiment génial. Beaucoup de souvenirs de mes grands-parents sont liés à la nourriture, d'ailleurs : la *loubia* du mercredi, une spécialité avec des haricots et de la sauce tomate, les crêpes une fois par semaine – il y en avait tellement qu'elles duraient plusieurs jours !

Mon grand-père venait aussi nous chercher à l'école ; il l'a fait avec moi jusqu'en terminale ! Je suis sûre que les élèves de mon époque se souviennent encore de lui parce que, vraiment, au lycée, tout le monde le connaissait. Même le conseiller d'éducation et le censeur connaissaient Kaki Tartour. Le soir, mon grand-père arrivait avec son coffre rempli de goûters pour toute l'école ! Mes copains étaient trop contents. Et quand il ne pouvait pas être là, il laissait le goûter à la loge de l'école !

Il s'appelait Jacob, et ma grand-mère Hannah, mais c'était Kaki et Ninette pour tout le monde et franchement, c'était le couple star, ils étaient trop drôles. Ma grand-mère inventait plein de mots, parce qu'elle ne lisait pas très bien le français, et mon grand-père, lui, roulait les r et imitait les Français en disant « Je suis Français » en choisissant des mots élaborés. C'étaient que des trucs comme ça, plein d'expressions détournées ; ils venaient du bled de La Goulette en Tunisie et ils n'avaient rien de très institutionnel ! Ma grand-mère, par exemple, nous chantait « Au clair de la lune » et au lieu de « ma chandelle est morte » elle disait : « Marchande, elle est morte », comme si Marchande était quelqu'un ! Je me souviens encore de mon grand-père qui, à l'arrivée des ordinateurs et des téléphones portables, avait presque quatre-vingts ans et disait en roulant les r : « Il est malade, il a le virrrus ! »

Mais en Tunisie on ne roule pas les r !

C'est vrai ! Ma grand-mère ne parlait pas comme ça, mais lui, il roulait vraiment les r ! Et comme ma mère s'appelle Patricia, il disait « Patrrricia » ! Ils s'étaient très bien adaptés à la vie française mais pas du tout de façon institutionnelle. Ils nous ont offert un modèle d'optimisme suprême parce qu'à leur arrivée en France, alors que mon grand-père avait du boulot en Tunisie, ils n'ont plus trouvé beaucoup de travail. Ma mère et ses frères leur donnaient un peu d'argent. Pourtant, ils ne nous ont jamais fait ressentir qu'ils pouvaient manquer de quoi que ce soit.

Ils étaient drôles et chaleureux, tous les deux. L'humour faisait partie intégrante de leur vie. Même à la veille de sa mort, à l'hôpital, mon grand-père continuait à faire des blagues. Pendant qu'une aide-soignante lui faisait sa toilette, il disait : « Oh ! Me regarrrrdez pas, je suis tout nu ! » alors qu'il était très malade et que l'on savait qu'il ne lui restait que quelques jours à vivre. Son optimisme et son humour dans toutes les situations ont été une vraie leçon de vie. Aujourd'hui, sauf dans une situation fatalement dramatique, je me dis toujours que rien n'est grave et qu'il y a une issue positive et de l'humour partout.

L'amour passait aussi beaucoup par l'estomac, chez vous !

Quand ma grand-mère est décédée – assez tôt, à cause de son diabète, elle avait soixante-seize ans – je déjeunais tous les mercredis chez mon grand-père qui me préparait à manger : des spaghettis à la tomate, des bricks à l'œuf, des merguez avec des frites... des plats très *diet* ! Moi, je lui apportais chaque fois des pâtisseries de chez Pierre Hermé dont il était complètement fan. Parfois, je lui rendais visite avec des amis : tous mes copains qui l'ont rencontré m'en parlent encore aujourd'hui. Il recevait des lettres d'amour de nos copines, à mes sœurs et moi, qui disaient : « Je vous aime, Kaki » ou « Vous avez changé ma vie ». Je sais que j'ai un regard totalement subjectif, mais vraiment, il plaisait à tout le monde. C'était un comédien, il savait faire le show.

C'est à cette époque, quand ma grand-mère est partie, que ma mère a installé mon grand-père dans un studio juste à côté de chez nous, dans le 6e. Il commençait à être fatigué, il avait le moral en berne, ma grand-mère lui manquait et il se sentait seul. Il venait même souvent dormir dans une petite chambre que ma mère lui avait mise à disposition dans notre appartement. Mes parents venaient de se séparer et mon père ne vivait plus à la maison. Il était très présent, concerné. Il adorait passer du temps avec nous. Je me souviens qu'il nous avait appris un jeu de cartes tunisien, la chkobba, que l'on apprenait à tous nos copains. Qu'est-ce que l'on a pu jouer à ce jeu que personne ne connaissait !

Je repense à une scène qui m'a marquée et qui évoque très bien la personnalité de mon grand-père. J'avais signé peu de temps avant avec ma maison de disque, et je commençais mes premiers concerts ; mon grand-père m'a vue plusieurs fois à la télévision et il était comme un fou. Il se sentait vraiment fatigué, à l'époque, et il avait besoin d'aide pour marcher. Chacun de ses déplacements dans l'appartement était laborieux, parce qu'il fallait l'amener d'un endroit à l'autre. Ce soir-là, il se trouvait dans son lit parce qu'il y avait trop de monde à la maison, il avait voulu se coucher tôt. À la fin du dîner – sans doute de shabbat –, ma mère m'avait lancé, comme souvent quand il y avait du monde à table : « Allez, chante-nous quelque chose ! » Je n'ai jamais aimé faire ça, ce n'est pas dans mon tempérament, mais pour lui faire plaisir, et parce que j'y voyais l'occasion de m'exercer, je me suis mise à chanter… Et là, mon grand-père est arrivé dans le salon en courant – alors qu'il ne pouvait pas marcher, soi-disant – pour entendre sa « petite-fille chérie ». Cette scène le représente bien : son mental prenait toujours le dessus.

Il a transmis cela à ma mère : quand quelque chose l'a un peu minée, qu'elle n'est pas bien, il faut qu'elle s'isole ; en revanche, quand elle est motivée pour un truc ou qu'elle veut m'aider, elle peut se trouver au fond de son lit, elle soulèvera des montagnes et courra dans tout Paris si j'en ai besoin. C'est le mental qui guide tout, dans notre famille, comme c'est le mental qui a mené mes grands-parents en France et durant toute leur vie.

Pouvez-vous nous décrire un peu vos grands-parents ?

Mon grand-père était plutôt costaud. Il mesurait plus d'un mètre quatre-vingts – même s'il s'était un peu tassé avec les années ! – et il avait de très beaux yeux kaki, très perçants, qui « snippaient » quand il te regardait. Jeune homme, il était sublimissime, avec un côté très méditerranéen dans les gros sourcils. Finalement, mon amoureux, le père de ma fille, possède ce charme très méditerranéen, lui aussi...

Ma grand-mère, avec tout le sucre qu'elle avalait, était un peu ronde, mais c'était surtout une femme très apprêtée. Elle adorait aller chez le coiffeur, en haut de la rue, pour une petite coupe et une mise en pli. Elle ne sortait jamais sans rouge à lèvres, et elle sentait l'eau de Cologne. Sous son matelas, il y avait des dizaines de savonnettes – il paraît que c'est radical contre les crampes – et ça sentait bon dans tout l'appartement ! Ma mère a hérité de cet amour pour les odeurs : chez elle, chaque pièce sent différemment des autres.

Quel âge aviez-vous quand votre grand-père est parti, et comment l'avez-vous vécu ?

J'avais dix-huit ans, et cela m'a rendue infiniment triste. Il était malade et sa vie était devenue très difficile. Il vivait en maison de retraite parce qu'il avait besoin de soins et qu'il perdait un peu la tête. Je m'en veux de ne pas être allée lui rendre visite plus souvent quand je pense à tout cet amour qu'il m'a apporté et à ce lien quotidien que l'on entretenait. Mais ces maisons sont morbides ; même si ma mère et mes oncles lui avaient choisi le plus bel endroit qui soit, cela me rendait triste de savoir qu'il n'allait pas en sortir...

Que pensez-vous avoir hérité de votre grand-père et de votre grand-mère ?

Un optimisme sans faille et un mental d'acier qu'ils m'ont transmis tous les deux, et mon côté « très fille » qui vient de ma grand-mère. Même si je ne suis jamais allée au hammam avec elle, je sais que mon amour pour la crème hydratante après le bain, je le tiens d'elle : j'ai toujours besoin de savoir que je sens bon.

J'ai conservé aussi leur façon de parler, de transformer les mots. Et les vulgarités de mon grand-père ! Il disait beaucoup de gros mots, et il chantait tout le temps une chanson qui nous faisait rire parce qu'elle disait : « Trempe ton cul dans la soupière, tu verras comme il fait chaud ! » Avec nos parents, on avait interdiction de dire des gros mots, et mon grand-père passait son temps à dire « trou du cul » : cela nous faisait rire aux éclats !

Il disait aussi, en parlant de ma carrière : « Elle va les éclater, vous allez voir, elle va tous les éclater. » Et après une émission de télé, par exemple : « Elle a dépassé tout le monde. » D'ailleurs, ma mère me dit la même chose aujourd'hui quand elle sent que je suis stressée.

Votre vocation découle-t-elle de votre héritage familial ?

Mon grand-père adorait chanter et la musique a toujours été très présente dans la famille, mais personne n'a vraiment pratiqué la musique. J'ai surtout baigné dedans avec ma nounou pianiste, Helena, qui me tenait sur ses genoux quand elle faisait ses gammes. Elle s'est occupée de moi de mes deux ans à mes cinq ans et il paraît que j'étais très attentive quand je l'écoutais jouer du piano. Et très tôt, j'ai commencé à chanter et imaginer mes chansons. Pour l'enterrement de ma grand-mère, j'avais écrit une lettre dans laquelle je lui confiais que je voulais devenir chanteuse. Je n'en avais parlé à personne, elle était un peu la première à qui je le disais. Je me souviens qu'au cimetière, j'ai beaucoup hésité avant de me décider à jeter ma lettre dans le trou creusé pour le cercueil ; c'était très symbolique pour moi. C'est la première fois que j'en parle...

Un peu plus tard, j'ai confié mon secret à ma sœur Sarah, mais mes parents ne savaient pas que le rêve de ma vie était de chanter – j'avais déjà écrit plein de chansons. J'étais trop timide pour en parler ou même chanter devant ma famille. J'avais l'impression que si je chantais, on allait me dire que ce n'était pas assez bien. Je ne sais pas si c'est typique d'Afrique du Nord, cette façon de juger tout le temps, mais ça pesait très lourd sur moi. Je craignais d'être jugée alors que c'était ma passion.

Et finalement, vous êtes-vous sentie jugée ?

Mon grand-père m'a vue dans mes premières émissions de télé et à un concert, aussi, mais il était déjà très diminué. Je sais qu'il était très fier ! Lui, ne m'aurait jamais jugée. Malgré tout l'amour que l'on se porte, c'est de ma mère et de mes oncles que j'avais peur, plutôt. Jamais je n'ai pu préparer un gâteau au chocolat ou même un plat de pâtes pour un repas familial tellement je craignais que l'on me dise que c'était loupé ! J'ai mis longtemps à ne plus avoir peur du jugement de ma mère et à oser lui préparer ne serait-ce qu'une salade !

Au-delà de leur amour, de l'optimisme et de la joie de vivre de vos grands-parents, vous souvenez-vous de réactions ou de mots parfois plus déplaisants ?

Je n'ai jamais connu ça avec mes grands-parents. Mais il faut dire que je conserve volontairement une forme d'innocence. Je n'ai pas voulu connaître les détails de certaines histoires familiales, pas plus que ceux du divorce de mes parents. J'estime que cela ne me concerne pas, et j'ai besoin de garder intacte la magie de leur amour. Évidemment, ils ne sont pas parfaits, comme tout le monde, mais je n'ai jamais voulu en savoir plus que nécessaire. Ce qui compte, c'est qu'avec nous, ils ont toujours agi comme des amours : nous étions les princesses absolues. Ce n'était pas tout à fait pareil avec mes grands-parents paternels, même s'ils nous ont toujours beaucoup aimées et qu'il n'y a jamais eu une once de négativité. Mon grand-père paternel était un peu plus compliqué, il ne transmettait pas aussi facilement son amour parce que lui-même n'en a pas reçu beaucoup étant petit. Il pouvait par exemple nous resservir le même bout de steak qu'on n'avait pas fini pendant quatre jours. Il le rangeait pour le repas suivant ; cela m'a traumatisée.

Cette complicité précieuse avec vos grands-parents maternels, veillez-vous à ce qu'elle perdure entre votre maman et votre fille ?

Depuis qu'elle a cessé son activité professionnelle, ma mère est ravie d'être grand-mère. En plus, elle a eu deux petits-enfants d'un coup, parce que ma sœur a eu un petit garçon en même temps. Elle n'a qu'une hâte : commettre des bêtises avec ses petits-enfants et leur préparer des gâteaux tout le temps ! Depuis peu, elle l'aide aussi à développer son vocabulaire avec... des gros mots, comme mon grand-père : elle n'hésite pas à lui dire « trou du cul ». Cela me fait rire, et ce sera une part de son héritage. Cela la fera rire, elle aussi.

Si vous aviez la chance de les avoir, là, maintenant, à vos côtés, qu'aimeriez-vous dire à vos grands-parents ?

On aurait tellement de choses à se dire ! Je commencerais par leur faire un énorme câlin, puis je leur présenterais Martial, mon amoureux, et Ghjulia, ma fille. Ils seraient tellement contents de nous voir former une famille. Ma grand-mère trouverait mon amoureux très beau. Elle dirait : « C'est quoi, ces yeux ? » et il aurait tous les droits. Avec elle, un beau pouvait faire n'importe quoi, il trouvait toujours grâce à ses yeux.

Je leur dirais combien ils m'ont laissé de bons souvenirs, et que grâce à eux, on rit en se racontant en boucle, avec ma mère et mes oncles, les mêmes histoires qui nous plaisent toujours autant. On pleure de rire à chaque déjeuner et chaque dîner en famille.

Je n'ai pas le réflexe de me recueillir au cimetière pour être en communion avec eux, sans doute parce qu'ils sont partis alors que je n'étais qu'une adolescente. Ils font partie de ma vie et je préfère me remémorer les choses avec plaisir et spontanément.

J'ai même intégré une photo de mon grand-père dans le clip de « Pas besoin de toi ». Il venait de nous quitter, et j'ai voulu le mettre dedans… On le voit sur une photo aimantée sur le frigo. Cette image de mon grand-père parmi les centaines d'éléments de décoration du clip, c'était tout simplement non négociable !

FRÉDÉRIC MITTERRAND

Je ne suis guère surprise lorsque Frédéric, féru d'histoire et de littérature, m'invite à le retrouver à son domicile, proche du palais Bourbon : en quelques rues, c'est toute l'histoire de France qui se raconte. Son intérieur regorge lui aussi de culture : ouvrages, carnets, manuels, recueils, toiles, lithographies, aquarelles… Je contourne plusieurs piles de livres pour atteindre un fauteuil.

Ma grand-mère s'appelait Henriette, un nom qui fleure bon son époque. Née en 1900, elle est morte en 1997 ; elle a vécu quatre-vingt-dix-sept ans. Même si sa mort remonte à plus de vingt-cinq ans, pour mes frères et moi, elle est tout le temps présente, et nous sommes toujours profondément attachés à elle. D'abord pour une raison toute bête : lorsqu'elle est morte, j'avais déjà près de soixante ans, j'ai donc vécu la plus grande partie de ma vie avec elle. Ensuite parce qu'elle avait une relation fusionnelle avec ses petits-enfants. Surtout avec nous trois, et peut-être un peu plus encore avec moi, pour qui elle avait, je crois, une tendresse particulière. Notre chance, c'est qu'elle est morte en bonne santé, jamais on n'a pensé que c'était une vieille dame ; c'était une dame d'un certain âge, qui avait une jolie formule : « Pour ne pas cesser de plaire, il ne faut pas déplaire. » Elle sentait bon, elle était méticuleuse dans son apparence physique, très jolie, et absolument adorable.

Elle est née officiellement de parents inconnus pour une raison digne d'un roman 1900 : son père était un monsieur de soixante ans qui n'avait jamais été marié, et sa mère, une femme de trente-cinq ans déjà issue d'un milieu aux marges de l'aristocratie, qui était, comme l'on disait à l'époque, « tombée dans la galanterie ». Quand elle a eu trois ou quatre ans, son père a fini par la reconnaître et par conséquent… sa mère aussi. Et elle a été finalement adorée par son père, tant elle était ravissante, intéressante. Lorsqu'il est mort, en 1908, il en a fait sa légataire : elle est devenue à la fois une enfant naturelle et la plus riche héritière de Marseille ! Dans son caractère, elle en a gardé une humilité profonde, le désir de se faire toujours accepter, d'être agréable, charmante. Tout en disposant d'un tempérament très fort : dans les difficultés, elle révélait un courage qui surprenait tout le monde – sauf les gens qui la connaissaient bien. Pendant la guerre, par exemple, elle a fait preuve d'un tempérament incroyable. Au volant d'une énorme Delahaye qu'elle savait à peine conduire, elle a emmené ma mère, enceinte jusqu'aux dents, et ses enfants, sur les routes de l'exode. Elle allait voir les gendarmes en leur réclamant des bons d'essence qu'ils ne donnaient à personne, mais devant l'autorité de cette petite femme charmante et très bien élevée à laquelle personne ne résistait, ils lui donnaient ce dont elle avait besoin… Et tout a été comme ça dans sa vie : un mélange de force et de bienséance.

Elle était très pieuse, avec toutes les vertus chrétiennes que cela implique – sans en avoir les défauts –, généreuse, indulgente, solidaire : jusqu'à l'âge de quatre-vingt-treize ans, à Évian, elle montait trois fois par semaine à pied jusqu'à l'hôpital perché en haut de la ville, pour aider ceux qui en avaient besoin à rédiger les courriers pour la Sécurité sociale. Elle considérait que cela correspondait au message chrétien. C'était inouï de faire ça ! Elle était quand même une très, très vieille dame, même si son apparence ne l'exprimait pas.

Quand elle est tombée malade et qu'elle a compris qu'elle allait mourir, elle n'a plus voulu qu'on lui parle de religion. Elle a refusé tous les sacrements, la religion n'existait plus. Cela m'a fasciné mais je n'étais pas surpris : cela recouvrait une volonté de fer. À partir du moment où elle a su qu'elle allait mourir, elle n'avait plus besoin d'être acceptée, d'être conforme à ce que la société pouvait attendre d'elle. Elle est allée à la mort toute nue, debout. La clé de cette mort se trouve dans sa naissance, qui explique toute sa vie.

J'ai découvert plus tard qu'elle avait souffert de la tuberculose, à trente-cinq ans. À l'époque, c'était quelque chose que l'on n'aimait pas avouer, et on l'a isolée trois ans, dans un sanatorium au-dessus de Saint-Gervais qui s'appelait Sancellemoz – où est morte Marie Curie. Entourée de gens qui mouraient tout le temps, elle était elle-même en grand danger mais dans ses nombreuses lettres – je les ai toutes conservées –, elle ne se plaignait jamais, préférant parler de ses lectures ou de détails de son quotidien.

Vous connaissez une grande part de son existence ! Elle se confiait à vous ?

Par bribes. On ne se raconte pas beaucoup, dans la famille. Ensemble, on parlait surtout de l'actualité. Elle était plutôt de droite. Je me souviens que la seule fois où je me suis engueulé avec elle, c'était en 1968, au lendemain des événements de la rue Gay-Lussac. Je lui avais dit : « Mamie, vous ne trouvez pas cela formidable, quand même, cette révolte ? » Elle était furieuse : « Tu n'as pas honte de dire une chose pareille ! »

Que pensez-vous lui avoir emprunté ?

Ce que je souhaite avoir emprunté, par-dessus tout, ce sont ses manières. Je suis très sensible aux manières. Ma grand-mère, comme ma mère, sont des femmes qui n'ont pas fait d'études. Dans les milieux bourgeois, la petite héritière de Marseille a un peu appris à jouer du piano, à dessiner à l'aquarelle et à composer des bouquets de fleurs. Pourtant, la manière dont elle écrivait était fascinante : un français absolument parfait, très vivant, sans aucune faute d'orthographe et avec des formules merveilleuses. Toute sa vie, elle a lu au moins un livre par semaine ; c'est sans doute de là que ça vient.

Et puis, j'aimerais avoir hérité de son comportement, c'est-à-dire être bienveillant, courtois, sympathique... mais ne pas transiger sur les choses les plus importantes. Les gens sont parfois surpris de me voir prendre des positions un peu différentes de ce que pourrait laisser penser mon apparence ; j'ai hérité cela d'elle.

Elle était très libre aussi dans sa manière de parler, elle n'avait pas de gêne. Elle aimait follement son mari, mon grand-père, un très bel homme et un salaud magnifique ! Comme beaucoup de ces types qui avaient fait une guerre très courageuse, il en était sorti lessivé, amer et cynique. Il l'a ruinée : en quarante ans, il a dépensé tout son argent ; il l'a un peu trompée, et même pas mal, au début. Et en même temps, il ne pouvait pas ne pas l'aimer ! Il est devenu un mari emmerdant, dépensier, tyrannique, un peu moins beau chaque année, mais beaucoup plus gentil avec elle.

Je me souviens d'un jour, je devais avoir quinze ans, on était dans la voiture en train de la regarder s'éloigner, il s'est tourné vers moi et il m'a dit : « Tu vois, ta grand-mère, c'est la femme de ma vie ! » Impressionnant, cet amour, pour un homme de soixante-dix ans qui me paraissait un vieillard !

Un autre jour, j'ai demandé à ma grand-mère : « Mamie, comment avez-vous fait, la première nuit ? Vous ne saviez rien ! Comment cela s'est passé ? – Mais très bien, mon chéri, très bien ! Ton grand-père était un parfait gentleman et cela s'est très bien passé ! » Quand mes frères se disputaient avec leur fiancée, elle disait : « Tu sais, mon chéri, cela s'arrange toujours. Dispute de jour et réconciliation d'alcôve... » Une autre de ses formules poétiques que l'on n'utiliserait plus du tout.

Comment a-t-elle réagi à vos choix de vie ?

Une clé de son comportement, c'était la solidarité absolue. J'aurais pu devenir un assassin, me retrouver en prison pour des choses terribles, elle serait venue au parloir chaque fois que c'était possible, disant que personne ne comprenait rien. Elle ne portait aucun jugement, elle était d'une totale tolérance... Même quand elle était un peu dépassée par les événements, même quand ma mère, parce que c'était une rebelle, lui en faisait voir de toutes les couleurs – mariée quatre fois, divorcée trois fois : c'était un peu rock'n'roll pour ma grand-mère !

Le frère de ma mère, oncle Guy, était homosexuel. Cela n'a jamais été dit, mais quiconque regardait un peu comprenait. Il avait un copain, un beau gosse plus jeune que lui, qui venait à Évian régulièrement. Finalement, ils ont vécu ensemble pendant quarante ans, et ma grand-mère n'a jamais rien dit, alors que c'était évident. Elle l'appelait « mon petit Pierre » : « Mon petit Pierre, je vous ai préparé votre chambre »... Il s'agissait de la chambre à côté de celle de mon oncle ! Je ne me suis jamais présenté en couple auprès d'elle non plus ; cela ne lui aurait posé aucun problème, simplement, je suis pudique – malgré mon côté provocant – et je n'aime pas impliquer les gens dans mon histoire.

Il y a un seul sujet dont je n'ai jamais pu parler avec elle – elle refusait –, c'est la mort d'un de ses quatre enfants, à l'âge de trois ans. Elle avait suivi mon grand-père, qui, à l'époque, était dans les forces d'occupation, en Rhénanie. Elle a voulu retourner à Paris pour voir cet enfant qu'elle avait confié à sa belle-sœur, mais mon grand-père est parti dans une grande crise de tyrannie dont il était coutumier, il a crié : « Non, non, il faut que tu restes avec moi, j'ai besoin de toi ! Tout va bien se passer... » Elle a fini par partir, mais quand elle est arrivée, l'enfant était mort. Pour elle, cela a été une tragédie épouvantable ; ma mère m'en parlait de temps en temps, elle, jamais. Quand je lui demandais : « Mamie, est-ce que vous pensez à Charles, quelquefois ? » Elle disait seulement : « Oui, oui, j'y pense... »

Je dirais qu'il y avait en elle un mélange de pessimisme sur le monde – cruel et plein de gens méchants – et d'optimisme sur ses propres capacités : « Moi, je parviendrai toujours à me débrouiller ! »

L'une des choses les plus compliquées de sa vie, c'est qu'une de ses belles-sœurs était mêlée à des salopards d'extrême-droite, d'horribles fascistes français... Ma grand-mère n'avait peut-être pas une conscience politique suffisamment assurée pour trouver les arguments nécessaires, mais elle avait une répulsion instinctive pour ces horreurs, et elle a réussi à ne pas se compromettre. Elle n'aimait pas tout cela, mais comme elle était solidaire de son mari, que c'était la famille, elle faisait quand même le minimum pour rester correcte vis-à-vis d'elle. Elle me disait : « Ah oui, Tante Mercedes... un caractère » pour me faire comprendre qu'elle ne cautionnait pas son attitude. Quand il y avait des choix cruciaux, elle était toujours du bon côté.

D'ailleurs, elle est allée visiter les camps en Pologne avec mon frère Olivier à quatre-vingt-douze ans ! Pendant les quatre dernières années de sa vie, elle en parlait tout le temps. Elle avait très fortement nourri son goût pour la liberté. Elle savait bien plus de choses que les gens de son milieu et s'intéressait à tout. À près de quatre-vingt-dix ans, elle avait même rendu visite à une copine qui vivait à San Francisco à l'occasion d'un voyage que j'avais effectué avec elle à Boston, pour retrouver Olivier qui était étudiant à Harvard. Elle avait fait le voyage seule depuis New York – j'avais pourtant insisté pour l'accompagner – et elle est revenue fraîche comme une rose quatre jours après ! Elle se montrait d'une telle vitalité...

Quelle place occupe-t-elle aujourd'hui dans votre cœur, dans votre être ?

Elle est là, partout. Je pense à elle tout le temps. Je garde une photo d'elle sur moi... J'ai conservé des petits mots, aussi ; elle en écrivait tout le temps, à tout le monde. Chez elle, quand j'allais me coucher – au troisième étage, à côté de la chambre de « mon petit Pierre » –, je trouvais toujours un petit mot sur mon lit. Comme dans les grands hôtels où l'on vous glisse discrètement des petits gâteaux ou un chocolat. Elle montait les trois étages sans que je ne sache jamais quand ! J'ai fait encadrer un de ses petits mots « Dors bien, mon chéri. Mamie », sur lequel elle avait fait un dessin d'edelweiss, comme une jeune fille, alors qu'elle avait quatre-vingt-dix ans ! C'est touchant de penser que c'était une perpétuelle jeune fille. Et elle nous écrivait au moins une lettre par semaine.

C'était aussi une maîtresse de maison exceptionnelle, chose à laquelle je suis très sensible. Elle considérait que tenir une maison et une famille, c'était son boulot, et elle l'a fait d'une manière incroyable : ses repas, comme son apparence physique, étaient merveilleusement soignés... Tout était impeccable.

Que dirait-elle de ce que vous êtes devenu, de vos choix d'écriture ?

Si elle avait lu *La Mauvaise Vie*, je pense qu'elle se serait arrêtée : « Tu ne peux pas écrire des choses pareilles, non, ce n'est pas possible ! – Mais Mamie, c'est de la littérature ! – Oui, enfin, bon... » mais elle ne m'en aurait plus parlé et ça n'aurait absolument rien changé à notre relation. Et n'allez pas croire que je la mythifie : elle était vraiment comme cela. Mes frères diraient la même chose.

Ma mère était jalouse, d'ailleurs, de notre relation. Elle disait : « Mais qu'est-ce que tu racontes, enfermé dans le bureau avec Maman pendant des heures !? » On parlait de livres, de films... Elle aimait beaucoup le cinéma ; elle avait été très triste quand Marilyn Monroe était morte. Une dame de soixante-dix ans, veuve d'un général, qui habite à Évian... Je ne m'attendais pas à ce que la disparition de Marilyn Monroe lui fasse quelque chose ! Elle analysait tout ce qu'elle lisait dans les journaux. D'ailleurs je lui disais : « Mais Mamie, vous lisez ces choses ? Comment vous savez tout ça ? — Oui, mon chéri, je lis ! » Elle savait tant de choses...

Vous qui avez accompagné cette femme jusqu'à ses quatre-vingt-dix ans, que vous inspire la manière dont on considère aujourd'hui nos aînés ?

Ce qui se passe dans les Ehpad est épouvantable et révélateur de la très grande difficulté qu'ont beaucoup de gens modestes à assumer financièrement une personne dépendante. Mais tous les séniors ne sont pas dans des établissements spécialisés, il y en a beaucoup qui sont chez eux, entourés de leur famille. Dire que nous sommes dans une société égoïste, qui ne s'occupe pas des vieux, je n'y crois pas. Ce sont des idées toutes faites. Nous sommes dans une société de consommation brutale, une société où énormément de jeunes sont totalement incultes, parlent mal, sont dévorés par le mercantilisme... Mais cela a toujours été ainsi ! Il y a énormément de jeunes – et il y en a toujours eu – qui correspondent à ce qu'appréciait ma grand-mère par-dessus tout : des jeunes qui font des études, qui se donnent du mal. En tout cas, dans ma famille, comme dans toutes celles auxquelles nous sommes attachés, j'ai des frères, des enfants partout, des cousins, qui ne laisseraient jamais une personne âgée de côté.

Si ma grand-mère était toujours là, elle aurait quelqu'un auprès d'elle, dans sa maison, tout le monde se serait cotisé pour que cela soit possible. J'ai la chance de faire partie d'une société privilégiée, et au-delà d'être un devoir, c'est naturel de penser ainsi. Pour des gens qui ont travaillé toute leur vie, qui ont des enfants devenus grands, qui sont usés par le travail, et qui ont un grand-père ou une grand-mère qui est encore dans la maison, qui n'a pas forcément un caractère facile et qui, tout d'un coup, devient dépendant, je peux très bien comprendre que l'on cherche une autre solution. Mais dire que nous sommes une société égoïste qui se débarrasse de ses vieux ou ne sait pas réfléchir à leur avenir, je n'y souscris pas du tout. Je ne dis pas qu'il n'y a pas de problèmes, mais simplement qu'il faut se méfier de la présentation globale de la chose. Ce sont aux institutions de la société de prendre en compte cette question ; fondamentalement, je pense que les valeurs – même si je me méfie de ce mot – de la majorité de la population impliquent de s'occuper des anciens. Il n'y a pas de naufrage de la société qui ferait qu'on ne s'occuperait plus de nos aînés, cela, je n'y crois pas du tout.

Cette façon de penser, c'est probablement aussi le legs de ma grand-mère : les vertus catholiques qu'elle nous avait enseignées – pourtant je suis totalement agnostique – et qui sont d'ailleurs celles de toutes les religions : la bienveillance, la charité, le pardon, la gentillesse et la rectitude morale.

Souvent, les gens n'ont pas besoin de dire les choses, ils donnent l'exemple par leur manière de vivre. Quand ma grand-mère, trois fois par semaine, allait écrire les lettres de M. Abd el Krim pour la

Sécurité sociale, qu'elle avait même suivi une formation pour savoir comment remplir ces documents auxquels elle ne connaissait rien, elle avait plus de quatre-vingts ans : quel exemple elle nous a donné !

ALEXIA LAROCHE-JOUBERT

« Jamais de sucre raffiné », alors je choisis d'apporter des fraises, la saison le permet, pour retrouver Alexia Laroche-Joubert à son domicile parisien. Nous nous installons dans la salle à manger chaleureuse pour partager un café, quand jaillit du couloir le volume sonore de l'aspirateur. Impossible désormais de nous comprendre, repli immédiat vers la chambre d'Alexia. Les couleurs sont douces, l'endroit douillet, je m'installe sur le banc au pied du lit, Alexia se déchausse et, en tailleur, se livre sur cette femme qui l'a tant aimée.

Avant la* Star Academy, *avant* Koh-Lanta, *avant cette vie de productrice qui gère les plus emblématiques programmes télé français, il y a eu évidemment votre maman, grand reporter, une femme qui compte dans votre vie, et une autre, essentielle, prénommée Lucette…

C'est ma grand-mère paternelle, qui vivait à Argelès-Gazost ; malheureusement, elle est décédée quand j'étais jeune adulte – ou plutôt vieille ado ! Elle a plus que compté parce qu'elle m'a souvent accueillie chez elle, et a contribué à ce que je suis, dans mes qualités et peut-être même dans certains défauts qu'elle a indirectement générés. C'est quelqu'un de très, très important pour moi.

Parlez-moi de cet héritage, de ces offrandes existentielles.

Mes parents ont divorcé quand j'avais cinq ans. À ma naissance, ils étaient donc encore ensemble. Mon grand-père, lui, est mort le lendemain de ma naissance – je suis née le 18 décembre, il est mort le 19 – donc Papa a filé à Argelès-Gazost, à côté de Lourdes, et je suis entrée dans la vie de ma grand-mère à travers ce drame. Elle avait déjà eu des petits-enfants avant moi, par ses fils aînés, mais j'ai pris une place un peu particulière.

Un peu plus tard, vos parents ont dû s'absenter régulièrement, et votre grand-mère a pris davantage de place.

À l'âge de quatre ans et demi ou cinq ans, ma maman a dû me confier à ma grand-mère pendant quelques temps, sans me dire vraiment pourquoi. Installée chez elle du jour au lendemain, je suis allée à l'école du village – je me rappelle qu'il fallait traverser des champs, en pleine campagne... Dans la maison, avec nous deux, il y avait aussi Alice, la fermière, qui s'occupait de la maison.

J'ai dormi dans la même chambre que Mamie jusqu'à mes dix-sept ans, dans des lits jumeaux. Et il y a une histoire géniale à ce propos, c'est que quand ma grand-mère s'est dit qu'il était temps que j'aie ma chambre, elle m'en a fait une avec des nounours partout : j'avais des rideaux avec des nounours, des oreillers avec des nounours, tout avec des nounours ! Une chambre d'enfant de quatre ans... j'en avais dix-sept !

C'est le début de l'adolescence, la sortie de l'enfance... comment avez-vous vécu ce grand écart générationnel ?

Mes parents m'ont récupérée au bout de quelques mois. Après leur divorce, ils m'envoyaient toutes les vacances chez ma grand-mère. J'ai souvent dit à mes parents que l'endroit où j'étais le plus heureuse, c'était là-bas... Donc quand Maman me promettait des voyages incroyables, je disais : « Non, non, je veux aller dans les Pyrénées »... Pourtant, ce n'était pas facile les Pyrénées, parce que la seule activité, c'était le Tour de France !

Avec ma grand-mère, on a eu une relation extrêmement chaleureuse, elle m'éduquait avec des vraies valeurs de partage. J'étais devenue sa seule raison d'être. Quant à Alice, elle se considérait très clairement comme ma mère. D'ailleurs, à partir du moment où j'ai été placée chez ma grand-mère, la relation avec ma mère s'est un peu tendue.

On vivait donc en vase clos dans cette grande maison qui me faisait un peu peur, dans une toute petite ville où il n'y avait quasiment pas d'activités. Je passais le plus clair de mon temps avec ces deux femmes et des animaux : des poules, des lapins, des chiens, des vaches, et mes copains têtards. Ils vivaient dans un bassin jusqu'au jour où le jardinier l'a vidé sans prévenir et en m'approchant du bassin vide, je me suis rendu compte que j'étais en train de marcher sur mes têtards, mes copains. J'en ai un souvenir atroce.

Vous étiez complices, Lucette et vous, malgré votre grande différence d'âge ?

Je ne me rappelle pas... Mais pour elle, j'étais la huitième merveille du monde. Elle a dû se fâcher contre moi, comme n'importe quel enfant, et comme j'étais un peu hyperactive, on n'était pas sur le même rythme. Mais j'étais plutôt sympa, franchement ! Une seule fois, je me suis fait engueuler parce que j'avais cassé la vitre de son bureau avec le poing car elle ne voulait pas que je sorte avec les jeunes du bar du coin. En dehors de cette fois, je ne me souviens pas de conversations houleuses ou de conflits intergénérationnels.

Ce qui était vraiment d'un autre temps et qui me fascinait, c'est qu'elle lisait des Harlequin tous les soirs dans son lit ! Mais j'adorais cette ambiance, et je savais que ces Harlequin constituaient vraiment des zones d'évasion pour elle ; c'était un peu olé, olé, avant-gardiste.

Elle était très ouverte, pour son époque. Avant moi, son fils aîné lui avait confié ses enfants, dont mon parrain qui avait une douzaine d'années de plus que moi. C'était un artiste. Un jour, il avait repeint avec des tags toute la maison ! Elle aimait bien cette jeunesse, et elle ne m'a jamais bridée. Je regardais beaucoup la télévision, mais jamais elle ne me disait de l'éteindre... Le seul truc pour lequel elle était un peu sévère, c'est qu'elle détestait l'odeur des vaches, et qu'elle m'obligeait à me déshabiller en dehors de la maison quand je gardais les vaches dans les prés avec notre jardinier, aussi éleveur de bovins : je n'avais le droit de rentrer dans la maison qu'en culotte !

Avez-vous d'autres souvenirs marquants de votre enfance chez votre grand-mère ?

C'est elle qui m'a acheté mes premières encyclopédies sur l'art ; j'adorais ça. Sur Velasquez, Rembrandt, Vermeer... Je les ai toujours, d'ailleurs ! Elle n'était pas particulièrement sensible à cet univers, qui n'était pas le sien, mais elle savait que j'étais très curieuse de ça, et elle m'avait offert toute la collection. Elle m'offrait pas mal de bouquins, c'était magique.

Parmi les choses qui m'ont particulièrement marquée, il y a mon premier soutien-gorge qui est arrivé dans un paquet que ma grand-mère avait commandé à La Redoute ! Et puis la caravane du Tour de France qui passait devant la maison. C'est iconique. Et plus tard, le flipper du café, où je suis devenue très douée...

Vous lui parliez de vos ambitions professionnelles ?

Non, parce qu'elle est décédée très peu de temps après l'épisode de ma chambre aux nounours, j'avais à peine dix-huit ans. Et à l'époque, je ne voulais même pas faire de la télé, je voulais faire du droit pour rentrer dans la police. Mais on n'avait pas ce genre de conversations. Je lui parlais un peu de l'école, c'est tout. Elle m'a surtout transmis l'amour des animaux : elle avait un grand chien, un berger allemand qui s'appelait Rex, et qui me surveillait.

Elle m'a appris à tricoter, aussi. Ensemble, on faisait du macramé et on parlait de tout – pas d'elle, elle restait très secrète. Ce sont des activités d'un autre temps, c'est vrai, mais qui m'ont permis de voir le temps passer. Parce que j'étais quand même très, très seule ; aventurière et solitaire, je baroudais beaucoup dans les champs... Il n'y avait rien d'autre à faire ! D'ailleurs, quand Maman m'emmenait avec elle à Biarritz, chez ma grand-mère maternelle, je me sentais

Les grands-parents maternels de Nathalie Levy : Maurice et Rosine en compagnie de Nathalie.

Les grands-parents paternels de Nathalie Levy, Rose et Émile, en compagnie de Nathalie et de son frère cadet Grégory.

Sylvie Vartan et Robert, son grand-père paternel, surnommé Dedy, en Bulgarie.

Yannick Noah et son grand-père paternel, Papa Tara.

Ana Girardot sur les genoux de sa grand-mère Zette, devant son grand-père Jean-Paul et entourée de ses cousines, sur la terrasse de la maison familiale à Gordes.

Caroline Receveur entourée de ses grands-parents maternels, Mémère Maddy et Pépère Titi.

Thierry Marx, entouré de ses grands-parents paternels, Mémé Francine et Pépé Marcel.

Patrick Bruel avec ses grands-parents maternels, Céline et Élie.

Valérie Perrin en compagnie
de ses deux grands-mères :
à gauche, sa grand-mère maternelle
Marthe, surnommée Mémère,
et à droite, sa grand-mère paternelle Marie.

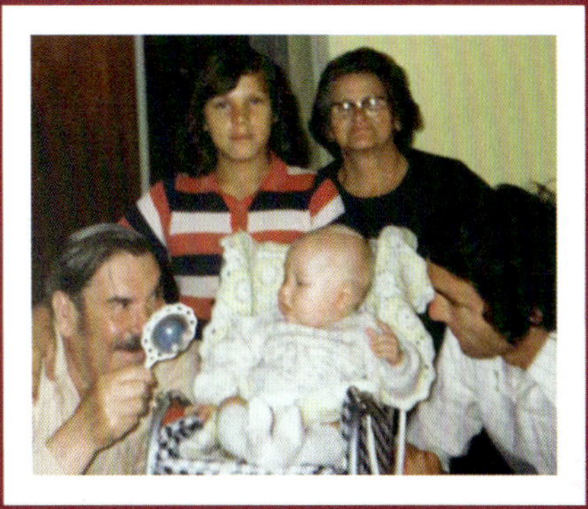

Marc Lavoine entouré de
ses grands-parents paternels,
Pépé Riton (Henry) et Mémé Malou
(Marie-Louise).

Simone, alias Moutie, la grand-mère
paternelle d'Alexandre Jardin.

Yann Arthus-Bertrand et son
grand-père paternel, André.

Joyce Jonathan avec ses grands-parents maternels, Jacob et Hannah, alias Kaki et Ninette.

Frédéric Mitterrand avec son fils Mathieu et sa grand-mère Henriette à l'occasion des quatre-vingts ans de celle-ci.

Alexia Laroche-Joubert sur les genoux de sa grand-mère paternelle, Mamie Lucette, et entourée de sa famille.

Sabrina Ouazani avec Mamie, sa grand-mère de cœur.

Many, alias Valérie-Eugénie Croquet de Belligny (1871-1969), arrière-grand-mère de Roger-Pol Droit.

Stéphane de Groodt et sa grand-mère maternelle, Simone.

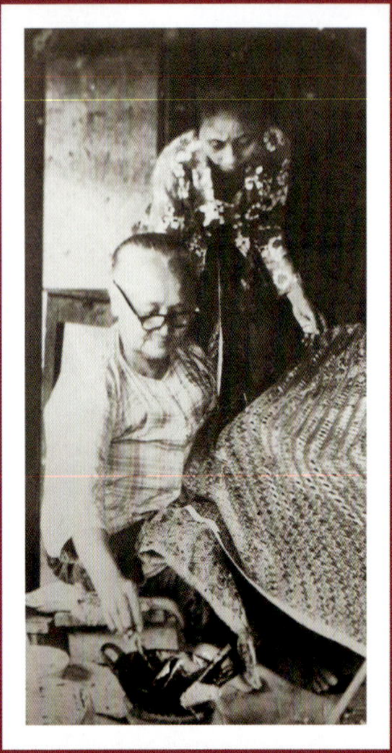

Eyang, grand-mère maternelle d'Anggun.

Dolorès et Spridion Farrugia, les grands-parents paternels de Dominique Farrugia.

Stéphanie des Horts et Mamie Christiane, sa grand-mère.

Amir et sa grand-mère maternelle, Esther, qu'il appelle Mamie.

Sacha Goldberger et Mamika lors du maquillage pour le projet Louis 114.

Mamika posant à Brooklyn pour l'une des célèbres photos de son petit-fils.

Maud Fontenoy et son grand-père paternel, qu'elle appelait Papy.

Anna (au premier plan) et Alegría, les deux grands-mères de Valérie Bénaïm.

Olivier de Benoist et sa grand-mère paternelle, Éliane.

toujours décalée par rapport aux bandes de jeunes. On n'était pas dans le même environnement... Ils sortaient partout, se connaissaient depuis longtemps, et moi je n'avais pas cette vie-là, je n'avais pas les codes de leur monde.

Quel genre de femme était Lucette ?

Je l'ai sentie très courageuse, ma grand-mère. Extrêmement volontaire. J'ai su par mon père qu'elle avait eu une enfance un peu particulière. Son père faisait partie de la grande migration de Barcelonnette, donc il est parti vers quinze ans sans un sou au Mexique, où il a finalement développé des grands supermarchés. Ensuite, il a eu quatorze enfants : treize filles et un garçon. Comme l'une de ses filles était malade, il est revenu dans la région de Lourdes, espérant la faire soigner. C'est comme cela qu'on s'est retrouvés avec une attache dans cet endroit quand même très particulier. Ma grand-mère avait donc cette double culture mexicaine et française, et un tempérament issu d'une histoire de courage, aussi. Je sais qu'elle a été active dans la Résistance. Son fils aîné m'a confirmé qu'elle a fait passer beaucoup d'aviateurs et de familles entre les frontières française et espagnole – dont le fils de Léon Blum. Ça ne m'étonne pas d'elle... c'était vraiment une petite femme très courageuse, avec un fort tempérament. Elle était très maîtresse-femme – d'ailleurs, je pense que c'est elle qui portait la culotte – et probablement un peu fataliste, ce que je suis aussi. Elle m'a apporté, surtout, un environnement très équilibré, structurant. Je savais qu'on allait manger à telle heure, qu'Alice aurait préparé mon plat préféré... Tout était ritualisé, extrêmement simple, et pour une enfant avec des parents si agités, je pense que cela m'apportait un grand calme – ce n'est pas pour rien que j'aimais aller chez elle.

Vous n'avez pas pu voir vieillir votre grand-mère ?

Non, quand elle est tombée malade, elle est allée à l'hôpital dans les Pyrénées, et elle ne voulait pas qu'on la voie. Juste avant sa mort, elle s'est enfuie à pied de l'hôpital pour mourir chez les bonnes sœurs – dans la maison de ses parents qui avait été vendue à cette communauté religieuse. Je ne lui ai pas dit au revoir, je n'avais pas conscience de la gravité de sa maladie. Ça a été très violent pour moi parce que je n'étais pas du tout préparée à sa mort.

Quand on est jeune, on ne se rend pas compte de la gravité des choses, et comme elle ne voulait pas, par pudeur, qu'on la voie dans un état dégradé, j'étais tenue éloignée de tout ça. Elle ne souhaitait pas que je garde d'elle cette image-là. Un jour, Maman m'a seulement dit : « Elle est morte. » C'est dommage de ne rien avoir pu lui dire : ni merci, ni au revoir, ni je t'aime... Elle savait que je l'aimais, mais évidemment à dix-huit ans, j'étais autocentrée, comme tous les ados. Elle s'est peut-être sentie un peu abandonnée... même si ce n'était pas mon souhait. J'étais juste happée par autre chose. Je le regrette vraiment. La seule chose que j'ai demandée à sa mort, c'est une horloge en céramique de Delft qui trônait dans le salon et qui n'a jamais fonctionné – on l'emmenait tout le temps chez les horlogers qui la réglaient, elle marchait un temps, puis se déréglait à nouveau. Aujourd'hui, elle est définitivement hors-service, mais je l'ai conservée ; devant mon lit, elle me permet de penser tous les soirs à ma grand-mère.

Que pensez-vous de la manière dont on traite nos anciens dans la société et dans les médias, aujourd'hui ?

Très clairement, il y a un jeunisme galopant et dangereux, chez nous, qui n'existe pas aux États-Unis. Les journalistes américains sont assez âgés, ils ont beaucoup d'expérience, ils ont bourlingué, et donc ils ont une expertise et un sang-froid qui est reconnu et valorisé ; en France, à partir de quarante-cinq ans vous êtes en danger, un *has-been*. Quand Maman, qui a travaillé jusqu'à soixante-dix ans – elle était en Syrie le jour de son anniversaire –, a pris sa retraite, je lui ai dit : « On ne va pas dire que tu pars à la retraite, on va dire que tu pars en *jubilación*. » C'est le mot employé par les Espagnols pour évoquer l'excitation. Pour sa fête de départ, c'était « Martine part en *jubilación* ! » – le petit personnage de Martine ! Le problème, pour moi, n'est pas de vieillir mais que l'on me mette de côté, d'être déclassée. Même si des lois sont censées nous protéger au-delà d'un certain âge... C'est une aberration, ce sentiment d'inutilité que l'on fait ressentir à ces personnes âgées qui pourraient avoir toute leur place. L'attractivité des villes a fait que les jeunes ont quitté la campagne pour vivre dans des appartements trop petits pour accueillir les anciens. J'ai élevé ma fille seule, son papa est mort juste après sa naissance ; j'aurais adoré que ma grand-mère puisse s'occuper de ma fille, à mes côtés, et elle aurait adoré se dire qu'elle avait une utilité dans l'environnement familial. Tout cela n'existe plus, aujourd'hui, et je le regrette. Notre vie, avec ses bouleversements sociologiques, a creusé un fossé entre les jeunes et les anciens. J'espère que nous reconsidérerons notre manière de vivre, pour les inclure davantage dans la nôtre, une sorte de « *win-win deal* » où ils s'occuperaient des enfants et nous d'eux.

Vous aviez un amour inconditionnel pour votre grand-mère, ça ne vous a pas éloignée de vos parents ?

Ah oui ! Je l'adorais ! J'étais tellement bien avec elle ! Mais c'est ce qu'il y a de fantastique avec l'amour : ça s'additionne au lieu de se soustraire. J'aimais Maman pour ses qualités incroyables, et j'aimais ma grand-mère pour d'autres choses. L'intelligence de mes parents, c'est d'avoir su me placer dans un environnement très équilibré et de me laisser passer de l'un à l'autre. Je pense que cela a été d'une richesse incroyable. Même si cela a développé chez moi la peur de la solitude... Vivre dans les Pyrénées m'a donné le goût de la nature, j'ai souvent besoin de me retrancher, mais j'ai surtout un grand besoin de parler, d'aller au contact des gens. Partout, tout le temps.

Vous qui maîtrisez mieux que quiconque la planète télé, que pensez-vous des programmes façonnés spécifiquement pour les jeunes ?

Je trouve cela fantastique ! Quand j'ai travaillé sur *Loft Story*, c'était la première fois que des personnes « âgées » voyaient comment vivaient des ados. C'était une sorte de passerelle générationnelle. J'ai toujours adoré les personnes plus âgées que moi, et souvent, quand je vois des petits vieux, je pense à la richesse de la vie qu'ils ont eue : ils ont aimé, ils ont été jeunes, ils ont tout fait, ils ont eu des enfants ! Benoîte Groult écrivait qu'à un certain âge, elle était devenue un lampadaire dans la rue et que personne ne se retournait plus sur elle : quand on sait ce qu'elle a été, combien elle était moderne et en avance sur son temps, je trouve cela dingue, et triste, de ne pas s'apercevoir de la richesse de leurs expériences !

Quelle relation entretient votre maman avec vos filles ?

Même si je sais qu'il ne faut jamais casser le lien avec son enfant, il y a des passages plus durs que d'autres entre une mère et ses enfants. Je fais alors intervenir Maman. En créant du liant, elle m'apaise, et elle apaise mes deux filles pour que l'on puisse trouver à nouveau un mode de dialogue constructif. C'est tellement précieux ! Comme elle n'a pas obligation d'éducation vis-à-vis d'elles, elle a un recul plus important. C'est pour cela que c'est fantastique, les grands-parents. On se souvient tous de Denise Grey, dans *La Boum* : tous les enfants ont rêvé d'avoir une grand-mère comme Poupette ! Maman s'est révélée davantage en tant que grand-mère que mère. Elle vit à côté de chez nous et a su nouer une relation fantastique avec ses petites-filles.

Que dirait Lucette si elle vous voyait aujourd'hui ?

Je pense qu'elle me dirait : « Viens dans les Pyrénées boire un chocolat chaud, on va parler de tout ça calmement. » Elle me dirait que je vais trop vite, que je dois penser à moi et pas toujours au travail… Mais je crois que je vais aller à ce rythme-là jusqu'à ce que je me prenne le mur !

Et vous, que voudriez-vous lui dire ?

Je lui dirais qu'elle m'a sauvé la vie en me faisant passer des étapes de la vie qui auraient pu être beaucoup plus perturbantes si je ne l'avais pas eue, elle a été mon équilibre. De toute façon, je converse pas mal avec les morts, je navigue facilement entre les deux mondes – pourtant je suis très pragmatique – et je sais qu'elle m'accompagne. Parler d'elle aujourd'hui, pouvoir la faire exister à travers ce livre, c'est formidable ; je ne parle jamais d'elle sinon, alors qu'elle a tant compté. Même mes filles ne connaissent pas très bien mon enfance… Je ne suis pas sûre qu'elles comprendraient l'importance de ma grand-mère dans ma construction en tant que femme et mère à mon tour.

PHILIPPE BESSON

J'affectionne le style précis et délicat de Philippe Besson. Il écrit sans rhétorique inutile (il est vrai que Philippe est juriste et cela se ressent dans sa justesse). Notre première rencontre remonte à l'époque où je travaillais sur BFM TV, quand je le conviais en plateau pour la sortie d'un nouvel ouvrage et son regard acéré sur l'actualité. Nous nous sommes retrouvés quelques années plus tard dans les allées d'un salon du livre. Je l'observais depuis mon stand, souriant, abordable et généreux avec les lecteurs qui se pressaient pour un échange, une signature. Je profitai d'un moment d'accalmie pour l'inviter à me raconter ses grands-parents avec une seule requête : qu'il le fasse avec sa plume, son empreinte.

J'avais quinze ans. C'étaient les vacances de Pâques.

Ce matin-là, c'est mon père qui nous attendait à la cuisine pour le petit déjeuner, mon frère et moi. Nous avons compris tout de suite. L'absence de ma mère, sa défection, c'était un aveu. Jamais elle n'avait manqué un petit déjeuner. Il fallait que l'heure soit grave. Mon père nous a confirmé ce que nous redoutions depuis plusieurs semaines : « Votre grand-père est mort cette nuit. Maman est partie là-bas dès qu'elle a été prévenue, il devait être deux heures du matin. Préparez-vous, on va la rejoindre. » Il a prononcé ces mots avec une sorte de froideur, comme s'il se contentait de délivrer une information. Je n'ai pas oublié cette froideur. Sur le moment, elle m'a blessé. Avec le recul, j'ai mieux compris. Lui, mon père, avait eu le temps de s'habituer à la nouvelle. Et puis, ce décès était attendu, il ne constituait pas une surprise. Et, de toute façon, mon père n'était pas du genre à s'épancher.

Nous nous sommes préparés comme il nous l'avait demandé. En silence. Oui, du silence aussi, je me souviens. Il était si lourd et si singulier.

Nous avons parcouru les vingt kilomètres qui nous séparaient de Brossac dans le même mutisme.

Derrière la vitre de la CX qui filait au milieu de la campagne, j'ai pensé : « Nous avons fait cette route tous les dimanches depuis ma plus tendre enfance et c'est fini, ça n'arrivera plus. » C'était idiot de penser cela, car évidemment nous allions continuer de rendre visite à ma grand-mère, mais disons que plus rien ne serait pareil, ce ne serait plus vraiment un repas familial, la famille venait d'être entaillée, rapetissée, elle n'existerait plus telle que je l'avais toujours connue.

J'ai continué de scruter les champs, les vignes alentour, les hameaux, les églises nichées au creux des villages traversés et c'est lui que j'ai revu, mon grand-père. Son image s'est superposée aux images familières, répétitives, elle s'est imposée, parce que le chagrin prend le pas sur le reste, toujours.

Je l'ai revu dans sa boutique de cordonnier, je l'ai vu ressemeler des chaussures, réparer des talons, dessiner les pièces de remplacement, les découper, les fixer avec de la colle ou des pointes à coups de marteau, puis polir les rebords, réparer aussi des cartables ou des ceintures en cuir, l'image était très nette ; je l'avais observé si souvent à l'œuvre.

Quand nous sommes arrivés sur place, le ciel était bas ; le printemps s'était absenté. La rue était déserte. Tout de même, j'ai aperçu un petit garçon, cinq ans peut-être, juché sur les marches d'un escalier, qui se servait d'un bâton comme d'une épée. J'ai songé que j'avais été ce petit garçon, un jour.

Nous nous sommes engouffrés dans la maison. Là, les trois femmes nous attendaient : ma grand-mère, ma mère et ma tante, toutes les trois assises. Ce qui m'a frappé, c'est leur visage. Elles étaient tristes, bien entendu, mais c'était autre chose : leur visage s'était vidé de toute expression, de toute volonté. Elles ressemblaient à des madones, dans un tableau ancien, figées, cireuses. Le corps venait d'être emporté, elles avaient été rendues à la solitude, à la béance définitive.

Que je vous dise : le cancer avait été diagnostiqué treize mois plus tôt. Une gangrène s'était déclarée dans sa jambe atrophiée par la polio. Elle avait progressé, il avait fallu amputer mais ça n'avait pas suffi, le mal s'était répandu. Dans les derniers jours, le cordonnier vaillant et courageux ne pesait plus que quarante kilos et réclamait de la morphine pour apaiser ses souffrances. Il avait soixante ans.

Nous, les hommes (mon père, mon frère et moi), nous sommes assis un peu à l'écart dans l'immense cuisine. Instinctivement, nous comprenions que la douleur des femmes l'emportait sur la nôtre, et que nous tenir à distance était la façon la plus appropriée de la respecter.

Dans cette distance, d'autres images ont déboulé. Et d'abord, aussi curieux que cela puisse paraître, celle du cérémonial du rasage. J'y assistais quand il m'arrivait de venir passer quelques jours de vacances. Installé au bout de la table recouverte d'une toile cirée, mon grand-père mélangeait, dans un bol, du savon à de l'eau chaude pour former une mousse qu'il étalait ensuite sur ses joues au moyen d'un blaireau, puis se servait d'un coupe-choux repliable pour faire disparaître sa pilosité. Ce coupe-choux me fascinait, m'effrayait. Je guettais la blessure à chaque fois, le sang, mais jamais cela n'advenait. Quand il en avait terminé, j'avais presque envie d'applaudir. Les larmes me sont montées aux yeux, à ce seul souvenir. Je les ai chassées nerveusement. Chez nous, on ne se donnait pas en spectacle.

Et puis je me suis remémoré Saint-Vallier, le village voisin dont il était originaire, où il m'emmenait quelquefois, poussé par une étrange nostalgie, comme si les cinq kilomètres de distance avaient eu pour lui l'ampleur d'un continent, comme si quitter le lieu de sa naissance avait été un arrachement dont il ne s'était jamais vraiment remis. Il avait habité jusqu'à ses quarante ans juste à côté du cimetière, ses parents y étaient enterrés. C'est lui qui m'a appris à parler aux morts.

Enfin, je me suis rappelé nos après-midis « à l'étang », cet étang dont il était propriétaire avec d'autres (le seul bien qu'il possédait) et où il allait pêcher. Il saisissait à pleines mains les anguilles accrochées à son hameçon et les jetait dans son panier, où elles continuaient à gigoter.

C'était une vie simple et tranquille, sa vie. J'ai pensé que la mort s'était montrée injuste en venant la lui reprendre si tôt.

JACQUES WEBER

Jacques est un monstre sacré, un géant impressionnant, érudit, charismatique, qui a le verbe haut, du panache et le goût des autres.
Nous nous étions rencontrés il y a quelques années et avions commenté l'actualité. Ensemble, nous avions parlé de mon projet, mais il n'allait pas s'en souvenir tant il croule sous les sollicitations du théâtre, des plateaux, des tournées et des innombrables rencontres... Pourtant, il m'a répondu d'un oui assuré, éloquent.
Mes premières phrases sont hésitantes, chétives même, car au bout du fil résonnent les mots d'un ogre de vie, pour un rendez-vous recelant la magie du verbe, la tourmente du souvenir.

On connaît votre carrière sur scène, évidemment, la manière dont vous déclamez, dont vous incarnez... Est-ce que tout cela vient un peu de vos grands-parents ? Ce sont eux qui vous ont initié ?

Oui et non. Non, parce que c'est toujours très mystérieux de tomber, d'un seul coup, sur une vocation et pas sur une autre. Mais oui, de façon très circonstanciée, car il est vrai que c'est avec mes grands-parents paternels que je suis allé au théâtre pour la première fois. Nous sommes allés voir *L'Avare*, à la Comédie-Française. C'est amusant d'ailleurs, parce que celui que j'appelais « mon faux grand-père » – il était le quatrième mari de ma grand-mère ! – aurait voulu faire du théâtre... Cette représentation – c'est incroyable le souvenir que j'en ai – m'a fasciné : j'ai trouvé cela magnifique. Ce qui m'a absolument subjugué, c'est quand, à la toute fin de la pièce, de grandes portes se sont ouvertes au fond du décor, laissant apparaître le seigneur Anselme, qui était ni plus ni moins le *Deus ex Machina*, avec ses mouvements de chapeaux à plume et ses coups de canne ! Pour moi, c'était royal, resplendissant, c'était ça le théâtre. Je me souviens d'une très grande émotion, au fin fond de mon corps ; et quand je suis rentré chez moi, dans la chambre que je partageais avec mon frère, j'ai dit : « Bernard, ça y est, je sais, je vais faire du théâtre ! » C'est comme cela que tout a commencé.

Nous déjeunions le dimanche à Cormeilles-en-Parisis, chez notre grand-mère paternelle qui cuisinait très bien, dans son appartement bourgeois extrêmement bien décoré – chez nous, c'était beaucoup plus rudimentaire. Avec mon cousin, on jouait des scènes de Molière devant des grands-parents médusés par notre talent précoce et faramineux, bien évidemment !

Que disaient vos grands-parents, de cette révélation ?

Rien. Et je n'en parlais pas, moi non plus. Pour la simple et bonne raison que je ne les aimais pas. Je sentais que cette grand-mère de luxe ne m'aimait pas, parce que j'étais doté d'un tempérament un peu difficile, un peu brouillon, grossier, souvent colérique... Très mauvais élève. Et je lui rendais bien, parce que je savais qu'elle avait la cuisse légère. J'ai dit plus tard que c'était une pute de luxe car elle s'était mariée quatre fois et qu'elle avait piqué tout le fric qui aurait permis à mon papa de faire des études. Et puis, elle n'aimait pas ma mère, qui n'était pour elle qu'une campagnarde sans grand intérêt, et cela me rendait fou. On l'appelait Manou mais je ne sais même plus son nom. Quant à mon faux grand-père, ce vieux monsieur, il me faisait rigoler ; je n'arrêtais pas de l'imiter et c'est en m'inspirant de lui que j'ai toujours eu une propension à jouer les vieux. J'adore ça, faire le vieux... Je le fais très bien grâce à lui !

Vous leur devez donc quelque chose, finalement, à ces grands-parents que vous n'affectionniez pas !

Bien sûr ! C'est même troublant, parce que mon autre grand-père représentait, pour moi, le patriarche de la famille, la réussite à la force du poignet ; c'était la France puissante et travailleuse qui réussit, la France qui gagne. Un homme parti de zéro qui était à la tête d'une très grosse entreprise ; il en était très fier. Il avait été plus ou moins résistant, c'était un ancien de Verdun... Il avait un peu la tête de Jean Gabin. Il n'était pas désagréable, c'était ce qu'on appelait un bon vivant qui faisait bonne chère à table. Il était le grand, grand chef. Pour moi, enfant, c'était un grand-père immense et son exemple m'a beaucoup apporté. Cependant, cela m'a aussi détruit, plus tard, parce que, comme j'avais été exempté du service militaire, je me sentais un pauvre type, un peu fou et sans grand intérêt. C'est le côté mystérieux de l'existence : une personne peut vous apporter beaucoup et vous détruire ou vous abîmer en même temps. C'est le lot de toutes les grandes familles, jamais vraiment stables ni équilibrées... Rien n'est jamais tout rose. Comme dans les grands océans, ça bouge dans tous les sens, il y a parfois des naufrages, parfois des eaux calmes et magnifiques, et parfois des cap Horn à passer.

Mais chez ces grands-parents, de part et d'autre, il y avait ce bonheur du luxe, des dimanches feutrés avec l'odeur du thé chinois et des grosses brioches qu'on ne mangeait jamais chez moi parce que c'était trop cher. Les belles confitures maison ou les crêpes que ma grand-mère cuisinait très bien, son poulet qui rissolait dans des cassolettes de cuivre... Tout ça était merveilleux, pour nous. Et puis il y avait ce goût un peu suranné et bourgeois pour l'art. Ah, l'art ! Ça n'a pas été innocent dans ma construction, c'est évident.

Ce grand-père maternel, patriarche, qui avait une très forte identité, il vous regarde un peu de haut quand vous renoncez à l'armée ?

Petit, il m'aimait bien... Enfin, comme un grand bourgeois se doit d'aimer ses petits-enfants. Quand j'ai grandi, ça a changé parce que j'étais le raté de la famille. Mais ce qui est intéressant, c'est que notre cerveau enregistre à jamais des façons d'aborder telle ou telle situation précise ; de génération en génération, et il y a un mimétisme inconscient qui nous fait reproduire les mêmes agissements dans certaines situations. Enfant, pour moi, mon grand-père était un dieu. Ce n'est que plus tard que j'ai compris plein de choses sur lui ; comme toujours quand on ouvre le ventre des familles, on se rend compte qu'il y a des horreurs.

Sa femme, Mamie, c'était l'horreur... Enfin, surtout pour elle. C'était une femme absolument et définitivement muette, tant son mari l'avait rendu malheureuse. Une femme comme il en existait au début du siècle dernier – comme il en existe encore, d'ailleurs. Des femmes qui naviguent dans une espèce de patriarcat assourdissant... Des esclaves, comme dans les maximes d'Agnès de *L'École des femmes* de Molière, qui, même si elles ne jouissent pas, doivent faire semblant de jouir pour faire plaisir à leur homme ; qui doivent repasser ses chemises, préparer son repas, laver son pantalon... C'est hallucinant. Et moi, je me souviens de cette femme très raide, pas gentille du tout, au regard méchant parce que fermé. Pour moi, elle était sous le joug le plus effroyable du patriarcat.

Cela vous a-t-il fait souffrir, de découvrir cet homme qui se cachait derrière le grand-père que vous avez idolâtré ?

Souffrir, c'est un bien grand mot ! Je me méfie de la disproportion des souffrances ou des atteintes, des « psychanalysmes » sommaires... C'est vrai que ça m'a fait un peu de mal, mais il se passe la même chose avec les parents. Je l'ai vécu depuis en tant que papa : vos enfants vous adorent et d'un seul coup, ils se rendent compte que vous n'êtes qu'un homme comme les autres, totalement imparfait. C'est à ce moment-là qu'il faut savoir agir pour rester malgré tout en harmonie. Mais c'est intéressant de constater combien cet homme m'a marqué ; notamment parce qu'il m'enfermait dans un cagibi ou qu'il me tapait... À l'époque, on tapait les enfants pour les punir. Ces châtiments, ces souffrances, je ne les ai pas oubliés. C'est évident que ce n'est pas innocent.

Ce grand-père a-t-il eu le temps de connaître votre succès ?

Il est mort très vite, mais il m'a quand même vu dans ma première pièce. Un boulevard au théâtre Saint-Georges, avec Pierre Brasseur, qui était un monstre, pour moi ! J'avais dix-huit ou dix-neuf ans, et j'étais très fier, j'avais un sentiment de vengeance absolu. Je me disais : « Regardez, vous tous, là, qui m'avez pris pour un nullard ! Mon grand-père, mon père, l'Éducation nationale qui m'a toujours mis dans des classes d'inadaptés… » C'était une vraie revanche.

J'ai gardé le souvenir du regard de mon grand-père, ce soir-là, de son sourire. Mais ni lui ni mon père ne m'ont dit qu'ils s'étaient trompés sur moi. Quand j'ai eu du succès, très vite, très jeune, c'est pour ma maman que j'étais fou de joie. Je lui devais bien ça. En revanche, j'avais envie de dire à mon père : « Tiens, bien fait pour toi et bien fait pour vous tous qui m'avez traité de petit imbécile ! »

Je me rends compte à quel point c'est avec les grands-parents que peut se créer une complicité purement affective et sans problème. Mes enfants, eux, ont la chance extraordinaire d'avoir une grand-mère magnifique qu'ils aiment par-dessus tout. Aujourd'hui, à quatre-vingt-dix ans, elle est un peu diminuée ; eh bien, ils s'occupent d'elle, ils vont la voir, mangent avec elle, et la sortent. C'est merveilleux ! Et je sais combien cette grand-mère fait partie de leur construction ; c'est un repère, un appui considérable.

Un appui qui m'a peut-être manqué, puisque d'un côté je trouvais mes grands-parents tout faux, je ne les aimais pas, et de l'autre, je les aimais, mais il y avait quelque chose de très dur et corseté, de l'ordre de l'éducation bourgeoise et chrétienne des années cinquante… Je n'aimais pas l'église, je n'y comprenais rien et ça m'emmerdait profondément, j'en ai gardé une haine profonde pour tout ce qui touche aux curés et aux religions en général. Il faut avouer qu'elles sont la cause de pas mal de maux dans le monde, qu'elles ont fait un mal fou à l'humanité. J'ai toujours trouvé fausse cette religiosité de mes grands-parents : leurs leçons de morale n'avaient aucun sens puisque je sentais, intuitivement, qu'eux-mêmes n'étaient pas des êtres moraux... C'est mon côté rebelle !

Vous avez pu leur mettre les points sur les i, à ces grands-parents ?

Non, mais j'aurais tellement voulu ! J'avais parfois des accès de colère, je tapais du poing dans les murs. D'ailleurs, quand je joue, il y a toujours un moment où je tape, dans un mur, dans une table... Je me suis souvent cassé le poing à cause de ça. C'est ma façon à moi de décompresser. Et peut-être que c'est le gros coup de poing que j'aurais voulu donner à mon père, à mes grands-parents, à mon faux grand-père, à la pute de service...

Quand mes frères et sœurs vont lire ça, ils vont être affolés ! Mais ils savent que j'ai toujours été comme ça, et je n'ai pas de remords puisque c'est mon ressenti profond.

Cette grand-mère paternelle, elle devinait votre rejet ?

Une fois, j'ai dit à mon cousin : « C'est une pute, cette femme ! » et il a dû le répéter parce que c'est ressorti pendant une réunion de famille. Cette grand-mère a dit en parlant de moi : « Mais enfin, regardez ce garçon mal élevé – *mal élevé*, c'était adressé à ma mère –, qui est d'une médiocrité absolue en classe et qui se permet de faire courir sur moi des bruits épouvantables, qui me traite de tous les noms... » Mais c'était plutôt rigolo.

Vous n'avez donc jamais eu de gestes tendres de vos grands-parents paternels ?

Non, jamais. C'est horrible. Pourtant, ma grand-mère nous offrait des cadeaux somptueux ; elle nous emmenait à La Régence pour boire un chocolat chaud – c'était pour nous le luxe absolu, cet endroit –, ou au cinéma sur les Champs-Élysées ou à l'Opéra... des quartiers riches ! Mais elle était capable du pire, aussi… À ma communion solennelle, elle a emballé dans un très bel écrin Waterman un Bic transparent qu'elle m'a offert. Je ne sais pas comment elle a osé faire une chose pareille. Ma mère était outrée, et moi j'ai vraiment pris un coup sur la gueule. J'avais oublié cet épisode…

Heureusement, s'il n'y a pas eu de gestes tendres de mes grands-parents, il y a eu ceux de ma maman pour me consoler, même si elle piquait des crises de colère parce que j'étais un garçon très difficile. Il m'arrivait même de la taper. Je me souviens que mon père dégrafait alors sa ceinture pour me rouer de coups. Ça se faisait, à l'époque ; c'est comme ça que les problèmes se réglaient.

Néanmoins, si je n'ai pas le souvenir de gestes tendres avec mes grands-parents, et qu'il me reste plutôt en mémoire des cierges, des églises, des repas où l'on doit rester trois longues heures à table à manger des choses qu'on n'aime pas, je me souviens aussi de moments assez doux, à Cormeilles-en-Parisis, avec le feu dans la cheminée, au son du concerto pour violon de Beethoven, et de nos petites scènes de *L'Avare*… C'était vraiment des moments de bonheur.

Il y a eu quand même cet apport intellectuel, presque poétique, et un certain intérêt pour vous. C'est ambivalent…

Franchement, je suis à peu près sûr que c'est plus ou moins pareil dans toutes les familles. Rien n'est acquis, rien n'est parfait. Par exemple, mon fils Stanley, qui est acteur, a un amour sans bornes pour sa grand-mère alors qu'elle a débarqué dans une boîte de nuit où il draguait l'un de ses premiers flirts pour le ramener à la maison ! Avec le temps, c'est l'amour qui a pris le dessus, même s'il s'en souvient parfaitement et qu'il a dû lui en vouloir sur le moment.

Pour moi, ce qui prend le dessus sur ces repères poético-bucoliques, ces tasses de thé, cette cheminée et son confort bourgeois, c'est que jamais, jamais, jamais – et c'est sans doute un manque chez moi – il n'y a eu de gestes tendres de la part de mes grands-parents à mon égard.

Alors, comment devient-on soi-même grand-père quand on ne rencontre pas ce lien affectif ?

Je ne suis pas devenu grand-père : je suis papa, mais hélas, mes enfants n'ont pas encore eu d'enfants. Je leur souhaite, parce que c'est une chance magnifique de faire un enfant. Je n'en ai pas particulièrement le désir pour moi, mais je sais que je trouverai ça merveilleux. Même si je sais que, comme de plus en plus de jeunes, ils ont une réticence à l'idée de devenir parents à leur tour, vu l'avenir totalement obscur qui est devant nous.

Vous reste-t-il un son, un parfum, un livre, découvert avec votre grand-père maternel ?

Quand je pense au papa de ma maman, la première chose qui me vient en tête c'est qu'il possédait une voiture. Cela peut paraître idiot, mais à l'époque, nous n'avions pas de voiture et lui en avait une belle : une 403 Peugeot. Je trouvais cela admirable de conduire, et mon grand rêve était de conduire très vite un jour une voiture. C'est lui qui nous emmenait en vacances, avec cette grande responsabilité du voyage et de la conduite. C'est lui aussi qui eut le premier la télévision. Chez moi, nous n'en avions pas. Il nous donnait parfois l'autorisation de la regarder avec lui, dans son bureau. Il y avait de beaux livres dans sa bibliothèque, et je lui demandais toujours s'il les avait tous lus ; il avait l'air un peu gêné... Je crois qu'il les achetait plutôt pour faire joli sur l'étagère ! J'ai hérité de l'intégrale d'Ibsen, dans une très belle collection, qui est une pure merveille, une rareté. C'est tout ça qu'il me reste, surtout, et puis cette odeur de cigare avec le bon cognac... Enfin, tout le rituel d'une maison bourgeoise était là.

Néanmoins, il y quelque chose qui m'a rendu extrêmement fier. En tant que notable de la ville de Meaux, pendant la Seconde Guerre mondiale, il accueillait les Allemands chez lui. Il lui arrivait même de dîner avec des officiers allemands... Parce qu'en bas, dans la cave, ils planquaient des parachutistes anglais. Et ça, pour moi, c'était l'héroïsme absolu.

J'aimais beaucoup aussi quand il racontait ses histoires d'ancien de Verdun : les Allemands et les Français qui se retrouvaient pour Noël entre les deux tranchées pour fumer une clope, boire de la gnole, avant de se séparer et de retourner se taper sur la gueule. C'étaient des histoires absolument invraisemblables.

Et cette grand-mère paternelle, Manou ?

La sensation qui est gravée dans ma tête c'est qu'elle me haïssait. Donc je ne peux que la haïr. Mais si je regarde mieux, c'était un personnage romanesque, extrêmement fantasque et amusant, qui avait un charme incroyable. Elle pouvait charmer n'importe qui, n'importe quoi, c'était une mythomane totalement « responsable » qui péchait par le fric des hommes qu'elle hameçonnait.

Quelle est l'empreinte de cette grand-mère et de ce grand-père militaire sur vous, dans votre personnalité ou votre physique ?

Il y a des choses inconscientes entre mon grand-père et moi, avec l'intervalle Gabin, qui est absolument évident. Tout le reste, pour moi, est négatif. De toute façon, mon enfance, je la vois négativement ; c'est idiot parce que je n'ai pas eu une enfance malheureuse. Ce qui m'exaspère le plus, c'est qu'on dit, dans ma famille, que je suis vraiment comme ma grand-mère... C'est vrai que je suis fantasque, romanesque. J'aime bien les grandes histoires, les belles histoires, avec des grandes choses, des grands moments. Mais ça m'horripile qu'on puisse penser que ça vient de ma grand-mère ; je ne le supporte pas. Au fond, ça pose le problème de la vérité et du mensonge. C'est la raison même pour laquelle je suis si fan de Cyrano : il se pourrait bien qu'elle m'ait offert ce cadeau, mais n'empêche que pour moi c'était un être faux. Alors, cette femme falsifiée, à qui on dit que je ressemble, quelle était sa part de vrai, sa part de mensonge ?

Regardez Cyrano : quand j'étais enfant, je trouvais qu'il était beau puisqu'on était obligé de lui mettre un faux nez ! Ça en disait long, quand même. Or moi, je me pose sans arrêt ce problème : la parole ment plus qu'elle ne dit vrai, et au théâtre, qui est mon métier, tout est faux pour être vrai, pour faire vrai. Peut-être qu'en effet, ce personnage de ma grand-mère est beaucoup plus important, dans la façon dont j'en parle et la haine racinienne qu'elle m'inspire. En tout cas, si j'avais envie aujourd'hui qu'ils me disent un mot, ce serait : « pardon ». Et moi, ce que je voudrais leur dire, malgré tout, c'est : « Où que vous soyez, je vous souhaite d'être ensemble et de vous porter pas trop mal. Mais... sortez les yeux de votre poussière d'os, aussi, pour voir ce que je suis devenu ! »

JEAN-CHRISTOPHE RUFIN

Paris ne l'inspire guère, c'est à la montagne ou dans sa maison de Bourges qu'il est plus prolifique. Cet appartement parisien lui est loué par une amie, mais il n'a pas vocation à s'y installer durablement. Quelques objets bien visibles parlent pourtant de lui, de ses voyages, de ses engagements ; en revanche aucun signe, aucun cliché, aucun symbole de son enfance.

Médecin, écrivain, académicien, président d'Action contre la faim, diplomate, prix Goncourt... la liste est très longue. Mais il y a une chose que je n'ai pas encore citée : vous avez été le petit-fils d'une figure imposante dans votre vie.

La particularité, c'est que mes parents se sont séparés quand j'étais très petit, j'avais un an, à cause de haines familiales qui, à l'époque, étaient fortes dans certaines villes de province – qui existent certainement toujours, d'ailleurs. Mes parents ne se parlaient plus. J'ai été confié à mes grands-parents. Ma mère a essayé de faire carrière à Paris – ce qu'elle a fait – et mon père ne s'est jamais manifesté. Dans ce vide, la figure de mes grands-parents, automatiquement, acquérait une importance particulière.

Dans le couple de mes grands-parents, il y avait une femme très active, très bavarde mais qui, malgré tout ce qu'elle occupait comme place, était assez effacée. Et puis il y avait une espèce de statue du commandeur qui était mon grand-père, dont l'influence s'est probablement exercée dans les choix principaux de ma vie.

Comment s'est créé et traduit ce lien entre vos grands-parents et vous, tout petit et pratiquement contraint de les aimer comme des parents ?

On peut dire que je suis né, d'une certaine façon, chez mes grands-parents. En tout cas, je me suis éveillé tout petit dans ce foyer. Heureusement, d'ailleurs, parce que je ne peux pas imaginer ce que j'aurais vécu s'ils n'avaient pas été là pour me protéger du chaos. Ils représentaient une continuité, et même s'ils avaient vécu des choses très dures, ils avaient gardé cette sorte de paix qu'ils m'ont apportée.

Diriez-vous qu'ils vous ont offert l'amour absolu ?

Ma grand-mère, certainement. Elle n'avait eu qu'un enfant, ma mère, pour ne pas déformer son corps avec trop de grossesses... Pourtant je pense que sa fibre maternelle n'était pas épuisée par cette seule maternité. Elle avait beaucoup d'amour en réserve. Donc elle s'est saisie de moi comme d'un enfant, pas comme d'un petit-enfant. Maintenant je peux en juger, c'était un personnage un peu ridicule. Elle ressemblait beaucoup à tante Léonie, dans Proust. Elle restait dans son lit jusqu'à midi, la bonne venait lui rapporter les potins de la ville... Même physiquement : c'était une femme assez ronde, un peu pigeonnante qui avait un côté très enveloppant. C'était un bon substitut maternel, ma mère étant, tout au contraire, sèche et nerveuse, mais surtout très absente. Ma grand-mère, elle, était là.

Auprès de cette grand-mère en rondeurs, comment ce grand-père vous prend-il sous son aile ?

Il ne m'a jamais pris sous son aile, c'est ça qui est intéressant. Tout s'est fait par pur mécanisme d'identification. C'est ce qui fait que parfois, dans les situations de crise avec mes enfants ou mes petits-enfants, je me rassure en pensant que même si je ne suis pas très présent, que je ne dis pas ce qu'il faut dire, tant qu'ils savent que j'existe et qu'ils peuvent s'identifier, c'est l'essentiel. Je l'ai vécu avec ce grand-père ; j'ai très peu communiqué avec lui, en réalité. Je ne peux pas me souvenir d'une conversation avec lui. Il faut dire qu'il rentrait de deux années de déportation à Buchenwald… Bourges se trouvait sur la ligne de démarcation entre zone libre et zone occupée. Il y avait des réseaux qui faisaient passer en zone libre des résistants, des parachutés, des militaires, des agents anglais ou américains. Et, bien sûr, des juifs qui voulaient quitter la zone occupée. Tous faisaient étape dans la maison de mon grand-père avant que les passeurs ne viennent les chercher de nuit pour leur faire passer cette ligne. Tout ça n'a duré évidemment qu'un temps : il a été dénoncé et il est parti en 1943 avec de grandes vagues de déportation françaises. Il y est resté deux ans. Avec un an et demi de Covid, on a déjà souffert… mais deux ans dans un camp ! Je me rappelle avoir entendu mon grand-père dire à propos de sa déportation : « Là-bas, une journée c'est déjà très long… » Alors deux ans, évidemment… c'est un autre monde.

Jusqu'à quel âge avez-vous vécu avec eux ?

Ma mère a pu me faire venir à Paris quand j'avais dix ans, pour mon entrée en sixième. Jusque-là, elle vivait dans des chambres de bonne, elle n'avait pas les moyens, physiquement, de m'avoir avec elle. Je n'ai pas pour autant quitté mes grands-parents, parce que je retournais régulièrement chez eux. Mon grand-père est mort quand j'avais treize ans, c'est ce qui a beaucoup changé les choses. On a vendu la maison dans laquelle ils habitaient et ma grand-mère a été saisie d'une espèce d'hybris tardive : elle s'est acheté des pantalons, elle qui n'avait jamais mis que des robes, elle a acheté un appartement, alors qu'elle avait toujours vécu dans une maison, elle s'est mise à voyager, en mai 1968, elle était sur les routes, complètement perdue dans le sud de la France. Elle a joué un peu à la vieille dame indigne en faisant tout ce qu'elle n'avait pas pu faire avant.

La mort de mon grand-père a été un événement très, très fort de mon existence. Je me souviens d'être allé le voir à l'hôpital. Il était dans son lit, il avait un cancer. J'ai voulu bien faire, je lui ai apporté une carafe d'eau, et je l'ai renversée. Il est sorti de son lit, il a ramassé les bouts de verre. Il était furieux et j'ai eu très peur. Il me faisait peur, finalement. On ne peut pas dire qu'il y avait beaucoup d'affection. C'est très étrange et un peu ridicule ce que je vais dire, mais j'avais parfois avec lui un rapport qui peut être celui d'un chien pour son maître... Vous savez, cette affection un peu masochiste liée davantage à un exemple qu'à une tendresse. Il faut dire que j'avais énormément besoin d'une référence masculine parce qu'il n'y en avait aucune autre autour de moi. Et d'ailleurs ce n'était pas du tout un homme viril. Il était plutôt petit, fluet... mais quand même, il représentait ça. Peut-être parce qu'il incarnait vraiment l'histoire à tous égards : il était médecin, il avait eu une des premières voitures du département, il avait fait la Première Guerre mondiale.

Peu de complicité, d'interactions ou de marques d'affection, pendant ces dix années partagées avec eux... Mais alors, avez-vous des souvenirs de promenades, de découvertes, de rendez-vous ?

Non, on ne se promenait pas. On avait un jardin. Depuis la maison, par la fenêtre du couloir de ma chambre, on voyait la cathédrale directement. Le centre de Bourges n'a pratiquement pas changé depuis le Moyen Âge, le cœur a été totalement préservé. Donc on sentait une présence très forte du temps et de l'histoire. Par exemple, un jour, il y a eu un orage, et dans le jardin, à cause du ruissellement, un grand trou s'est ouvert sur un ancien cimetière gallo-romain... Sous nos pieds, s'ouvraient des catacombes. En effectuant des travaux dans un des petits garages de la maison, on a aussi découvert, dans un mur, une tête très nettement sculptée, même si elle avait été un peu ébarbée ; en fait, c'était une des têtes de la galerie des rois qui figurait sur la cathédrale et qui avait été décapitée pendant les guerres de religion.

De l'autre côté, la fenêtre de ma chambre donnait sur un Carmel – où s'était retirée Mademoiselle de Lavallière, la favorite de Louis XIV.

On ne voyait évidemment pas les religieuses, mais on les entendait chanter.

Mon grand-père m'emmenait aussi aux commémorations. C'était un truc absolument terrible pour un enfant : il y avait les drapeaux, la sonnerie aux morts, le monument de la Résistance et celui de la Grande Guerre... Au monument de la Résistance, un certain nombre de gens venaient avec leur costume de déporté. J'ai d'ailleurs toujours en ma possession la veste de mon grand-père avec son numéro. J'ai des documents qu'il a rapportés du camp : un petit bon pour aller à l'infirmerie, sa correspondance avec ma grand-mère – avec le timbre représentant Hitler. C'était très surveillé et restreint, mais il les a gardées sur lui jusqu'à son retour. C'est fou !

Au fond, je ne sais pas si c'était un personnage de la famille : il incarnait l'histoire. Je pense que c'est pour ça que dans mes livres, j'ai toujours eu cette capacité à incarner l'histoire. Mon grand-père était une espèce de raccourci entre le fin fond de l'histoire, avec ce cimetière gallo-romain qui était sous nos pieds, jusqu'à maintenant.

Tout, autour de vous, incarne l'histoire, mais personne ne vous raconte d'histoires...

Mon grand-père ne parlait jamais du camp où il avait probablement vécu des choses atroces. Ma grand-mère, elle, avait réécrit la Libération sous forme d'une épopée dans laquelle elle était l'héroïne principale, évidemment ! Elle avait eu un accident de voiture dans un virage. Ils avaient dérapé et avaient fait un tonneau avec la voiture. Elle n'avait probablement rien, mais elle était restée au lit, déclarant que c'était terrible. Et à force d'être alitée sans rien faire, elle a fini par avoir une phlébite et, en se levant, elle a fait une embolie pulmonaire. Classique. On l'a traitée comme on le faisait à l'époque paraît-il, par des enveloppements de draps mouillés froids, ce qui ajoutait un détail supplémentaire à l'affaire. Elle racontait ça sur le même plan que la guerre de Cent Ans ou la Révolution française ! C'est pour ça que je dis que c'était un personnage un peu ridicule, parce qu'elle était tout le temps en train de se plaindre, alors qu'elle est morte très âgée et qu'elle avait une santé de fer. Mon grand-père, lui, ne disait rien. Il y avait un contraste extraordinaire entre eux. Elle était très prolixe sur l'arrestation, par exemple, de son mari, sur la petite porte qui donnait sur la rue derrière par où était passée la Gestapo qui l'avait emmené, etc. Lui ne m'en a jamais parlé, ni des convois ni de rien. C'est après sa mort que j'ai retrouvé des textes, notamment un où il raconte la fin, c'est-à-dire la fuite, quand les Allemands ferment le camp et qu'ils poussent devant eux des déportés : ceux qui craquent, ceux qui tombent, ils les achèvent comme des chiens. Sans doute un des moments les plus durs. Mais il ne m'en a jamais rien dit. Jamais.

À vos dix ans, votre maman vous embarque avec elle à Paris. Comment l'avez-vous vécu ?

Très mal ! D'abord je n'ai pas du tout aimé Paris – je n'aime toujours pas. Je suis beaucoup plus à l'aise à la campagne, je ne me sens pas parisien du tout. Et puis ma mère était dans une situation difficile. Elle voulait être peintre, faire les Beaux-Arts mais mes grands-parents n'avaient pas voulu. Arrivée sans rien à Paris, elle a commencé comme dactylo dans un service de publicité, s'est intégrée un peu dans l'équipe, parce qu'elle était maligne, mais ça restait difficile, à l'époque, pour une femme qui élevait seule un enfant. J'en veux terriblement à mes grands-parents – je le leur ai dit d'ailleurs… Je crois qu'ils l'avaient aidée à acheter un petit appartement dans le 16e, une petite chambre qu'elle a agrandie, ensuite. En arrivant, je suis allé au lycée Janson, pendant deux ans. Jusqu'à ce que l'on m'explique, malgré mes résultats plutôt bons, que cet établissement n'était pas pour moi et que l'on m'envoyait à Claude Bernard. Je me souviens que j'avais été très humilié… Ce n'était pas une catastrophe, mais la raison principale, je la comprenais bien : on ne s'occupait pas de moi. Quand les autres avaient un trousseau avec leur nom brodé sur leurs vêtements, ma mère n'avait pas le temps de faire ça, elle. Je figure encore sur les listings des anciens élèves ; quand je reçois des courriers, je leur envoie des lettres d'insultes, en disant : « Sortez-moi de là ! Foutez-moi la paix ! » C'est idiot parce qu'ils ont sûrement changé mais moi j'ai conservé un sentiment d'injustice.

Et vous avez perdu le lien avec vos grands-parents, à ce moment-là ?

Non, parce que j'y passais souvent mes vacances. La vraie rupture s'est faite à la mort de mon grand-père. Il y a eu une cérémonie à la cathédrale, avec un drapeau bleu, blanc, rouge sur son cercueil, parce qu'il avait été dans la Résistance – même s'il avait refusé longtemps toutes les décorations, Légion d'honneur comprise. J'ai pleuré sur ce cercueil. Je me rappelle que j'étais dans une forme de désespoir. Quelqu'un, derrière moi, avait dit : « Oh, il fait un peu de comédie ! » J'étais ulcéré parce que ce n'était vraiment pas de la comédie. C'était une époque qui se terminait, je le sentais. Le déchirement était total. Avec lui, je sentais disparaître une sorte de paratonnerre symbolique : il avait subi les contrecoups de l'histoire, désormais ce serait moi. Comme on m'avait préparé à l'idée que, de toute façon, il y aurait la guerre... Ils étaient nés après la guerre de 1870, ils avaient vécu la guerre de 1914, la guerre de 1940, et la guerre d'Algérie. Ils étaient absolument convaincus – ils n'avaient pas tout à fait tort – que j'en vivrais une autre. Pour eux, cela faisait partie de la vie, c'était normal. La disparition de mon grand-père, c'était la fin de l'enfance, et tout ça se matérialisait par ce cercueil. Je me souviens de ça comme si c'était hier. Pourtant, c'était il y a soixante ans.

Ce grand-père pour ainsi dire mutique, quelles traces a-t-il laissées sur l'homme que vous êtes devenu ?

Mes grands-parents, et lui en particulier, étaient des gens qui s'engageaient, c'est-à-dire qu'ils étaient prêts à faire des sacrifices pour défendre des choses auxquelles ils croyaient. L'engagement patriotique de mon grand-père et sa réaction face au nazisme, prouvent combien il était engagé. Tout le contraire de mon (vrai) père, que j'ai rencontré à dix-huit ans : lui, il passait la ligne de démarcation parce qu'il pouvait travailler de l'autre côté et rapporter des quartiers de bœuf à l'occasion... Tout d'un coup je me suis rendu compte qu'il y avait deux France qui ne se ressemblaient pas du tout : mon grand-père cachait des gens dans son garage pour passer la ligne, et il a failli en crever ; les autres étaient là à faire des petites saloperies pour avoir à bouffer. J'ai compris très tôt que mon grand-père, c'était ça : l'engagement.

Et puis l'attachement aux gens. Très tard dans sa vie, alors qu'il n'avait probablement plus de compétences particulières, les gens continuaient de venir le consulter dans une sorte de dimension sacerdotale : il disait aux gens ce qui allait se passer, il leur expliquait où ils en étaient, ce qui allait leur arriver. Ça, il l'a fait très tard.

Mon amour pour la langue, c'est lui, aussi. Il m'arrivait souvent de lui demander le sens de telle ou telle expression. Sans un mot, il allait chercher le *Petit Larousse* – je l'ai toujours, d'ailleurs ! –, il regardait la définition et il me la faisait lire ou il me la lisait lui-même. Il parlait un français du XVIIIe siècle. Il avait fait du grec, du latin, il avait énormément de livres autour de lui...

L'engagement, la médecine, les lettres : vous pensez que vous lui devez ça ?

On ne reproduit jamais l'histoire, donc, à partir des mêmes ingrédients, on finit par faire autre chose. C'est très difficile de savoir ce que l'on apporte à un enfant. Finalement, les enfants vous regardent, et qu'est-ce qu'ils retiennent ? Ils vont peut-être se souvenir de choses qu'on n'aurait pas du tout dû leur montrer...

Et cette grand-mère un peu fantasque, qu'avez-vous pris d'elle ?

Ma grand-mère était drôle, un personnage burlesque. Elle se fâchait, elle s'emportait, elle faisait des colères, elle rigolait. Elle était très hypocondriaque, il faut bien le dire. Elle avait tout le temps un pet de travers, mettant spectaculairement en scène ses maladies. Mais j'ai hérité d'elle la tendresse. Surtout qu'elle a vécu très longtemps, donc je l'ai connue longtemps. Elle est morte à quatre-vingt-quatorze ans, je crois. Et je suis allée la voir jusqu'au bout, à Fontainebleau, où elle s'était installée.

Elle était très drôle et assez anticonformiste. Elle avait une furieuse envie d'être conforme, mais elle ne l'était pas. Au fond d'elle, il y avait quelque chose d'un peu facétieux qui faisait qu'elle n'était pas dans le moule. Et elle avait une grande bonté, vraiment. Elle m'a apporté beaucoup d'amour.

Comme je rejoins maintenant l'âge de mes grands-parents quand je les ai connus, je fais des comparaisons, physiques par exemple. À soixante ans, ma grand-mère ne pouvait plus parler en marchant, quand elle montait la côte (très relative) de notre rue. Mon grand-père, quand je suis né, avait à peu près mon âge aujourd'hui, mais c'était un très vieux monsieur. Et puis on ne faisait pas de sport, on ne marchait pas, ce n'était pas valorisé du tout. Ce qui était valorisé, c'était de bouffer ! Alors ça, c'était une valeur, quand même. Moi, d'ailleurs, quand j'étais petit, ma grand-mère faisait tout pour que je sois bien potelé : c'était le signe d'un enfant qui va bien, il fallait qu'il y ait des bourrelets un peu partout !

Était-elle fière de celui que vous êtes devenu ? A-t-elle vu votre carrière de médecin, de diplomate ? A-t-elle su que vous aviez rejoint les quarante immortels ?

Académicien, non, c'est trop récent. Elle est morte dans les années 1980. Elle a su que j'étais médecin. Elle a vu aussi un certain nombre d'erreurs que j'ai faites : mariage, divorce et autres. Mais ça ne l'impressionnait pas plus que ça !

Enfant, vous réalisiez que vous viviez chez des personnes âgées ? Chez des grands-parents ?

Non. En revanche, je sentais un gap social. Avant 1968, la France était un pays beaucoup plus rigide, avec des classes sociales très marquées. Je pense qu'on me voyait à travers ma classe sociale, c'est-à-dire que j'étais inférieur à un certain nombre de notables de la ville, mais supérieur à d'autres. Certains amis de cette époque me vouaient une sorte de respect social parce que j'étais le petit-fils du docteur. Mais je n'ai pas senti, petit, que le fait d'être un enfant de divorcés ait pu jouer. Quand je suis arrivé à Paris, oui. Je me rappelle avoir été pris sous l'aile d'une famille qui avait un garçon de mon âge – ils avaient trois enfants. C'était une famille suisso-française, des juifs, ashkénazes bien sûr. Elle, Tania, était l'héritière avec sa sœur d'une banque qui existe toujours, la banque Dreyfus à Bâle. Jean Bloom, le père, était un industriel. Ils avaient beaucoup de moyens et ils m'ont pris en affection et m'ont emmené en vacances dans leur chalet à Verbier. Tout ce que j'ai connu de différent à cette époque, c'est grâce à eux. Ils étaient une famille absolument normale : un papa, une maman, etc. Je me souviens qu'un jour quelqu'un m'a demandé, dans ce cercle : « Qu'est-ce qu'il fait, ton père ? » J'ai répondu : « Il est divorcé… » Ça a fait marrer tout le monde, j'avais un peu honte. Là, j'ai senti qu'il y avait une différence avec les autres, mais avant, non.

Vous avez le sentiment d'avoir pris une revanche, peut-être ?

Non, je ne suis pas animé par ce sentiment. J'ai fait mon parcours, j'ai tiré parti de ce qui était peut-être, au départ, des handicaps, notamment la solitude. Mon enfance entière a été extrêmement solitaire, même à Paris avec ma mère, puisqu'on n'avait pas d'argent, qu'elle travaillait et qu'on ne recevait jamais personne à la maison. J'ai eu une enfance très solitaire.

Savez-vous ce qu'ont ressenti vos grands-parents au moment de votre départ, lorsque vous avez fait vos valises pour quitter Bourges vers Paris ?

Je pense qu'il y avait une forme de soulagement, parce que ça ne devait pas être facile pour des gens de leur âge. Je m'en suis rendu compte plus tard. Pendant mon enfance, ils avaient réussi à me faire croire que j'étais la personne la plus importante au monde et que c'était un grand bonheur de m'avoir avec eux. Mais se retrouver à soixante/soixante-dix ans avec un enfant petit à élever, c'est quand même un sacrifice.

Je ne pense pas que mon départ ait fait grand-chose à mon grand-père. De toute façon, on ne le voyait pas beaucoup, il était dans son bureau. Je ne sais pas ce qu'il y faisait, d'ailleurs ! Et ma grand-mère, elle a continué à me voir. Elle m'a vu autrement et, pour elle, de toute façon, le souci principal c'était de connaître une vie un peu olé olé qu'elle n'avait jamais eue jusque-là.

Est-ce qu'un objet, une pièce, un rituel pourraient les caractériser l'un et l'autre ?

Ma grand-mère, c'était le corset : elle se boudinait dans des espèces de gaines. C'étaient vraiment des instruments de torture ! Quand elle avait trop mangé, ça débordait de partout parce qu'elle était serrée comme un saucisson ! Je me souviens de ces objets parce que je les voyais sécher. C'était surréaliste pour moi, ce truc qu'elle se mettait jusqu'à se faire exploser !

Mon grand-père, je pense que c'est plutôt son bureau dont j'ai le souvenir, ce bureau des années trente que j'ai toujours à la montagne, d'ailleurs, sur lequel j'écris la plupart de mes livres. Il y avait aussi une machine à écrire genre Remington, toute noire, et le carbone dont il se servait. Des décorations de guerre et tous ses objets de médecine qui traînaient : des vieux tensiomètres, des trucs comme ça. Une France du XIXe siècle, presque !

Aujourd'hui vous, vous êtes grand-père à votre tour, qu'avez-vous avez envie de transmettre à vos petits-enfants ?

Je ne les vois pas beaucoup, parce qu'ils habitent à l'étranger, en Azerbaïdjan. Ce n'est quand même pas la porte à côté ! Ils sont déjà grands : ils ont quinze et seize ans. Mais je sais que je représente quelque chose pour eux. Par exemple, l'autre jour – via Instagram –, j'ai reçu un message de la bibliothécaire du collège où étudie mon petit-fils qui me remerciait d'avoir dédicacé mon dernier livre. Je sais que ce petit-fils aîné se repose énormément sur cette image qu'il a de moi et qui est probablement fausse. Mais j'aimerais bien que le mythe soit moins éloigné de la réalité. Je pense qu'il y a un effet d'identification très fort. En plus, physiquement, il me ressemble beaucoup. Alors que mon fils me ressemble très peu. Ce que j'aimerais leur transmettre... je n'en sais rien, parce que je n'ai jamais été capable de transmettre à mes enfants des choses très cohérentes. Par exemple, je leur parle très peu de lecture. Ils ont l'impression que je ne travaille pas : comme je me cache pour écrire mes livres, ils ne m'ont jamais vu écrire. Jamais !

Pourquoi vous cachez-vous ?

Pour être tranquille et par pudeur. J'aimerais pourtant leur transmettre le goût du travail. Je ne me suis jamais contraint dans un travail qui représenterait toute ma vie. Pourtant, il faut être capable de se soumettre à une forme de discipline, parce que les choses se font doucement. J'aimerais leur enseigner ça.

Avez-vous l'impression, aujourd'hui, d'avoir rendu hommage à vos grands-parents ?

Si je leur ai rendu hommage, c'est un hommage lucide, parce qu'il y a un moment où on devient les parents de ses parents, comme on dit, mais on devient aussi les égaux de ses grands-parents. Je n'ai plus une vision totalement naïve de mes grands-parents parce que je n'ai plus besoin du mythe sur lequel je me suis appuyé un certain nombre d'années pour me construire. Aujourd'hui, je les vois tels qu'ils étaient, c'est-à-dire des gens qui m'ont beaucoup donné, qui m'ont aimé ; qui ont évité, en tout cas, une catastrophe parce que si ma mère n'avait pas eu ce soutien-là, je ne sais pas ce qu'on serait devenus.

Si je voyais ma grand-mère, je pourrais la serrer dans mes bras pour qu'elle m'embrasse ; elle m'apporterait ce qu'elle m'a toujours apporté, c'est-à-dire la tendresse. Mon grand-père, je lui serrerais la main. Il avait quelque chose de très froid, et pourtant c'est quelqu'un dont je n'ai cessé de m'inspirer, comme on s'est inspiré des anciens pendant très longtemps, avec pudeur et distance. Mon grand-père ne m'a pas apporté de l'affection, mais il m'a apporté beaucoup d'autres choses. C'est très injuste parce que j'ai tendance à idéaliser et à mettre en avant mon grand-père dans tout ce qu'il m'a apporté. Peut-être parce que je suis un homme et que cette identification s'est faite par ce biais, mais en termes de reconnaissance, j'en ai une très grande pour ma grand-mère. Très, très grande ! Mais qui ne prend pas une forme facile à mettre en avant, parce que son rôle a été assez modeste. Même si elle m'a apporté un socle affectif très important, la construction, la superstructure, le métier que j'ai fait, les engagements que j'ai pris, ce n'était pas elle, c'était mon grand-père. Mais si on avait posé tout ça sur un sol meuble, ça se serait enfoncé. Tandis qu'elle, elle m'a donné suffisamment d'amour pour que je puisse me construire, enfant, sans être trop fragile.

SABRINA OUAZANI

Le petit et le grand écran lui font les yeux doux depuis ses treize ans. Ils ne s'y sont pas trompés, son école de jeu, c'est l'authenticité.
Lorsque les caméras s'éteignent, la même sincérité transparaît. Au téléphone, après une unique rencontre, quand je l'invite à participer à cet hommage aux grands-parents, le sourire dans sa voix est audible. Son chemin, c'est la soif de découvrir, la joie de tourner, l'envie de partager.

Mes quatre grands-parents sont aujourd'hui décédés, mais ils étaient encore là pendant mon enfance ; côté paternel en Algérie, côté maternel dans le Var. Malheureusement, pour des broutilles familiales, je n'ai pas vraiment eu l'occasion de les connaître. Et aussi parce que ma mère n'avait pas suffisamment d'argent pour me payer le voyage. J'ai presque grandi dans une famille nucléaire.

Heureusement, mon amie Faeza, que je considère comme ma sœur, est très proche de sa grand-mère qui habite à Saint-Denis : elle me l'a présentée il y a quatorze ans, et depuis, pour moi aussi, c'est Mamie ! [*Elle sourit.*] Mais je l'ai connue assez tard, j'avais déjà dix-neuf ans, et petite, je ressentais un manque en voyant toutes mes copines retrouver leurs grands-parents au bled chaque été. Je me suis prise d'affection et d'amour pour cette mamie d'adoption ; on ne s'est jamais lâchées depuis qu'on s'est rencontrées. Je lui passe des petits coups de fil, je vais la voir dès que je peux et lui fais quelques courses quand elle en a besoin. Tout à l'heure, d'ailleurs, je vais passer lui faire un bisou avant ma répétition. J'adore écouter ses histoires. Elle a eu mille vies, ma grand-mère : elle a vécu la Seconde Guerre mondiale, la guerre d'Algérie, l'arrivée en France... !

Comment avez-vous tissé des liens, toutes les deux ?

Pour dire la vérité, j'ai été fiancée à son petit-fils, Yasmine, qui était acteur et qui est décédé en 2009. Quand j'allais le voir à Saint-Denis, je passais toujours dire bonjour à sa grand-mère qui vivait là, dans une petite dépendance. Il m'arrivait de rester deux ou trois heures avec elle, et ensemble, on a construit une « amitié-amour » – je ne sais pas trop comment définir notre relation. Lorsque Yasmine est décédé, je savais que sa grand-mère et sa sœur Faeza étaient les deux prunelles de ses yeux. Tout le monde pensait que le rapport que j'avais avec sa grand-mère allait s'étioler avec le temps, mais il est devenu carrément fusionnel. C'était sous-estimer l'amour que j'avais pour Yasmine et pour ses proches, parce qu'on a su créer une vraie relation au-delà de lui, avec Mamie et ma sœur de cœur.

De toute façon, je ne vois pas comment on peut ne pas aimer cette femme. Elle a le cœur sur la main. Sa porte est toujours ouverte à ceux qui en ont besoin, elle fait à manger pour tout le monde, loge des étudiants dans la précarité ou des sans-papiers : chez elle, c'est la maison de la solidarité ! Elle a eu huit enfants, tous partis vivre à droite et à gauche, mais quand elle cuisine, elle prépare toujours de grandes quantités pour avoir une assiette chaude et pleine en plus.

Elle m'appelle « ma fille » et me présente toujours comme sa « petite-fille » : mon cœur se serre à chaque fois qu'elle le dit, ça me met en joie ! C'est comme une sorte d'amour et de fierté mélangés [*Elle est très émue.*] Notre lien est si profond que je ne me vois pas vivre sans elle ! Je n'ose même pas penser au jour où elle partira... Elle me soutient, me rassure. C'est à la fois une confidente et une grande conseillère, et malgré ses quatre-vingt-dix ans, elle ne porte aucun jugement sur notre génération, sur ma vie. Il y a juste un truc qu'elle ne supporte pas, c'est de me voir avec un vêtement troué ! [*Elle rit.*]

Sur mon métier, par exemple, c'est incroyable le regard qu'elle a ! Il y a dix ans, elle me disait que j'allais un jour trouver un homme qui m'aimerait assez pour accepter que je ne sois jamais là à cause de mon travail. Tout en me répétant inlassablement : « Ma petite-fille, tu travailles dur, tu peux être fière de toi ! Tu gagnes de l'argent, tu as acheté une maison à tes parents, tu es indépendante ! » Elle a perdu son mari très jeune – son dernier fils avait seulement dix mois – et elle sait ce que c'est que d'être une femme jeune qui gère toute seule sa maison. Je l'admire vraiment pour tout ce qu'elle fait et pour ce qu'elle est.

Suit-elle de près vos activités, votre succès ?

Elle n'aime pas trop se retrouver dans la foule, alors elle sort peu. Mais ma grande sœur, adorable, lui apporte de temps en temps des magazines où j'apparais. Parfois elle les garde, parfois elle les découpe, et elle conserve tous les articles qui l'intéressent – pas seulement ceux qui me concernent ! Et quand quelqu'un est près d'elle lorsqu'elle regarde la télé, si elle me voit, elle dit : « Regardez, voilà ma fille ! »

Votre famille sait-elle quelle place occupe cette grand-mère de cœur ?

Oui, évidemment ! D'ailleurs, quand ma mère fait à manger dans de grandes proportions, elle met toujours une part pour ma grand-mère dans un Tupperware. Elle l'appelle pour prendre de ses nouvelles, et à Noël, elle lui offre des chocolats. Mamie fait vraiment partie de la famille ! Mes parents sont toujours prévenants, soucieux d'elle et de son bien-être. Ils ont compris et respectent le lien que j'ai avec elle et la part d'attachement qui nous lie à mon fiancé de l'époque. [*Elle sourit.*] Je passe tous les 24 décembre dans ma famille, mais à 22 heures, je m'éclipse pour aller voir ma grand-mère et finir la soirée à ses côtés. Il n'y a pas un seul Noël où je ne vais pas chez elle. Impossible !

C'est très poétique cette relation qui s'est nouée entre adultes. On prête à ce lien intergénérationnel une puissance inestimable du fait de ses racines indestructibles nichées dans la petite enfance. Fait consciemment, c'est plus émouvant encore !

C'est vrai, on a choisi de s'aimer. Je l'ai choisie comme grand-mère et elle m'a choisie comme petite-fille ! Lorsqu'elle a dû être hospitalisée, d'ailleurs, elle laissait très peu de monde la voir et j'en faisais partie, alors que ses petits-enfants ne pouvaient pas. De la même façon, Mamie peut se permettre d'être capricieuse et exigeante avec moi plus qu'avec d'autres proches ; pour moi, c'est une preuve d'amour, une marque de confiance, cela veut dire qu'elle sait qu'elle peut se reposer sur moi dans les moments difficiles.

Pouvez-vous nous livrer un objet immédiatement associé à votre grand-mère ?

On en a toutes les deux un, en fait ! Elle porte souvent un grand gilet à moi, bordeaux, que je lui avais donné il y a au moins sept ans, malgré ses : « Ça ne va pas ma fille, ça ne va pas ma fille ! » Elle l'a gardé parce qu'il était doux. Quand elle a été hospitalisée, il y a un mois, je l'ai vue dans sa chambre avec mon gilet… j'ai failli en pleurer, de savoir qu'elle l'avait emporté avec elle.

Moi, j'ai sa chemise bouffante à fleurs avec des épaulettes qui doit dater des années 1960 et que j'adore, et aussi une toute petite bague, qu'elle m'a offerte. Mais elle n'achète rien : à chaque fois qu'elle offre quelque chose, c'est un objet qui lui appartient et qu'elle transmet. C'est très beau, je trouve.

D'autres évidences vous relient-elles à cette femme ?

Oui, on est toutes les deux originaires d'Algérie ; elle de Béjaïa, en Kabylie, moi de Sidi Bel Abbès, près d'Oran. On n'est donc pas du même coin. Mais lorsque j'ai tourné le court-métrage *Celui qui brûle*, en Kabylie, je traversais chaque rue en essayant de garder tous les détails en tête pour les décrire à ma grand-mère en rentrant. J'ai pris plein de photos et on les a regardées ensemble pour qu'elle puisse les comparer avec ses souvenirs d'enfance, parce qu'elle n'a jamais pu y retourner. J'avais envie de lui montrer des paysages qui avaient marqué sa vie.

Sait-elle que vous participez à ce livre sur les grands-parents ?

Pas encore, mais c'est la première chose que je vais lui annoncer tout à l'heure. Il faut que je lui dise de vive voix, parce que c'est important qu'elle sache que pour moi, c'est Mamie, et qu'elle compte vraiment beaucoup.

En mémoire de Many

ROGER-POL DROIT

« Tu sais, aujourd'hui, je vais mourir. » La voix est normale, presque enjouée. C'est dit sur un ton détaché, comme « je vais au cinéma » ou « j'irai faire un tour ». Il est six heures du matin, je rentre d'une soirée en boîte et traverse sa chambre pour atteindre la mienne.

« Ah bon ! » Je m'entends prononcer cette réponse de manière presque neutre, en pensant que c'est idiot. Mais je la connais assez. Quand elle est en colère, elle chante en se balançant doucement. Quand elle a envie de pleurer, elle joue du piano. S'inquiéter de mourir n'est pas son genre. Elle informe, par élégance, pour ne pas surprendre. Et je prends note.

« Va chercher un papier, je vais te dicter mes dernières volontés. » Elle dicte. Sa voix, nette, ne tremble pas. Ma main, un peu. « Tu relis ? » Je relis. « C'est bien. Maintenant, laisse-moi, je vais me reposer. »

Je savais qu'elle disait vrai. Elle rêvait beaucoup, elle m'avait souvent fait rêver, mais elle ne délirait jamais. Fantasque, excentrique, déconcertante, mais hyper lucide.

J'ai couru chercher ma mère qui n'était pas à Paris. Many est morte quelques heures après, calmement, vers cinq heures du matin.

C'était en 1968. Elle avait quatre-vingt-dix-sept ans, j'en avais dix-neuf. Elle était mon arrière-grand-mère et avait l'air tout droit sortie d'un roman, ce qui lui donnait un charme difficile à croire.

*

Je l'appelais Many. Ma mère, sa petite-fille qu'elle avait maternée, l'appelait « Maman Nini », à cause de son prénom, Eugénie. Pour l'état civil, mon arrière-grand-mère se nommait Valérie-Eugénie Crocquet de Belligny, née en 1871 à la Guadeloupe dans une famille arrivée aux Antilles deux siècles plus tôt.

Elle avait connu, jeune fille, les fastes déclinants des aristocraties coloniales – demeures à colonnades, traversées de l'Atlantique en paquebot avec son piano dans la cabine, mariage en calèche à six chevaux. Elle avait contemplé l'enterrement de Victor Hugo du haut d'un balcon place de l'Étoile, en 1885 – elle avait quatorze ans.

Par la suite, la vie ne l'a pas épargnée. Ruinée, elle s'est accommodée de petites maisons de banlieue et de soupentes parisiennes, en chantant. Elle a traversé deux guerres mondiales (en 1914, elle a quarante-trois ans, soixante-neuf ans en 1940), trois accouchements et bien plus de revers de fortune, l'assassinat d'un de ses fils dans une sombre histoire de règlements de comptes, la santé chancelante de sa fille, ma grand-mère, la disparition précoce de tous les hommes de la famille... Ne subsistait qu'une tribu de femmes, trois générations, soudées, inséparables, dont elle était la matriarche.

*

Petit, je ne savais presque rien de ces histoires anciennes. Je me laissais guider par sa voix, qui inventait sans cesse de nouvelles aventures. Many connaissait un nombre invraisemblable de chansons, de fables et de contes. Elle disait « Titim ? », je répondais « Bois sec ! » (vieux rituel guadeloupéen marquant l'accord de l'auditoire), et le périple commençait. Sans doute improvisait-elle bon nombre de ses récits fantastiques, les inventant à mesure.

En fait, elle transformait le quotidien le plus banal en épopée magique. À la campagne, où je passais l'été avec elle, nous partions à la conquête de l'Everest. Le sommet ? Le bout de l'allée, à vingt-cinq mètres de la terrasse. Trois fois rien, sauf pour celle qui s'était fracturé le col du fémur à quatre-vingts ans et s'acharnait à remarcher quelque temps plus tard. Ces quelques pas se métamorphosaient en une épopée en altitude. Quand nous parvenions au sommet, je plantais un drapeau invisible, à côté du portail en bois, pour célébrer l'exploit.

Quand il pleuvait, c'était la bataille des Thermopyles. Dans le lit, mes jambes pliées dessinaient le défilé. Je savais par cœur où étaient l'armée des Perses et les soldats de Leonidas. J'ignore d'où lui était venue cette connaissance du récit d'Hérodote, mais l'héroïsme des Spartiates était pour moi une évidence familière, la stratégie des combats un jeu habituel. D'ailleurs, tous les enfants du monde jouaient aux Thermopyles, non ? Découvrir, à l'école, que personne ne connaissait Leonidas fut une expérience déroutante.

Je dois à Many bien plus que des bribes de connaissances et des souvenirs émerveillés. Une certaine attitude envers le monde, faite de proximité et de distance, de gravité et de loufoquerie. Elle ne m'a pas seulement gardé, nourri, distrait, tout le temps que j'ai passé auprès d'elle quand mes parents sortaient ou voyageaient. Elle m'a élevé. Pas comme on élève des moutons. Comme on élève une intensité, une température.

*

Ses incongruités étaient fréquentes. Le faisait-elle exprès ? Pas sûr, mais possible, du moins assez souvent. Elle persistait à dire « Vous autres Européens » après quatre-vingts ans passés en métropole, professait qu'il fait toujours froid ici, et que septembre était un « mois de frimas, de brouillard et de pluie ». En 1965, elle écrivait encore au directeur du Bon Marché, de sa grande écriture solennelle : « Monsieur, je suis votre cliente depuis 1885 et je vous prie de m'adresser, comme d'habitude, douze torchons blancs à liseré rouge. » Et les douze torchons étaient livrés, avec une lettre du directeur. Cela lui paraissait normal.

Quelque chose de naïf et d'excessif habitait ses paroles comme ses silences. J'ai trouvé chez elle une lame de rasoir, soigneusement enveloppée, avec cette étiquette : « Attention ! On peut se couper un membre. » S'étant foulé le poignet, elle dit au jeune médecin qui immobilisa l'articulation : « Comme vous bandez bien, Docteur ! » Lui expliquer la raison de l'air stupéfait du jeune homme fut une affaire délicate. « Jésus Marie Joseph ! Ka ça ié ça ? Tout' ça ou di, cé mauvais butin ! » (Qu'est-ce que c'est que ça ? Tout ce que vous dites, ce sont que mauvaises choses.) J'ai oublié de préciser que le créole était son moyen d'expression favori avec les siens. Il devint ma seconde langue maternelle.

La croire prude ou candide serait le plus sûr moyen de n'y rien comprendre. Une de mes grandes surprises, quand j'avais quinze ans, fut de l'entendre demander : « Tu as lu *La Bâtarde* ? » J'avais acheté le roman de Violette Leduc, qui faisait alors scandale, mais ne l'avais pas encore ouvert. « Tu devrais... »

Dans les grandes occasions, elle mettait sur son visage une grande quantité de poudre de riz, et une voilette, fixée à un petit chapeau noir. Au cou, un ruban de velours bleu foncé. Le reste du temps, elle se faisait un chignon ou des nattes en macarons. La quantité de brosses, d'épingles à cheveux et d'eau de Cologne qui l'entourait m'impressionnait.

Elle a toujours joué du piano, même si je n'ai jamais compris comment elle parvenait à interpréter *Lakmé* de Léo Delibes presque sans faute avec des mains déformées par les rhumatismes.

Jamais de lunettes. Elle ne lisait qu'à la loupe, dont une série, en diverses tailles, était toujours à portée de sa main. Elle découpait dans les journaux les articles qui lui paraissaient importants. Trois quotidiens par jour, jusqu'à son dernier souffle. Elle y avait même ajouté *L'Équipe* pour converser avec mon père au risque de faire participer le footballeur Kopa au Tour de France, ou le cycliste Louison Bobet à Roland-Garros. Nos réactions l'amusaient assez pour que je me demande encore s'il s'agissait vraiment d'erreurs.

En mai 1968, quelques mois avant sa mort, elle me dit : « Je lis qu'étudiants et ouvriers sont main dans la main. Alors, c'est la révolution ? » Après qu'elle a disparu, j'ai trouvé dans ses papiers de vastes quantités d'articles et de chroniques découpées, datant de ma petite enfance, avec la mention « Pour Roger-Pol, quand il sera grand. »

J'aimerais continuer des pages et des pages, tellement sa réalité était plus intéressante que n'importe quelle fiction. Avec elle, cette distinction s'estompait. Peut-être, un jour, si j'en ai le courage, en dirais-je plus, et autrement.

*

Pour l'heure, il faut tirer la leçon. Ce que transmettent les personnes âgées, ce ne sont ni leurs souvenirs ni leurs sourires. C'est d'abord une leçon de vie. Claire ou sombre, radieuse ou souffrante, mitigée ou uniforme, peu importe. L'essentiel demeure la profondeur de champ qu'elle incarne, la succession des générations et le fil sans fin du temps qu'elle rend perceptible.

Si je n'avais pas connu mon arrière-grand-mère, je serais un autre. Pas seulement parce que cette femme unique m'a transmis son endurance rêveuse face à la cruauté du monde, son courage de continuer toujours à y croire, même sans préciser ce que désigne ce « y ». Sans la fréquentation continue et quotidienne de ceux qui nous précèdent, nous devenons moins humains et moins vivants.

Sans doute ai-je beaucoup de chance. Many laissée seule, en Ehpad, ou sans lien continu avec nous, aurait dépéri et nous aurions vécu autrement, beaucoup moins bien. C'est pourtant cette tristesse qui tend à devenir le lot commun, sous les pressions conjuguées de la démographie, des mutations sociales, des impératifs économiques. Les vieux ne produisent rien, et ne sont pas nouveaux, handicaps majeurs pour un monde fasciné par l'innovation, le disruptif et le rendement.

Sans doute n'avons-nous pas encore assez pris la mesure du défi colossal que lance le vieillissement croissant de la population. Ce défi est multiforme : financier, social, politique, mais aussi éducatif. Et sans doute une des solutions pour l'affronter est-elle philosophique : pour que change le réel, il est indispensable que se transforment les représentations. Repenser le grand âge, éduquer au vieillissement dès l'école, expliquer que la vieillesse n'est ni une maladie ni forcément un naufrage, voilà des tâches indispensables. Mais ce sont des exploits.

Il m'arrive de voir le visage de Many, ses yeux gris-bleu, et d'entendre sa voix. Elle dirait : « Tu sais, aujourd'hui, je vais vivre. » Je répondrais : « D'accord. » Et nous irions vaincre l'Everest.

STÉPHANE DE GROODT

« Bonjour, c'est Stéphane De Groodt ! » À ces mots qui résonnent dans l'interphone, Faustine file illico dans sa chambre et la nounou, intimidée, s'enferme dans la cuisine. Petit émoi, le comédien et auteur passé maître dans l'art de tourner les phrases vient répondre à mes questions… à la maison.
Une banquette, un thé, quelques chocolats, une heure plus tard, submergés par l'émotion liée à ses souvenirs, l'embarras des premières minutes d'entretien a laissé place à une belle proximité.

Avant d'être l'artiste complet que vous êtes aujourd'hui, vous avez été coureur automobile. Vous avez été un fils et un petit-fils. Petit-fils de qui ?

Petit, j'étais juste le petit-fils de mon grand-père et de ma grand-mère, je n'avais pas pris la mesure du lien que ça pouvait représenter. On m'a appris des choses que j'ai acceptées comme elles venaient. C'est seulement après qu'on creuse : pourquoi on m'a inculqué cette religion-là ? Pourquoi est-ce qu'on m'apprend à faire ceci ou cela ? Pourquoi je ne peux pas faire cela… Lorsque j'étais adolescent, ma grand-mère me parlait de l'histoire de mon grand-père, qui ne me semblait pas si intéressante que ça… J'allais plutôt de l'avant sans me soucier de ce qu'il y avait derrière.

En grandissant, en ayant moi-même des enfants et en les voyant grandir, j'ai commencé à m'intéresser à mes racines, à la transmouvance de tout ça. Je crois que ça s'est déclenché un jour où je tournais un film avec Noémie Lvovsky. Elle me disait que sa famille venait d'un petit village qui, à l'époque, n'était pas situé en Pologne, et dont elle portait le nom, Lvov. Et donc Lvov… sky. Je suis resté sans voix, parce que mon grand-père est né à Lvov ! C'était très particulier que cette femme porte le nom du village où mon grand-père était né. À partir de ce moment-là, je me suis dit : « C'est quand même fascinant de retrouver l'origine des gens pour comprendre aussi l'origine des choses qui nous arrivent et pourquoi, consciemment ou inconsciemment, elles conditionnent ce que l'on fait. »

Ce grand-père, Emeric Kroch, est le père de ma mère. Il a quitté ces territoires au début de la guerre, il est parti aux États-Unis pour sortir de ce contexte, de cette condition. Ensuite, il est rentré en Europe, il a rencontré ma grand-mère, Simone. Il a monté une entreprise, en Belgique, qui importait des produits gaziers des États-Unis. Il a très bien réussi dans les affaires.

Récemment, j'ai commandé un kit sur Internet pour retracer notre chaîne ADN à travers le monde, et connaître nos origines. Quand je l'ai reçu, en mettant le nom de mes parents et de mes grands-parents, il apparaissait que mon grand-père maternel était passé par Ellis Island, aux États-Unis. En apprenant qu'il était sur les registres de cette île, que j'avais visitée sans savoir qu'il y était passé, tout d'un coup, je prenais la mesure de cette chose fascinante qui était de découvrir quel était le parcours de nos aïeuls, d'où ils venaient. J'ai reçu les résultats de mon profil ADN : je pensais avoir une majorité de sang du Sud, et en fait, j'ai 50 % de sang nordique (norvégien, suédois), 25 % de sang polonais, de juif ashkénaze, et le reste est italien. C'est très étonnant. J'ai même un lien pour contacter des gens de ma « famille », si je le souhaite. En général, il s'agit de cousins au troisième ou quatrième degré. C'est incroyable de se dire « J'ai des racines dans tous les pays d'Europe, mais surtout des contacts, c'est-à-dire que si je veux en savoir plus, je peux. »

Il y a aussi un côté très romanesque à découvrir que mon grand-père, à l'époque, faisait la traversée sur le *France* avec ma grand-mère. Ils ont rapatrié plein de souvenirs de ce bateau mythique et de cette époque tellement particulière. Comme j'aime raconter des histoires, que j'interprète des histoires, celle-ci pourrait en devenir une à part entière, au-delà de mon grand-père. Je suis de nature nostalgique, et à voir le temps qui file, au point de douter de la présence du présent... j'aime bien rapatrier le passé pour pouvoir le revivre quand je veux. J'étends alors le temps.

C'est donc un exercice compliqué, pour vous, de raconter vos anciens, vos grands-parents ?

Ce qui est compliqué, c'est d'expliquer en détail le pourquoi du comment de ce qu'ils ont fait, de ce qu'ils sont devenus. Je trouve ça étonnant quand je vois les deux branches : je suis issu d'un grand-père polonais et d'une grand-mère qui me disait être d'origine française, normande ; et du côté de mon père, d'un couple de gens très simples, qui vivaient dans un petit village près de Bruxelles. De ce côté-là, on parlait flamand et il fallait que mon père apprenne le français s'il voulait « réussir dans la vie » parce que c'était considéré à l'époque comme la langue élitiste, en Belgique. Du côté de ma mère, on était plus riche culturellement parce qu'il y a la Pologne, la Normandie, la France... C'est une famille un peu bourgeoise. C'est fascinant de voir que ce mixe de deux cultures, ces ingrédients-là, ont fait ce que je suis !

Lesquels de vos grands-parents avez-vous le mieux connus ?

Je trouve toujours particulier de dire qu'on *connaît* ses grands-parents. On connaît « le grand-père », « la grand-mère », mais est-ce qu'on connaît les gens qui se cachent derrière ? C'est une relation imposée ; notre grand-père, notre grand-mère, on les traite comme tels. C'est la grand-mère qui fait les confitures, c'est la mère de la mère ou la mère du père, un truc installé. Mais est-ce qu'on a le réflexe, parfois, de se dire : « Si je devais rencontrer demain cette personne, sans le lien familial, est-ce que je l'aimerais ? Est-ce que j'aurais des liens particuliers avec elle ? » C'est intéressant de déconstruire la relation imposée pour en reconstruire une autre qui vient d'un élan.

Ou pas, d'ailleurs. On a le droit de ne pas aimer ses parents ou de ne pas les aimer comme on pourrait aimer un père ou une mère.

En plus, ça permet de libérer pas mal de verrous : toutes ces contraintes, toutes ces obligations... Je pense que je me suis mis à apprécier un peu plus mon grand-père, ma grand-mère, ou les gens autour de moi, à partir du moment où j'ai déconstruit le lien naturel imposé pour en reconstruire un autre en me disant : « Tiens, cette personne est formidable ! ou elle est moyennement formidable... et, en plus, c'est mon grand-père ou ma grand-mère. »

Alors, qu'avez-vous choisi ? Y a-t-il a eu, effectivement, une évolution dans vos rapports ?

J'ai eu cette réflexion après coup, surtout envers ma mère ou mon père, parce que mes grands-parents, à l'époque, je les prenais comme mes grands-parents. Rétrospectivement, je regrette ne pas avoir pu nourrir ça parce que, quand je pense à eux, je ne pense pas forcément au grand-père ou à la grand-mère, je pense à l'homme et à la femme qu'ils étaient. Je regrette de ne pas avoir été animé plus tôt par la curiosité de découvrir le parcours d'homme d'affaires de mon grand-père, de découvrir pour quelles raisons il a quitté la Pologne, quelle a été sa vie, le courage qu'il a eu pour partir de zéro et bâtir une famille, une entreprise... s'en sortir. Et pas juste voir un vieux monsieur avec des clochettes à Noël qui me donne un cadeau !

Nos rapports se limitaient à ça parce que c'étaient des personnes âgées et que je ne les ai pas assez connus. Je fais le même rapport que celui-ci : quand on est enfant, on n'a pas le droit de faire de bêtises, et puis quand on est plus grand, on a moins envie d'en faire. Ou alors, quand on est enfant, on a envie de s'acheter tous les magasins de jouets mais on n'a pas d'argent, et puis quand on est plus grand, on a un peu plus d'argent mais on n'a plus envie d'acheter des jouets. Il y a un décalage dans le temps. J'aurais aimé avoir mes grands-parents aujourd'hui, alors que je suis plus âgé, pour en profiter davantage et pouvoir échanger sur cette forme de sagesse que porte une personne plus âgée : son regard sur la vie, sur le monde, sur la nature humaine... Mais bon, voilà, ils sont partis. C'est aussi pour ça que je veux aujourd'hui raviver cette mémoire-là, en reparler. Quand les grands-parents ne sont plus là, on ne les convoque plus vraiment. Pourtant, j'ai adoré ma grand-mère maternelle, c'est celle qui compte le plus.

Et cette femme, vous arrivez à la positionner dans un « dispositif » de grand-mère, spontanément ?

Je l'appelle la mère-grand : c'est d'abord la mère de ma mère. Ma maman a eu une maman, avant que ce ne soit ma grand-mère, et j'ai eu cette démarche avec elle, de me demander : « Est-ce que j'aime cette personne-là, au-delà de la grand-mère qu'elle était ? » Je devais avoir une vingtaine d'années, et je me suis demandé pourquoi j'aimais davantage cette personne à vingt ans que quand j'en avais dix.

J'ai commencé à découvrir et à m'intéresser à la femme qu'elle était, plus qu'à sa fonction de grand-mère. Parfois je pense qu'elle est là, et je me dis : « Tiens, il faut que je l'appelle... » alors qu'elle aurait cent-vingt ans aujourd'hui. En fait, elle est tellement là ! J'ai une photo d'elle, qui porte ma deuxième fille, bébé. Mon aînée avait trois ans. Ma grand-mère est morte une semaine plus tard, comme si elle avait attendu de pouvoir porter son arrière-petite-fille dans les bras ! Elle est morte à quatre-vingt-dix-huit ou quatre-vingt-dix-neuf ans, en pleine forme, d'ailleurs.

Quelle relation aviez-vous avec elle, alors ?

Je me souviens que quand j'ai commencé à avoir des velléités de pilote de course, de comédien, d'une vie joyeuse, excitante, ma grand-mère me disait : « À partir du moment où cela t'amuse, ce n'est pas un métier ! » Elle pensait qu'il fallait quelque chose de laborieux, de la sueur, pour considérer une occupation comme un métier, comme un travail. Alors que, pour devenir comédien, il faut de la sueur : Dieu sait s'il y a peu d'élus ! Le sport automobile de haut niveau, c'est pareil. Donc elle n'a pas bien perçu ce que c'était vraiment d'être comédien ou pilote de course. Mais elle m'avait dit ça, alors ça m'a accompagné.

Mon grand-père était un petit monsieur qui avait un chauffeur au volant d'une grande voiture américaine. Il avait importé cette culture des « Golden Sixties », aux États-Unis. C'était la grande époque... Et c'était un chauffeur qui venait me chercher à l'école avec une énorme limousine américaine. J'étais fier mais en même temps hyper gêné, parce que les copains me regardaient de travers.

C'est un couple qui vivait à l'ancienne. Mon grand-père rentrait tous les midis déjeuner avec ma grand-mère, faisait sa sieste, et repartait au bureau.

Ma grand-mère paternelle m'a marqué aussi parce que c'est celle qui faisait les confitures, c'est chez elle que j'allais mettre mes doigts dans les casseroles.

Quelle empreinte votre grand-mère maternelle, Simone, vous a-t-elle laissée ?

Les odeurs de chez elle, de ce qu'elle préparait, et son odeur à elle, aussi. C'est étonnant qu'on fixe l'odeur de nos grands-parents, parce qu'elle peut être désagréable, l'odeur des vieilles personnes ! On emporte les odeurs avec nous, comme les sons. Après, les uns ou les autres y sont plus ou moins sensibles, mais on emporte des choses.

C'est à cette grand-mère maternelle que vous aviez surtout confié vos ambitions, davantage qu'à votre grand-père ?

Il est mort plus tôt, j'avais seulement douze ans. Je n'ai pas eu l'occasion. Effectivement, j'aurais adoré avoir des conseils entrepreneuriaux de mon grand-père, pour les projets que je développe en marge de mon métier. Aujourd'hui, cela me fascine de partir de quelque part pour aller ailleurs. Que cela fonctionne ou que cela ne fonctionne pas, parce que la notion d'échec me passionne. Lui, il a tenté l'aventure et il l'a réussie. J'ai toujours été animé par ça. Je ne sais pas si ça vient de lui. Je ne crois pas, parce que j'étais vraiment trop jeune, mais cette envie d'aller quelque part pour changer sa condition, c'est ce que j'ai entrepris en quittant ma Belgique pour venir ici.

Cette grand-mère, avec un époux entrepreneur et aventurier, était pourtant inquiète à l'idée de vous savoir devenir pilote automobile ou comédien…

Oui, parce que ça n'est pas du tout l'univers de ma famille : il n'y a pas de peintre, pas d'acteur, personne qui ait émergé dans un milieu culturel. Chez nous, ce n'est pas un métier, d'être acteur ! Évidemment que tous les petits garçons et toutes les petites filles veulent être acteurs et actrices. Pareil pour la course, parce que les petits jouent avec des voitures. Tout le monde veut être pompier, acteur, astronaute… J'aurais aimé que ma grand-mère voie que ça pouvait être un métier. Elle a seulement aperçu le début de ma carrière de comédien. Et même si elle a vu toute la période de coureur automobile, elle n'a jamais considéré cela comme un vrai métier, alors que cela a été mon gagne-pain pendant une quinzaine d'années. Elle ne comprenait pas.

Cette grand-mère est celle qui occupe le plus de place dans vos souvenirs ?

Oui ! Et j'aimerais l'avoir encore pour que mes enfants puissent découvrir cette femme. J'ai besoin de parler à cette grand-mère… Curieusement, mon lien familial est très relatif : j'avais deux frères, je n'en ai plus qu'un. Je l'aime énormément, mais on se voit peu. Je ne vois pas assez ma mère non plus, même si je pense souvent à elle. Vers la fin de sa vie, on était très complices avec ma grand-mère. Voyez… je sens l'émotion poindre quand je parle d'elle. Elle est encore bien là.

Comment s'est traduite cette complicité avec une personne du grand âge ?

J'ai essayé d'aller vers elle, de la comprendre, d'imaginer sa condition. Elle peignait, elle faisait de la cuisine, elle lisait. Elle s'intéressait à beaucoup de choses, elle était encore active, vivante. Donc on échangeait sur ce qui animait encore ses journées. Je l'incitais à peindre parce qu'elle dessinait très bien. Elle rentrait dans le schéma des grands-mères qu'on aime bien : celle qui gâte, qui surprend, qui est aimante et pas la vieille personne aigrie qui ne sent pas bon et qui devient une punition quand on doit aller la voir le dimanche. Il y en a beaucoup, des grands-parents comme ça ! Plus encore que la grand-mère, j'aimais la femme.

C'est un peu comme la notion d'éducation. Je trouve ça aussi très particulier que tous les parents du monde veuillent donner une éducation précise à leurs enfants. On donne plein d'informations, mais qu'est-ce qui reste ? Les enfants vont chercher bien davantage que ce que nous essayons de donner, dans nos attitudes, par exemple, malgré nous. J'ai chopé pas mal de trucs chez ma grand-mère, sans qu'elle ne dise quoi que ce soit. J'observais sa manière d'être, son élégance... Je me rends compte que je me suis beaucoup imprégné de ce qu'elle était. C'est aussi pour ça qu'elle compte tant pour moi, dans ma sphère de grands-parents.

Que reste-t-il d'elle en vous ?

La notion des petites choses : le détail qui fait la différence. C'était une femme très délicate, et je pense que c'est cette délicatesse qui m'est restée. Le raffinement, c'est souvent un détail. C'est le sens, peut-être pas de l'excellence, mais du mieux. Et ça me poursuit, quoi que je fasse. Si un jour je suis passé de conducteur automobile sur un circuit à pilote qui gagnait des courses, c'est pour des petites choses. Sur une grille de départ, par exemple, vous pouvez avoir une demi-seconde d'écart entre le premier et le dernier. Une demi-seconde, c'est cinq dixièmes. Sur un circuit de quinze virages, si vous gagnez un dixième de seconde à chaque virage, vous passez de dernier à premier à l'arrivée. En cuisine, quand deux personnes préparent le même plat, avec les mêmes ingrédients, il y a un qui va ajouter un petit quelque chose qui va tout changer. Eh bien, ce petit plus qui fait la différence me vient de ma grand-mère.

Y avait-il un lieu qui était votre repaire ? Une sorte de rituel entre vous ?

Quand elle venait me chercher à l'école à Bruxelles, pour rentrer et me déposer à la maison, elle prenait toujours le chemin le plus long. Parce qu'il était plus joli !

Quand elle a décidé de quitter sa maison pour aller vivre en appartement, elle avait un des jardins les plus beaux que j'aie jamais vus. Elle avait aménagé un jardin délicat, très fleuri, avec des petites pièces d'eau. Il sentait tellement bon ! Elle était tellement délicate. La moindre petite chose chez elle faisait sens. Elle adorait les verres, par exemple, et quand j'arrivais chez elle et que j'attrapais un verre à vin pour boire de l'eau, elle s'empressait de le reprendre pour le ranger, en disant : « Non, il y a un verre pour l'eau, un verre pour le vin... » Elle achetait des verres très délicats, et aujourd'hui j'aime faire pareil. Je me suis même surpris à offrir une caisse de verres à quelqu'un : j'ai fait quatre magasins avant de trouver le bon verre pour la bonne boisson. De nouveau, c'est une question de délicatesse, ce détail qui fait la différence.

Je me souviens de nos balades où elle me parlait des fleurs. Elle prenait toujours ma main et regardait dans les lignes de ma paume avec beaucoup d'attention. Ce n'était pas simplement pour me demander comment j'allais mais comment *j'étais*.

Elle avait cette manière de choyer l'autre, de lui apporter des odeurs, du goût, de lui apporter une vision. C'est pour ça que je vous parle d'elle : elle nourrit tellement de choses ! Quand je dis que j'ai voulu découvrir la femme... après, j'ai profité bien plus de la grand-mère.

Vous avez fait le chemin inverse, en quelque sorte ! Est-ce qu'elle a vécu jusqu'à la fin de sa vie à Bruxelles ? Seule ?

Elle était autonome et vivait seule, chez elle, dans son appartement, jusqu'à la fin. J'étais souvent à Bruxelles, moi aussi, à ce moment-là. J'ai d'ailleurs un souvenir émouvant. J'allais déjeuner de temps en temps chez elle, et la dernière fois, je suis juste passé dix minutes parce que j'avais un déjeuner. Mais elle avait mis le couvert pour deux et tout préparé. Quand je lui ai dit : « On ne s'est pas bien compris, je ne peux pas rester… », elle a fondu en larmes, comme une enfant. Je suis parti en me disant : « Ce que je viens de faire est la chose la plus triste que je n'aie jamais faite. » En vous racontant ça, je me vois avec elle ; je me vois ouvrir la porte, je me vois dans sa cuisine, je la vois. C'est formidable que vous me permettiez de convoquer tout ça à nouveau. Je suis ému de la voir. Je m'en suis vraiment beaucoup voulu d'avoir fait pleurer cette vieille dame qui était ma grand-mère, parce que j'aurais pu m'organiser autrement.

Peu de temps après, elle a fait un infarctus. À l'hôpital, à son chevet, je lui tiens la main et je lui dis : « Ben non, il n'est pas question que ça se termine là ! » Et finalement, elle s'est éteinte chez elle. C'est vraiment le mot, éteinte, comme une flamme qui n'a plus la force d'offrir sa lumière. Fin de l'histoire.

Et en fait, non, puisque j'en parle aujourd'hui, ce n'est pas la fin de l'histoire. Je parle d'elle aussi à mes enfants. C'est ce qui est merveilleux : quand une personne vous a marqué, l'histoire se poursuit sans elle.

Comment observez-vous aujourd'hui le rapport entre les nouvelles générations et les anciens dans notre société ?

Je crois que c'est une question de culture, d'éducation, de rapport à l'autre, de respect de l'ancien. Cela naît dans la rue : laisser les gens traverser sur le passage pour piétons, respecter les feux rouges… Ce sont des détails, c'est idiot, mais ça fait partie d'un tout. On pense qu'on est dans une société de communication puisqu'on est dans l'ultra communication avec les réseaux sociaux – qui n'ont rien de social. Les jeunes croient être en contact les uns avec les autres, mais en fait pas du tout. On perd le lien. C'est la même chose avec les liens familiaux, je pense qu'il faut les forcer.

Vous veillez à le préserver, ce lien entre vos filles et votre maman ?

Je suis un très mauvais exemple parce que justement, non... Moi-même, je devrais voir ma mère mille fois plus que je ne le fais. Je l'appelle de temps en temps, mais elle a l'âge qu'elle a et moi je suis très impatient. Alors c'est encore plus difficile d'amener mes enfants auprès de leur grand-mère. En revanche, la mère de mes enfants est très active de ce côté-là : il y a des rendez-vous hebdomadaires et mes filles voient beaucoup leurs grands-parents maternels. Je trouve ça formidable mais j'apprécie plus ça chez les autres... D'ailleurs, je passe plus de Noël dans ma belle-famille que dans la mienne. Toujours ce besoin de prendre le recul pour observer et choisir d'adhérer, ou pas, à une famille.

Comment emmenez-vous vos enfants sur ce chemin ?

Je ne sais pas très bien ce que j'arrive à leur dire, mais leur mère est dans un schéma plus traditionnel d'éducation. Moi, j'étais bancal dans ma manière de me construire ; je me suis construit sur un marécage, avec des fondations qui n'en étaient pas, et ma tour doit être un peu de travers, de biais, mais elle tient ! C'est difficile d'avoir un schéma classique dans ce qui est bien, ce qui n'est pas bien, parce que j'ai fait tout ça de bric et de broc. Ce que j'essaie de faire passer à mes enfants, c'est de croire en eux, absolument. Et puis, de cultiver l'humour, parce que lui seul permet d'avoir du recul sur les choses. C'est déjà une forme d'intelligence et bien d'autres choses en découlent.

Ma grand-mère avait beaucoup d'humour, en plus de sa délicatesse. Ma mère aussi. Quand elle est en forme, elle a une ironie joyeuse.

L'ironie, j'adore ça, parce que ça permet d'alléger les choses et de se moquer de soi-même. C'est la base de l'humour !

Qu'est-ce que vous leur diriez aujourd'hui, à vos grands-parents, si vous le pouviez ?

Je leur dirais que, si je me balade dans la vie, empli de ce que je suis aujourd'hui, c'est en partie grâce à eux. Le plus bel hommage, c'est de parler encore d'eux, de les convoquer. Ça les rend vivants, en tout cas dans mon cœur, dans mon esprit. Ce livre est une belle occasion aussi. Mon grand-père est mort depuis longtemps, ma grand-mère, ça va faire aussi un certain temps, et ils sont encore là. Je ne suis pas vraiment pour les hommages avec des couronnes et des trompettes, ça se passe dans cette même délicatesse que ma grand-mère m'a insufflée.

MICHEL ONFRAY

NÉ DE GRANDS-PARENTS INCONNUS

Je n'ai pas eu de grands-parents. Du moins, j'ai, comme tout le monde, eu quatre grands-parents, mais je n'en ai connu aucun. D'une part, parce que mon père fut un vieux papa, il avait trente-neuf ans quand je suis né et ses parents étaient déjà décédés ; d'autre part, parce que ma mère avait été placée à l'Assistance publique et que je n'ai connu qu'une « grand-mère » qui n'en était pas une puisqu'il s'agissait en fait d'une vieille dame ayant fait partie des nombreuses familles d'accueil de ma mère.

Je ne dispose donc que de souvenirs épars de ces grands-parents.

Une photographie de ma grand-mère paternelle qui avait la tête bizarrement penchée vers l'objectif. Elle avait les cheveux blancs, un habit noir, un beau regard clair – c'est ce que laisse croire ce cliché bicolore. En fait, ce beau regard clair qu'elle arbore sur ce cliché était celui d'une vieille dame aveugle. Elle était la mère de mon père qui était un homme de la campagne, tout en retenue, qui disait « Maman » en parlant d'elle et « le père » en parlant de son propre père. Ma grand-mère paternelle était pieuse. Elle allait à la messe, certes, mais elle disait également gracieusement des chapelets pour tel ou tel qui les lui demandait. Dans son cercueil, mon père avait les mains jointes et le chapelet de sa mère entre les doigts. Elle semblait être plus que tout pour mon père. C'est la seule photo d'elle qui me la rende présente.

Mon grand-père paternel m'est également connu par des photos, l'une, notamment, qui le montre sanglé dans son habit de cuirassier au 104e régiment d'infanterie d'Argentan. C'est de cette caserne qu'il est parti faire la guerre de 14-18. J'ai chez moi, à Chambois, son casque de soldat et la visière en cuivre avec son nom – j'ai vu cette visière astiquée fixée au mur de la cuisine de mes parents pendant toute mon enfance. Il y avait aussi dans la cave de mon père les outils du maréchal-ferrant de son propre père. Mais également, fripé comme un parchemin épais, le tablier de cuir sur lequel il posait les jambes des chevaux qu'il tenait entre ses cuisses pour les ferrer. Ce grand-père, Ludovic, avait été gazé au combat. Il était revenu de la guerre avec le caractère abîmé. Je sais que mon père gardait de lui le souvenir d'un homme rude, pour le moins. Mon père était doux et calme, bon et clément. Peut-être des antipodes...

Ma mère racontait un récit de son abandon qui n'eut pas grand-chose à voir avec la réalité. Elle aurait été abandonnée dans un cageot à la porte d'une église, recueillie puis placée à la direction départementale de l'Action sanitaire et sociale. Quand la gauche est arrivée au pouvoir, en mai 1981, le ministre de l'Intérieur, Gaston Deferre, a rendu possible la consultation de certains dossiers administratifs. Celui de la DDASS en faisait partie.

Il n'y avait pas grand-chose dans cette chemise mais assez pour calciner une âme. La personne qui devait nous donner l'information – j'étais avec ma mère – tournait autour du pot, ouvrait le dossier, le refermait, l'ouvrait à nouveau, parlait. Point de cageot abandonné au seuil de l'église : ma grand-mère maternelle a perdu la garde de sa fille pour « moralité douteuse ». Que cache cette expression ? Impossible de savoir... Mon grand-père paternel a passé des années à l'hôpital d'Argentan sans qu'on n'en connaisse, là non plus, le motif : syphilis ? tuberculose ? schizophrénie ou une autre maladie mentale ? Qu'est-ce qui peut bien justifier autant d'années alité dans un tel endroit ? On ne saura jamais...

Que ma grand-mère ait fait commerce de son corps, ait été une femme légère, ou n'ait fauté qu'une seule fois avec un ouvrier maçon espagnol répondant au nom de Sanchez – c'est le nom du géniteur – voilà qui pouvait suffire pour mériter à l'époque le jugement infamant et se voir enlever la garde de ses enfants. Le frère de ma mère fut mis dans un orphelinat, à Giel, dans l'Orne. Trente années plus tard, sans en rien savoir, ma mère me placera dans ce même orphelinat dès l'âge de dix ans et ce pour quatre années...

J'ai donc quatre grands-parents plus un, le géniteur de ma mère. Donc j'ai un grand-père hispanique. Mais pas plus que les quatre autres, je ne l'ai connu.

Ma mère avait appris que sa mère vivait à quelques kilomètres du village dans lequel nous habitions. L'homme qui lui donna cette information lui fit savoir qu'il ne valait mieux pas, pour elle, chercher à en savoir plus... Il est probable que cette moralité douteuse n'ait pas été qu'un jugement hâtif pour une faute d'un soir.

Une vieille dame pieuse et bigote, aveugle, côté grand-mère maternelle ; un grand-père paternel dont une part est morte au front et qui, ceci explique peut-être cela, semble avoir passé plus de temps au café qu'à la maréchalerie ; un double grand-père maternel : un grabataire qui n'est pas le géniteur doublé d'un procréateur ouvrier maçon espagnol ; une grand-mère maternelle qui semblait n'être pas très fréquentable ; une autre grand-mère qui ne l'était pas mais qu'on me présentait comme telle et qui était une mère nourricière payée par la DDASS dont je sus plus tard qu'elle était alcoolique ; son mari dont ma mère dit le plus grand bien qui, semble-t-il, fut un saint homme et faisait tout à la maison tant son épouse se trouvait dans l'incapacité de faire quoi que ce soit à cause de l'eau-de-vie... voilà ma parentèle que je n'ai pas connue mais dont le sang coule dans mes veines et mon âme.

ANNE ROUMANOFF

Anne Roumanoff prend un malin plaisir depuis des années à croquer à pleines dents dans l'actualité. Rien n'échappe à son regard acéré ; sa drôlerie et son impertinence font mouche, invariablement. Ce jour-là, nous déjeunons ensemble et entamons un voyage dans le temps.

Je me suis aperçue en vieillissant de l'importance des grands-parents, de la transmission ; quand j'étais jeune, je n'y faisais pas particulièrement attention. En fait, j'ai commencé à faire un arbre généalogique sur MyHeritage et j'ai découvert des choses sur mes ancêtres que j'ignorais et qui m'ont troublée. Mes deux grands-mères ont eu des existences hors normes.

Gracia, ma grand-mère juive du Maroc, qui est née à Fès, est venue en France, a épousé un militaire catholique bordelais, et a eu sept enfants. Expansive, elle aimait beaucoup faire rire les gens en public, et avait une forte personnalité ; on m'a souvent dit que je lui ressemblais.

Du côté paternel, ma grand-mère russe, Lydia, est née dans un petit village de Lituanie, a émigré à Berlin, puis en France. Elle a eu un enfant avec un homme marié, caché dans un collège catholique pendant la guerre – comme dans *Au revoir les enfants*. Quand cet enfant – mon père, donc – a eu neuf ans, elle s'est mariée avec Arcady Roumanoff, un journaliste juif russe. Le père biologique de mon père, celui qui n'a jamais voulu le reconnaître, est Georges Gurvitch, l'un des fondateurs de la sociologie moderne. J'ai toujours eu tendance à considérer qu'Arcady, que je n'ai pas connu, n'était pas mon *vrai* grand-père, même si je porte son nom. Pourtant, quand j'ai effectué ce travail de généalogie, j'ai découvert des coïncidences de vie incroyables entre nous. Par exemple, Arcady a habité à Paris au 115 rue de la Pompe, dans le 16e arrondissement, dans l'immeuble même où j'ai suivi mes premiers cours de théâtre ; j'ai découvert qu'il se rendait très souvent square Alboni, chez un grand duc, or j'ai failli acheter un appartement à cet endroit ; il y a quelques années, à la suite d'un gros problème de plomberie chez moi, j'ai déménagé quelques jours à l'hôtel Majestic, avenue Kléber… où Arcady a habité pendant un an. Cela fait beaucoup de coïncidences, quand même. Et puis, alors que je pensais qu'aucun membre de ma famille n'était mort dans les camps de concentration, j'ai découvert qu'une sœur d'Arcady Roumanoff était morte à Auschwitz. Personne ne le savait.

Qu'est-ce qui a déclenché vos recherches sur MyHeritage ? Tout le monde ne fait pas cette démarche…

Après une rupture sentimentale, j'ai eu besoin de savoir d'où je venais. C'était comme si je tirais des fils, et plus je tirais, plus je découvrais des trucs…

Une des sœurs de ma grand-mère Lydia, Assia, a été l'une des premières femmes psychanalystes à New York. Tout le monde lui avait dit qu'elle ne se marierait pas parce qu'elle boitait. Elle a eu un fils unique très beau, Lucien, qu'elle a envoyé en Israël en 1940 pour qu'il soit en sécurité. Il a sauté sur une mine et il est mort. Une histoire tragique.

Lydia a perdu sa mère à huit ans, son père s'est remarié avec une jeune femme qui la traitait un peu comme la belle-mère de Cendrillon. Elle a ensuite perdu son premier amour tragiquement : pris pour un espion allemand alors qu'il voulait la rejoindre à Berlin, on l'a fusillé.

Gracia, ma grand-mère du Maroc, a perdu elle aussi son premier amour, un homme très beau, très gentil, dont tout le monde disait qu'il était merveilleux : il est mort en glissant dans les bains turcs. Je crois que j'ai eu besoin de m'alléger du poids de cet héritage en fouillant dans tout cela.

Avez-vous connu une grande proximité avec ces grands-mères ?

Pas autant que je l'aurais voulu. Ma grand-mère du Maroc avait des rapports un peu compliqués avec ma mère. Elles sont restées fâchées plusieurs années. Je l'ai revue quand j'avais douze ou treize ans, et elle est morte quand j'en avais vingt, je l'ai donc fréquentée sept ans. Elle était exubérante, parfois insupportable, mais drôle et charmante. La dernière fois que je l'ai vue, on s'est chamaillées parce que je voulais montrer un extrait de scène de théâtre et elle m'a interrompue quatre fois. Elle a insisté pour me dire au revoir, et heureusement. Elle est morte juste après, pendant un voyage en Israël. Elle a fait un infarctus et on l'a enterrée au mont des Oliviers, à Jérusalem. Récemment, quand j'ai joué mon spectacle en Israël, je suis allée me recueillir sur sa tombe. C'était très émouvant.

Avec ma grand-mère russe, j'avais vraiment de bons rapports, mais elle n'était pas très bavarde sur son passé. Elle était toujours très maquillée, très parfumée, vraiment coquette. À soixante-quinze ans, elle est allée chez le coiffeur pour avoir la coupe de Lady Di ! L'année du bac, j'allais la voir tous les lundis pour qu'elle me fasse travailler mon oral de russe. En roulant les r, elle me disait : « Parle français, je ne comprends rien quand tu parles russe ! » tellement mon accent était mauvais ! Je ne regrette pas ces moments parce qu'elle est morte l'été de mes dix-sept ans. Je me rappelle qu'à l'hôpital, la veille de sa mort, elle m'a dit : « Il faut que tu mettes des soutiens-gorge, comme ça tu auras des seins comme des petites pommes, sinon tu auras les seins comme des poires ! » Et aussi : « Ah ! Tu veux faire du théâtre ? Il faut beaucoup travailler... Ah ! Tu veux faire Sciences Po ? Alors il faut aussi beaucoup travailler ! » Elle est morte en juillet, deux mois avant que j'entre à Sciences Po... et ma grand-mère Gracia au moment où je passais mes examens de fin d'année de Sciences Po. Elles sont toutes les deux liées à ce souvenir.

Vos parents ne vous racontaient pas vos grands-parents, pour que vous entrepreniez des recherches vous-même ?

Ma mère entretenait des rapports compliqués avec la sienne... Comme moi pendant longtemps avec ma mère, et ma grand-mère avec sa propre mère... Moi, j'avais justement la hantise d'avoir une fille, mais j'en ai eu deux, et finalement, j'ai au moins brisé cette chaîne-là ! Et je m'entends maintenant très bien avec ma mère.

Même si je savais que ma grand-mère était la première écrivaine juive francophone du Maroc, j'avais besoin d'en savoir plus. Ce qui est bizarre, c'est que je n'ai effectué presque aucune recherche sur mon grand-père catholique de Bordeaux. J'ai la sensation de n'avoir pas de mystères à découvrir sur lui ; sans doute parce que je l'ai vraiment connu et accompagné.

Du côté de mon père, je sais qu'il a voulu effectuer des recherches sur sa famille, sur son histoire, au début des années 2000, mais il commençait à souffrir de la maladie d'Alzheimer. Il a été malade quinze ans et il est mort en 2015. J'ai toujours trouvé mon père un peu froid avec sa mère. Il était pourtant le centre de sa vie. Elle ressentait sûrement un amour un peu tentaculaire pour lui, mais c'était son fils unique... J'ai découvert que Gurvitch avait avoué à sa femme qu'il avait eu un enfant hors mariage, et qu'au moment de la guerre, il avait promis à ma grand-mère de l'emmener aux États-Unis. Mais au moment d'embraquer, il n'y avait pas de place sur le bateau : il est parti avec sa femme ; et Lydia, ma grand-mère, est restée sur le quai avec mon père bébé dans les bras.

Finalement, j'ai recomposé les histoires familiales grâce à ces sources différentes. On m'avait dit certaines choses, et ce travail m'a permis de mieux comprendre tout ça pour raconter à mon tour l'histoire familiale.

Est-ce une richesse, pour vous, cet héritage familial ?

C'est une richesse, oui, mais un paradoxe, aussi. Mon parcours, le désir de célébrité, l'écriture... Est-ce que tout cela vient vraiment de moi ? Ma grand-mère russe, Lydia, était fascinée par les artistes et elle collectionnait les biographies d'acteurs célèbres. Être une écrivaine, c'est aussi une façon de défendre ma grand-mère Gracia, qui écrivait sur une petite machine à écrire et à qui on lançait « Alors, ça va Victor Hugo ? » À l'époque, au Maroc, quand une petite fille naissait, on disait : « C'est rien, c'est une fille. » J'espère que maintenant on dit : « C'est bien, c'est une fille ! »

Ces femmes étaient fortes toutes les deux, en avance sur leur époque. Émancipées. Courageuses. Pugnaces. Moi, je suis artiste, indépendante, mais avec le côté journalistique d'Arcady et sociologique de Gurvitch… J'ai pris les deux aspects de la famille. Et puis, mon besoin violent d'être sur scène, d'être reconnue, est-ce que ce n'est pas aussi parce que je porte le désir artistique non accompli de ces deux femmes ? Mes grands-mères sont parties avant que je ne démarre ma carrière, elles ne m'ont jamais vue sur scène.

Une autre femme a été très importante : Nadia, une cousine germaine de ma grand-mère paternelle. Je l'ai rencontrée le jour de l'enterrement de Lydia. C'était une femme absolument incroyable, très coquette, qui avait beaucoup d'allure. Elle est morte à plus de cent ans. Elle analysait les gens avec beaucoup de lucidité, parfois des formules assassines, mais elle me faisait rire et je l'aimais beaucoup. Pendant vingt ans, elle m'a servi de grand-mère de substitution, puisque je n'avais plus de grand-mère. Elle était présente à chaque événement de ma vie.

Vos deux grands-mères disparaissent alors que vous êtes relativement jeune. Comment l'avez-vous vécu ?

Ce furent mes deux premiers deuils, cela n'a rien d'anodin. Et en seulement trois ans… Il faut dire qu'elles étaient souvent en compétition ! Et jalouses l'une de l'autre. Je me souviens d'une histoire de collier qu'une grand-mère avait offert à ma mère, qui à son tour l'avait donné à l'autre grand-mère… qui l'avait porté à une fête de Noël !

Avez-vous la mémoire du temps passé avec votre grand-mère russe, enfant ?

On allait chez elle le samedi après-midi pour regarder la télé, parce qu'on n'en avait pas chez nous : on débarquait, on se mettait devant le poste, et on repartait. Ce n'était pas très sympa, mais elle était contente !

Et avec votre autre grand-mère, des réminiscences ?

Même longtemps après sa mort, les gens qui l'avaient connue m'arrêtaient dans la rue pour me dire : « Qu'est-ce que j'ai pu rire avec votre grand-mère ! » Elle avait l'art de raconter les histoires. Il paraît que son père était comme ça : charmeur, drôle... Je dis toujours que j'ai choisi de faire ce métier, mais je n'ai peut-être pas choisi grand-chose, en fait !

Pensez-vous avoir hérité davantage du côté ashkénaze et russe lituanien ou des contours marocains ?

Quand je suis au Maroc, je me sens très proche du peuple marocain, dans sa chaleur et dans sa vivacité d'esprit. Pendant très longtemps, j'ai cru que je n'avais pas spécialement d'héritage ashkénaze, mais en lisant des textes sur « le vague à l'âme ashkénaze », cette façon de voir tout en noir, je me dis que je le suis vraiment, en fait !

Que pensent vos filles de vos recherches généalogiques ?

Elles me disent : « Ça va, arrête avec tes ancêtres ! » et elles ont raison ! Maintenant que je sais tout ça, c'est important de les laisser partir. Il ne faut pas se scléroser là-dedans, tout analyser en fonction du passé. On se doit de comprendre de quoi on est construits, de connaître nos racines, mais c'est le présent qui compte.

Je me sens plus jeune maintenant que quand j'avais vingt ans, plus légère. Je n'ai pas peur de vieillir, je trouve cela intéressant d'avoir un peu d'expérience. Et puis je suis dans l'action : ces femmes qui ont connu des épreuves, qui se sont battues seules, comme des guerrières, m'ont transmis leur détermination. Moi non plus, on ne m'a pas fait de cadeaux... mais je ne lâche pas. Et mes filles sont des guerrières, elles aussi. J'en suis fière !

Aujourd'hui, la famille, la transmission, est-ce une ressource inestimable pour vous ?

Je pense que 90 % de ce que tu communiques à tes enfants, c'est dans le non-dit, dans ta manière d'être, dans tes façons de faire. Ils s'imprègnent de ce que tu es, et ensuite, ils se construisent avec – ou contre. Je parle beaucoup avec mes filles, et si elles me posent des questions, je réponds. Mais la transmission, ça ne m'évoque rien de spécial. Quand j'étudie mon histoire, je vois bien que tout est passé de façon inconsciente, à travers ces femmes qui voulaient être célèbres, qui avaient des fortes personnalités, qui voulaient s'exprimer, écrire, et qui en ont été empêchées. L'une n'a pas eu vraiment de succès avec ses livres, et l'autre, fascinée par les philosophes, les intellectuels, a fréquenté beaucoup d'artistes, sans jamais le devenir elle-même ! J'ai sûrement hérité de tout cela et j'y suis sensible : merci à elles d'avoir été des femmes de goût, des précurseurs, et de s'être battues contre les préjugés toute leur vie. Leurs parcours font partie de celle que je suis. Mais c'est important de connaître son héritage pour s'en libérer. Depuis que j'ai travaillé avec une psychogénéalogiste qui m'a fait avancer sur mon arbre généalogique, j'ai quand même l'impression de m'être allégée d'un fardeau.

J'aurais préféré pouvoir parler de tout ça directement avec mes grands-mères, mais j'étais trop jeune, pas assez curieuse. Si j'avais su toute l'histoire de ma grand-mère russe et de ses demi-frères et sœurs morts dans le pogrom juif de Lituanie, j'aurais été plus admirative, plus attentive... Mais certaines personnes parlent plus facilement que d'autres.

PHILIPPE LABRO

Je n'ai jamais eu de grands-parents. Ce n'est pas une catastrophe.

Mon père avait perdu le sien dès l'âge de dix-huit ans. Il ne nous parlait pas de lui, par pudeur et discrétion, ou bien à cause de cette retenue d'une génération qui n'avait pas, avec ses enfants, la même liberté de dialogue qu'aujourd'hui. Nous étions quatre garçons. Notre père était une figure majestueuse et sévère, aux tempes blanches, mais tendre, aussi, et un formidable pédagogue. Lettré, amoureux des livres, il nous récitait, le soir venu, autour de la table de la salle à manger, du Rostand (*Cyrano* !) et du Hugo. D'une certaine manière, si j'y réfléchis aujourd'hui, son autorité, le respect que nous avions à son égard, et l'admiration sans bornes pour son attitude de Juste pendant l'Occupation, ont fait de lui une figure suffisamment importante pour que nous nous soyons passés d'un grand-père.

Quant à ma mère, c'était une orpheline, ce que l'on appelle un « enfant naturel », fille d'une jeune institutrice de province et d'un comte polonais, propriétaire de milliers d'hectares en Biélorussie. Extraordinaire histoire, que, là encore, j'ai vraiment découverte tardivement pour, une fois ma mère disparue, que je puisse tout raconter dans un de mes livres : *Ma mère, cette inconnue*. Elle s'appelait Netka, et nos enfants – les miens et ceux de mes trois frères – la surnommaient « Mamika », car si elle n'eut ni grand-père, ni grand-mère (pas plus que moi !), elle fut une grand-mère admirable pour toutes nos familles. Le manque d'amour dont elle avait souffert toute sa jeunesse, l'« abandonnite » dont elle avait été victime, avaient fait naître chez elle, un irrésistible besoin d'aimer et d'aider. Elle n'était qu'amour, générosité et attention aux autres.

C'est peut-être paradoxal, mais je considère, à l'aune de ma propre évolution, de mes vies multiples, de mes épreuves, que Papa et Maman, appelons-les ainsi, ont largement supplanté mon manque de grands-parents. Ils sont, dans mon cœur et ma mémoire, au vu et au su de tout ce que j'ai appris sur leur courage, leur héroïsme, leur dévotion aux autres, leur capacité d'accueillir les inconnus et les réprouvés, de véritables modèles. D'ailleurs, devenu un écrivain de ma propre vie, je leur ai consacré au moins deux de mes romans – mélanges de fiction, certes, mais aussi de souvenirs authentiques de ces deux êtres qui ont profondément marqué nos existences. Ces parents-là étaient grands.

Ma femme Françoise et moi avons plusieurs enfants. Quatre, dont deux de mariages précédents. Nous avons tenté de les élever au mieux, suivant sans doute les leçons de nos vies, et ils nous ont offert le cadeau suprême, puisque l'une de nos filles et notre fils unique ont des enfants. Deux garçons pour notre fille et une fille pour notre garçon. Nous sommes instantanément devenus des grands-parents à plein régime. C'est toujours, je crois, la même vérité universelle. Je l'ai entendue de la bouche de tant d'amis et de connaissances : « Tu vas voir, c'est merveilleux, tu vas retrouver ce que tu avais en partie oublié puisque tes propres enfants ont grandi, et tu vas y gagner en altruisme et en tendresse. » On gagne aussi, et surtout, en fascination pour suivre l'évolution de la création, les premières fois, les progrès, les étapes, questionnements, profils successifs d'une personnalité qui contraste avec les autres. Sans jamais vouloir se substituer à leurs parents, à leur éducation fondamentale, ce ciment qui se fabrique au sein d'un foyer, sans intervention abusive, notre rôle, me semble-t-il, est celui d'une addition, un supplément, un apport, un soutien, un accompagnement. Je tente d'être leur complice, je me garde bien de toute autorité maladroite, je vois bien qu'ils ont acquis leur opinion et leur jugement sur certaines de mes impatiences ou mes inquiétudes, je m'efforce, autant que faire se peut, de ne pas trop leur parler de mes travaux, mon métier, mes activités si diverses et si absorbantes. D'occulter mon narcissisme. Ce n'est pas ce que je fais qui compte, lorsque je suis avec eux, c'est ce qu'ils deviennent, ce qui les meut, les intéresse. J'évoque ici les deux garçons, puisque, à l'heure où j'écris ces lignes, ils ont déjà onze et huit ans, alors que la petite-fille, Eugénie, n'a que onze mois. La simple transformation quotidienne de cette enfant si souriante et si épanouie est, pour moi, un constant étonnement et ravissement. Je sais que nous nous parlerons un jour, j'ignore ce qui se développera, quelle sorte d'amour s'installera entre elle et moi, mais je me promets d'être à la hauteur de ce miracle permanent : un enfant qui s'éveille au monde.

Quant aux garçons, il s'agit d'être le plus à l'écoute, le plus attentif, le plus disponible, et de pouvoir répondre à leurs désirs ou leur curiosité. Rire, jouer, faire voir, faire lire, faire entendre et qu'ils se moquent de vous, qu'ils vous caricaturent, vous remettent en question. Il est bon de se passionner pour ce qu'ils font, leur talent, leurs indications, leur choix d'amis, de distractions. Lorsque Joseph ou Charlie jouent, pour nous, quelques morceaux de piano, il m'arrive de sentir les larmes monter à mes yeux et je leur suis reconnaissant de m'offrir ce bonheur.

Il n'y a pas « un art d'être grand-père », cette belle formule devenue cliché, une vérité première, une porte ouverte qu'on enfonce. Ce n'est pas un art, c'est une attitude, une esthétique, une manière d'échapper à la précarité des choses, à la conscience de l'impermanence de la vie, au temps qui reste. Ce n'est ni aveuglant ni contraignant. C'est, au contraire, une autre forme de liberté. Une richesse humaine supplémentaire. Une chance.

Être grand-père constitue une leçon d'humilité. Je dois plus à mes petits-enfants qu'ils me doivent. J'ignore s'ils en sont conscients, sans doute pas, mais cela n'a pas d'importance. Ce qui compte, c'est ce que leur existence a pu apporter à la mienne.

ANGGUN

Début d'après-midi, Anggun et son époux Christian m'ouvrent la porte de leur appartement du nord-est parisien. Leur accueil est chaleureux, la décontraction est de mise, leur grande fille est là aussi. Je suis pourtant arrivée avec un peu d'avance ; par ma faute, la fin du déjeuner a dû être expédiée. On s'installe dans la salle à manger baignée de lumière. La lumière, justement, Anggun, qui signifie « grâce qui se crée dans un rêve » en javanais, l'a connue très tôt, à sept ans, en Indonésie, son pays d'origine, avec des ascendants issus de deux mondes que rien n'aurait dû rapprocher.

Du côté de mon père, j'ai des grands-parents exceptionnels qui avaient dix-huit enfants. Et plusieurs paires de faux jumeaux, dont mon père et sa sœur. Mon grand-père était le chef du village ; il avait des terrains, des rizières, il cultivait des ananas... c'était un agriculteur. Ma grand-mère ne parlait pas beaucoup, mais elle souriait sans arrêt, et surtout, elle cuisinait tout le temps et pour tout le monde ! Du coup, je suis parfaitement incapable de cuisiner pour deux ou trois personnes : on ne sait jamais !

Du côté de ma mère, ils étaient douze enfants. Je ne sais pas comment faisaient ces femmes... quel courage, et quelle santé, quand même ! Même si les enfants, du premier jusqu'au dernier, se gardaient les uns les autres. Mon grand-père maternel, lui, était danseur pour le sultan à Java. Et comme le veut la tradition, là-bas, toutes les personnes qui travaillent pour le sultan doivent être anoblies ou sont des descendants d'une famille royale. C'était le cas de mon grand-père et de ma grand-mère, ce qui fait que ma mère a un titre de noblesse... qu'elle a perdu lorsqu'elle a épousé mon père, agriculteur.

J'ai donc grandi entre ces deux univers, l'un aristocrate et l'autre terrien.

Avec quels grands-parents avez-vous le plus évolué ?

On ne faisait pas vraiment la différence entre les deux branches. Quand la famille se retrouvait, il y avait les cousins, les cousines... Mais c'est vrai que du côté paternel, on passait du temps dehors, à courir dans les rizières ; du côté maternel, c'était plus doux, moins physique. On parlait du passé, de la vie. Ma grand-mère maternelle – je n'ai jamais su son prénom – c'est la première féministe que j'ai connue.

Vous ne connaissez pas le prénom de votre grand-mère, mais est-ce que votre mère le connaît ?

Oui, bien sûr, mais ce n'est pas important. Le nom de famille n'est pas obligatoire en Indonésie. Lorsque je suis arrivée en France j'ai dû choisir mon nom parce qu'avant, sur ma carte de séjour c'était marqué « nom inconnu ». En Indonésie, ce n'est pas très important ; comme les dates d'anniversaires, les années : beaucoup de gens ne connaissent pas leur date de naissance. Ma grand-mère maternelle, je l'appelle Eyang. C'est le petit nom qu'on donne aux grands-parents. Pour moi, ça évoque la douceur. C'est elle qui m'a appris que la douceur est vraiment invincible et qu'on peut tout faire avec un sourire. Elle m'a appris aussi qu'une femme doit toujours être féminine : ça fait partie de nos outils, on est nées avec ça, il ne faut absolument pas l'oublier, et c'est ce qui nous rend belles. Mais elle ne se contentait pas de la beauté. Elle faisait tellement pour sa communauté ! Elle réalisait du batik, le tissu traditionnel javanais : elle dessinait elle-même les imprimés à la main sur un bout de tissu, avec de la cire d'abeille. C'est un processus qui prend des semaines, parce que tout est fait à la main. Ma grand-mère employait les femmes du village : il y en avait d'abord cinq, puis dix, quinze et jusqu'à vingt qui travaillaient à la maison, en faisant toujours les mêmes gestes. C'était beau. Et aujourd'hui encore, il me reste cette odeur de cire.

Elle était très moderne, cette femme, pour travailler alors qu'elle avait douze enfants !

Oui ! Elle me racontait que lorsqu'elle était jeune, elle avait eu la chance d'aller à l'école, parce que l'Indonésie, colonisée pendant trois siècles, était hollandaise. Elle étudiait à l'école hollandaise, donc, et parlait couramment néerlandais – en plus de l'indonésien, du javanais, et de son dialecte ! C'était une femme formidable, qui sentait bon ; elle avait toujours une coiffe, et elle était tout le temps très élégante dans sa tenue traditionnelle – mes deux grands-mères ne portaient jamais de vêtements modernes.

Du côté de ma mère, la famille avait des valeurs fortes, ma grand-mère était très éloquente, très intéressante, mais elle n'était pas drôle. Alors que du côté de mon père, ça rigolait tout le temps, on mangeait tout le temps ! Je me disais que quand les deux familles se sont rencontrées, ça devait être un choc. Mais c'est ça aussi qui rendait les choses intéressantes.

Avec ma grand-mère maternelle, j'adorais faire la sieste, par exemple. Elle aimait bien que je lui masse les pieds, et pendant ce temps-là, elle me racontait comment elle avait rencontré mon grand-père. C'était un mariage arrangé, bien sûr, comme ça se faisait beaucoup à cette époque, mais ils se connaissaient et ils se sont plu ; elle aimait sincèrement mon grand-père. Ils étaient très, très doux… Je viens de me rappeler qu'elle n'avait pas une petite voix de grand-mère, elle avait une voix de basse, alors qu'elle était toute petite, toute menue. Elle n'était pas du tout grincheuse, mais elle avait une sorte de gravité qui allait bien avec son élégance. Elle me disait souvent qu'elle n'avait jamais voyagé, qu'elle n'avait jamais vraiment vécu en dehors de là où elle habitait, et justement, elle me donnait cette envie de découvrir le monde. Elle était très avant-gardiste, quand j'y pense ! En fait, elle n'a jamais laissé mon grand-père lui dicter quoi que ce soit ou la diriger, comme beaucoup de femmes le faisaient à l'époque. Elle a toujours voulu faire les choses par elle-même. Quand je lui demandais pourquoi elle avait eu autant d'enfants, elle me répondait : « Parce que je les voulais, je les ai tous voulus. Et parce que j'aimais énormément ton grand-père. » Bien sûr, il y a Dieu aussi... Elle ne m'a jamais parlé de religion de cette manière, en l'imposant, et son côté féministe se traduisait aussi dans la façon dont elle souhaitait que les femmes soient traitées. Les femmes qu'elle employait devaient gagner suffisamment d'argent pour aider leur famille, élever les enfants. Par ailleurs, elle souhaitait développer une activité qui ne dénaturait pas l'environnement : elle avait choisi le textile, pour son côté artistique, et elle donnait aussi des cours de danse, avec mon grand-père, pour les enfants, mais surtout les petites filles. Donc elle était vraiment engagée pour la cause des femmes et elle était déjà écolo, sans vraiment dire que c'était son but.

Son mari la laissait faire tout ça parce qu'il y avait un véritable amour entre eux ; tout se passait naturellement et simplement. Lui aussi souriait tout le temps, il était gracieux, discret comme un chat. Ils étaient beaux.

Comment vos grands-parents paternels observaient-ils cette émancipation de votre grand-mère maternelle ? Est-ce qu'ils avaient aussi cette ouverture d'esprit, cette modernité ?

Il y avait environ 500 kilomètres qui séparaient leurs villages, donc ils ne se voyaient pas si souvent que ça. Mais je sais que mon père n'a jamais été fan de l'aristocratie... Il était très content que ses enfants n'aient pas le titre de noblesse de ma mère.

Avez-vous le sentiment d'avoir hérité davantage de cette grand-mère maternelle que de votre grand-mère paternelle ? Ce côté artistique, cette liberté que vous êtes allée chercher en partant à vingt ans. C'est jeune, quand même, vingt ans !

Oui, c'est vrai. J'ai quitté l'Indonésie à cet âge où l'on se sent invincible… et pour me prouver que j'en étais capable. Je chantais sur scène depuis l'âge de sept ans, j'ai sorti mon premier album à neuf ans, et j'avais du succès, beaucoup de succès. J'avais besoin de me faire peur. Ma mère n'était pas enchantée par cette idée, mais moi, je savais que c'était ma « survie ». Et puis, ce n'est pas grave d'être égoïste et de faire les choses pour soi quand on a un but précis. Du côté de mon père comme de ma mère, j'ai des oncles et des tantes qui sont même partis faire leurs études aux États-Unis. En partant, je me suis dit : « On verra bien… » et je savais que je pourrais toujours revenir.

Quand j'ai dit à ma grand-mère que je voulais partir tenter quelque chose, elle m'a demandé pourquoi : « Est-ce que tu n'es pas contente de ce que tu as déjà, maintenant ? », avant d'ajouter : « J'ai toujours su qu'un jour tu partirais, que tu étais destinée à quelque chose de plus grand que nous tous. » Je crois que j'étais un peu sa « favorite » même si ce sont des choses qui ne se disent pas…

Malheureusement, je n'étais pas en Indonésie quand elle est partie. Mais il y a deux ans, je me suis rendue avec ma fille et mon mari sur les tombes de mes grands-parents des deux côtés.

En Indonésie, comme dans un certain nombre de pays méditerranéens, on vit avec les anciens. Comment observez-vous la différence de culture avec la France, avec l'Occident ?

C'est plus simple quand on est une famille nombreuse. Notre arrière-grand-mère paternelle partageait sa vie entre les familles : une semaine ici, deux semaines là, deux mois là-bas… avec beaucoup d'enfants, c'est génial ! Quand elle venait chez nous, j'adorais rester auprès d'elle. On la couvrait de cadeaux, comme le veut la tradition. Lorsqu'on a le premier salaire de notre premier job, on le donne soit à ses parents, soit à ses grands-parents. Ou alors on distribue des cadeaux à chacun, on rend visite avec de la nourriture. D'ailleurs, c'est systématique : quelqu'un vient vous voir, il arrive toujours avec les bras pleins de nourriture ! Mais les cadeaux, les bijoux, c'est seulement pour la grand-mère.

Lorsque je suis arrivée en France, je me suis interdit d'exiger quoi que ce soit : les choses sont très différentes de chez moi, mais j'ai préféré juste prendre ce qui est bon. Il est vrai que les Ehpad, les grands-parents qui vivent seuls, c'est une réalité que je ne connaissais pas. Mais je ne porte pas de jugement là-dessus parce que c'est impossible de faire ça en Indonésie, parce que la société est faite autrement. Au Canada, où j'ai vécu, les habitants des Ehpad sont mélangés avec les enfants, et ils semblaient beaucoup plus heureux, les enfants aussi. Ma fille, lorsqu'elle était à l'école maternelle, avait fait plusieurs visites dans des maisons de retraite. Elle avait noué une espèce de lien avec une des grands-mères, autour des bonbons et des gâteaux. Les enfants aiment ça. Peut-être qu'il y a une manière beaucoup plus douce de voir – et de faire – les choses pour nos aïeux.

Vous avez une grande fille, qui est adolescente : elle voit ses grands-parents maternels régulièrement ?

Elle les voit deux fois par an. Pour ma mère, c'est sa première petite-fille. Elle était venue ici pendant un mois et demi au moment de sa naissance, donc elle était là les premiers jours de sa vie. Pour moi, c'était important. Ma mère et ma petite sœur étaient là. Et finalement, le lien ne s'est jamais coupé, même s'il est surtout virtuel.

Quelle place occupe la religion dans votre vie ?

Ma famille est musulmane, mais mon père nous a mis dans une école catholique. Et puis j'aime toutes les religions, je ne me sens pas appartenir à l'une ou l'autre. Ça a toujours posé problème du côté de mon père : c'était le rebelle de sa famille, « l'écrivain ». Lorsqu'il a décidé que notre éducation se ferait dans une école catholique, la famille est venue pour le raisonner. Mais il refusait de se faire imposer quoi que ce soit par la religion, par un pays ou simplement par naissance. Là, il y a eu une espèce de cassure. Il ne nous a pas interdit de voir qui que ce soit, mais nous étions en froid avec le reste de sa famille.

Du côté de ma mère, à Java, la croyance est plus « tranquille ». Elle n'est pas forcément approuvée par l'État, et il est plutôt question de spiritualité, d'esprits en général.

Qu'est-ce que vous diriez que vous avez conservé de chacun de vos grands-parents ?

L'humour et le côté vraiment terrien du côté paternel ; une idée un peu fantasque de la vie, la spiritualité dans le vrai sens du terme, et la douceur du côté maternel. La douceur et la patience, qui reviennent souvent dans ma vie. Je continue de suivre les conseils de ma grand-mère qui m'avait dit : « Ne change pas, reste ce que tu es, tu vas voir, c'est ton arme... » C'est un peu dur de parler d'arme, mais c'est absolument vrai. Finalement, quand je doute de quelque chose, que ce soit de mon look, de mon accent ou de ma manière d'être, je me rappelle toujours ce qu'elle m'a dit : « C'est ton arme. »

Est-ce que vous gardez de vos grands-parents une image, une odeur, un parfum, un plat ?

L'odeur du jasmin. Il y en avait des kilomètres dans le jardin de ma grand-mère maternelle. On en dépose des kilos quand on va sur sa tombe. Il y a aussi le Keris, une arme traditionnelle qui a la forme d'un serpent, et que tous les hommes doivent porter. C'est un peu comme un couteau en forme de S. D'ailleurs, mon mari l'a toujours sur lui. Il l'a reçu en cadeau du beau-père de son oncle...

et ce n'est pas n'importe quel cadeau, parce que chaque Keris est comme un être vivant ; c'est sacré, un Keris. Le jasmin et le Keris me font donc penser à mes grands-parents maternels. Du côté paternel, malheureusement, ce qui me reste c'est l'odeur du tabac, partout, tout le temps ! Mon père aimait trop la cigarette, et ça l'a tué.

DOMINIQUE FARRUGIA

On peut être un vrai « Nul » et aller très haut, très vite. En dépit d'une maladie qui s'incruste avant même sa trentième année, Dominique Farrugia, qui ne rêvait que de batterie alors qu'il décrochait un premier prix de flûte traversière au Conservatoire, continue de tordre le coup à son destin.
Son Graal : se retrouver de l'autre côté de l'écran. Objectif brillamment atteint.
Vient alors le temps d'imaginer, de créer, de repérer, de produire et de tendre la main… comme une antienne qui vient de loin.

Je suis l'enfant de parents âgés, qui m'ont eu sur le tard. Les souvenirs de mes grands-parents sont donc un peu lointains et diffus. Pourtant, ils m'ont laissé une impression très forte.

Mon grand-père Spiridion – c'est aussi mon deuxième prénom –, Spiro pour les intimes, et ma grand-mère Dolorès viennent de l'île de Malte. Leur histoire est vraiment romanesque : mon grand-père vivait sur le même pallier que ma grand-mère, une jeune fille de quinze ans de moins que lui, et au moment de mourir, son père a mis la main de ma grand-mère dans celle de mon grand-père en lui disant : « Tu dois l'épouser car je vais mourir. »

Ils ont eu un premier enfant à Malte avant de fuir la famine pour émigrer à Tunis, à seulement quelques heures de bateau de là, dans un quartier qui s'appelait la Petite Sicile et où ils ont eu sept enfants – sans compter les morts en bas âge et les fausses couches. Ils vivaient chichement et mon grand-père, en plus de son métier de musicien, fabriquait des étuis pour les instruments de musique. Il était très habile de ses mains.

Mon père a quitté Tunis très jeune, avec l'orchestre qu'il avait monté, et il a sillonné ainsi tout le Maghreb, jusqu'à Alger, où il a rencontré ma maman. Seuls mon père et son frère ont eu accès aux études, ont pu apprendre la musique ; leurs sœurs, parce qu'elles étaient des femmes, n'ont pas connu le même parcours ni la même chance.

Vos grands-parents ont rejoint votre père et votre oncle en France ?

Oui, ils sont arrivés à Paris en 1968, j'avais à peine six ans. De cette époque, je sais seulement que mon père a aidé ses parents, mon oncle, un pianiste virtuose, et mes tantes. Tous ont vécu dans un appartement minuscule pendant plusieurs mois, jusqu'à ce que mon oncle, gagnant enfin de l'argent, puisse acheter une petite maison dans le quartier de la Mouzaïa, dans le 19e arrondissement, où ils ont habité jusqu'à leur mort.

Quelles images conservez-vous de cette maison ?

Elle était toute petite et le quart de queue prenait tout l'espace du salon ! Donc on s'installait dans la cuisine ou la salle à manger. C'est là que tout se passait, finalement. Le salon ne servait qu'à mon oncle qui s'entraînait des heures. J'en ai gardé d'ailleurs une sainte horreur de la musique classique : ça lui demandait tellement de travail. Mon grand-père, lui, s'est mis à étudier le piano à quatre-vingts ans !

Le samedi, on déjeunait tous ensemble chez mes grands-parents. Mon grand-père présidait, en bout de table, son chapeau sur la tête. Et c'est lui qui préparait le repas, une sorte de gratin de pâtes, parce que ma grand-mère cuisinait très mal. Mon grand-père était un homme dur, qui en imposait énormément, mais je le trouvais très drôle, on s'amusait. Avec moi, il était un ange. Je les aimais beaucoup, mes grands-parents, et j'étais très proche d'eux. Je faisais toujours des petits trucs pour eux et c'était important pour moi de jouer ce rôle.

Ces « missions » vis-à-vis de vos grands-parents, à quoi ressemblaient-elles ?

Mes grands-parents ne parlaient pas le français et je devais comprendre le maltais parce que, très tôt, j'ai été désigné pour emmener mes grands-parents chez le médecin ou à l'hôpital. Pour toutes les visites qui nécessitaient un interprète, c'est moi qui parlais pour eux. Mon grand-père me donnait une adresse et me disait où je devais les conduire le lendemain. C'était une façon de prendre soin d'eux. Je les aimais tellement. Comme ma grand-mère maternelle, d'ailleurs.

Vous souvenez-vous de leur disparition ?

J'avais un peu moins de trente ans, c'était à la grande époque des Nuls. Mon grand-père, alors dans sa centième année, est allé ouvrir un matin la porte de sa maisonnette à l'infirmière qui venait faire une piqûre à ma grand-mère. Il a fait une attaque en lui ouvrant. Puis ma grand-mère a fait à son tour une attaque en voyant son mari gisant au sol. Ils sont partis tous les deux en même temps à l'hôpital. C'est ma grand-mère qui s'est éteinte la première, suivie, quelques semaines plus tard, par son mari – qui ne l'a jamais su, d'ailleurs. Ils ont passé plus de soixante-dix ans l'un près de l'autre et ne se sont finalement jamais quittés. Mémé était une épouse et une grand-mère.

Comment perceviez-vous l'amour de vos grands-parents ?

Dans les années soixante-dix et quatre-vingt, il y avait une retenue, une pudeur, une distance entre les générations qui n'est plus d'actualité aujourd'hui. Nos rapports n'étaient pas dans la tendresse ou les câlins, c'était subtil et davantage dans le non-dit, dans les regards. Les relations n'étaient pas les mêmes et il existait surtout un respect très fort de nos aînés. Moi, j'étais là pour les aider, et j'avais à cœur de le faire le mieux possible. C'étaient des moments agréables et simples où il y avait quelque chose de très fort entre nous, de l'admiration, de l'amour, qui passait autrement que par les mots.

Ma grand-mère était extrêmement douce et aimante, et mes grands-parents étaient fiers de leurs petits-enfants. Cette mission auprès d'eux, que je prenais à cœur, n'était pas consciente ; c'était instinctif de prendre soin d'eux.

C'est donc cela qu'ils vous ont transmis ?

Je crois qu'ils m'ont donné le goût du devoir et celui d'être proche d'eux et de les aimer. À seize ans, j'étais un adolescent comme les autres, mais cela ne me posait pas de problème de les emmener à l'autre bout de Paris pour leurs rendez-vous médicaux. Ce lien était pour moi absolument normal : je faisais avec le cœur quelque chose qui, pour eux, était essentiel.

Je dois dire que cela m'a aidé à m'occuper plus tard de mes parents qui étaient très âgés. Avec mon frère, on a tout fait pour donner à nos parents âgés une vie plus agréable et plus douce qu'elle ne pouvait l'être avec leur petite pension de retraite. On s'est beaucoup occupé d'eux, comme je l'avais fait avec mes grands-parents avant eux, très naturellement et jusqu'à leur mort, il y a huit ans. Papa avait quatre-vingt-douze ans.

Est-ce qu'ils vous manquent, aujourd'hui, parfois, vos grands-parents ?

Je me souviens particulièrement de l'enterrement de mon grand-père, parce que j'ai vu mon père pleurer pour la première fois. Et puis mon oncle avait fait le voyage depuis le Canada où il est installé depuis des années. C'est à partir de ce moment-là que je me suis rendu compte que mon grand-père était vraiment le sédiment de la famille. Avec son départ, notre famille a perdu le trait d'union qui collait tous les morceaux. Les oncles et les tantes ont arrêté de se voir régulièrement après cela.

Quel est votre regard sur le rapport de notre société à ses anciens ?

Il est étrange, ce regard, mais il n'est pas figé dans un seul sens : certains font attention à leurs aînés parce que c'est naturel chez eux, d'autres préfèrent ne pas s'en préoccuper du tout. Globalement, on ne les traite pas très bien, et la crise du Covid a été dévastatrice. Mais on est tellement préoccupés par les crises actuelles qu'on a tendance à complètement oublier une chose pourtant essentielle : l'accessibilité, celle des handicapés mais aussi celle de nos aînés. Il faut s'occuper d'eux et leur donner les moyens de se déplacer, mais cela est trop souvent laissé pour compte. C'est vraiment dommage.

C'est surprenant de constater qu'avec mon film *Bis*, sorti en 2015, j'ai repris en filigrane et totalement malgré moi l'histoire de ma famille. Et donc de nos aînés. En écrivant l'histoire d'un retour dans le temps, j'ai écrit ma propre histoire. Finalement, ce film retrace mon aventure avec le restaurant de mes parents – qui porte le même nom que le vrai –, mes sorties incessantes et mes potes *à la vie à la mort*. Étrangement, je parle de moi dans ce film alors que je ne le fais jamais… Il est devenu malgré moi un message à mon papa alors qu'il ne le verra jamais puisqu'il s'est éteint pendant le montage.

AMIR

Un hôtel raffiné du 8e arrondissement, niché derrière le palais de l'Élysée. J'ai beau guetter qui le précède, je n'aperçois ni attachée de presse, ni maquilleuse, encore moins d'assistant. C'est bien seul mais avec ses baskets, sa simplicité et son grand sourire qu'Amir vient à ma rencontre. La sympathie est immédiate, son ADN est franco-israélien, le métissage est son langage.

Ma mère a grandi avec ses sept frères et sœurs dans une province très éloignée du centre, à Kiryat Shmona, la ville la plus au nord d'Israël, à la frontière libanaise. Progressivement, la fratrie s'est rapprochée du centre pour des raisons professionnelles. Ma grand-mère, Esther, a insisté pour rester là-haut jusqu'en 1992, mais quand nous avons rejoint à notre tour Herzniya, mes grands-parents s'y sont aussi installés.

C'était un couple typique de sa génération : pas beaucoup de communication, l'homme très macho, bien viril, et la femme qui s'occupe de la maison. Ensemble, ils ont élevé huit enfants dont le dernier avec un profond retard mental, qui vivait essentiellement chez eux et qui a renforcé leur couple et fut leur raison d'être pendant une très longue partie de leur vie.

Aujourd'hui, ma grand-mère vit sa petite vie, seule avec son chien – qu'elle a adopté à la mort de mon grand-père, il y a quelques années. Mais à plus de quatre-vingt-dix ans – même si elle préfère qu'on lui dise qu'elle a l'air d'en avoir soixante ! –, la période du Covid a laissé une trace indélébile sur elle. Un an sans voir personne alors qu'elle a énormément de petits-enfants et une famille très soudée : elle n'avait jamais été confrontée à elle-même comme ça. Je l'ai malheureusement vue basculer d'une femme vive et très impliquée à une vieille dame dont on doit s'occuper… Par ailleurs, elle et son frère sont les seuls survivants de sa grande fratrie.

Avez-vous connu vos grands-parents paternels ?

Jusqu'à dix-sept ans, je les avais tous les quatre ! Puis j'ai perdu ma grand-mère paternelle, Rachel – qu'on appelait Barla –, mon grand-père paternel, trois ans plus tard et en 2013, peu de temps avant mon mariage, mon autre grand-père. Ces départs ont été des déchirements, même si c'est toujours le premier le plus violent. Tous ont été des personnages dont j'ai été très proche, quelle que soit la distance que la vie mettait entre nous. On s'appelait, on passait des vacances ensemble. J'ai le souvenir d'avoir choisi de passer mes week-ends chez mes grands-parents paternels quand je venais en vacances en France, pour partager des moments avec eux. Les premiers samedis, j'y allais seul, et au fur et à mesure, mes cousins me suivaient et on se retrouvait tous chez Papy et Mamie à écouter des histoires de leur enfance en Tunisie et à rire beaucoup.

Ma grand-mère paternelle n'avait pas sa langue dans sa poche ! Quand elle n'aimait pas quelqu'un, elle n'hésitait pas à le faire savoir. C'était une femme très aimante avec beaucoup de bagou. C'est marrant parce que, petit, je disais souvent à ma mère qu'on aurait dû « croiser nos grands-parents » : la mère de mon père me semblait mieux assortie au père de ma mère ! Déjà, physiquement, du côté de mon père, on avait un petit papy et une grande mamie, et du côté de ma mère, une petite mamie et un grand papy. Et dans chaque couple, il y en avait un plus dur, plus autoritaire que l'autre – je sais aujourd'hui combien c'est complémentaire, un couple, mais j'en ignorais tout à l'époque.

Je me souviens des disputes mémorables de mes grands-parents ; pour « punir » Mamie qui passait beaucoup de temps au fourneau

– quand elle ne regardait pas *Amour, Gloire et Beauté* –, il arrêtait de manger, estimant qu'elle n'aurait plus de but si elle ne pouvait pas nourrir son mari et ainsi remplir son rôle d'épouse. Mais elle n'en avait strictement rien à faire ! Il pouvait passer une semaine à aller ostensiblement s'acheter une baguette et du thon pour se préparer un sandwich dans la cuisine, elle s'en moquait… Et tout ça pour des choses absurdes comme un plat trop piquant ou un cheveu qu'il trouvait dans son assiette – si un cheveu atterrissait dans l'assiette de quelqu'un à table, il ne fallait pas que Papy le remarque sinon il arrêtait de manger, poussait son assiette et « punissait » Mamie !

Elle était là pour l'humour, pour aimer la vie ; lui, c'était un travailleur sérieux et méticuleux, président de sa communauté, qui se levait à quatre heures du matin et se couchait à vingt-trois heures. Elle disait que c'était son ego qui le menait à s'investir d'une façon aussi forte, parce qu'il ne gagnait rien d'autre que le prestige, à faire des comptes jour et nuit ! Quand elle recevait des coups de fil des membres de la communauté, elle se faisait un malin plaisir à leur raccrocher au nez !

Vos grands-parents paternels ont été un axe central de votre héritage familial, finalement ?

Ils ont joué un rôle crucial en étant très présents dans mon enfance : ce sont eux qui m'ont accompagné de zéro à huit ans, quand je vivais en France. Ils ont nourri mes premiers rêves, mes premières découvertes. Ensuite, je n'ai fait que renforcer et affirmer davantage mes ambitions. Tant qu'ils étaient vivants, j'avais encore en tête de devenir dentiste, mais si je suis chanteur, c'est grâce à eux plus que quiconque. Ils me demandaient de chanter, de rechanter encore, et de leur faire plaisir avec telle ou telle chanson. Ils n'ont cessé de m'encourager. Mine de rien, ça a renforcé ma détermination et j'espère qu'ils en profitent de là où ils sont maintenant ! Je suis heureux que mon prénom ait été inspiré de celui de mon grand-père, qui s'appelait Amram.

Avez-vous conservé en mémoire une fragrance, des accords, un mets, comme une passerelle entre eux et vous ?

Les odeurs, elles sont inoubliables. Celles des plats de ma grand-mère, de son pain inégalable, de sa façon d'épicer le couscous au poisson du dimanche, le couscous boulette du vendredi... Ce sont des arômes dont j'ai des réminiscences de temps en temps. Elle était une merveilleuse cuisinière et elle est partie sans laisser de recettes à qui que ce soit. Il y a aussi cette odeur de fleur d'oranger qui est souvent liée aux familles tunisiennes.

Entre la famille de mon père originaire de l'île de Djerba, et celle de ma mère qui vient du Maroc espagnol, on a baigné dans ces odeurs et ces coutumes singulières. J'aimais bien, plus jeune, me vanter de ces origines ; j'avais beaucoup d'amis d'origine marocaine mais aucun d'entre eux n'était du Maroc espagnol. Et puis, le fait que ce côté de la famille parle espagnol avait quelque chose d'européen qui me rapprochait de ma vie française. C'est encore un point de balance entre mes deux familles : ma mère a grandi au sein d'une famille pauvre dans une province au nord d'Israël, alors que mon père a évolué en Europe. Quand elle est venue en France pour la première fois avec mon père, ma mère avait mis un tailleur : elle s'attendait à rencontrer une famille française, à vouvoyer tout le monde. Elle a été plutôt surprise de se retrouver au bout de dix minutes dans la cuisine, à prêter main-forte aux femmes qui parlaient arabe et préparaient le repas en djellaba avec des foulards sur la tête ! Elle se trouvait finalement plus occidentale que la famille française de son mari.

L'odeur qui me rappelle mes grands-parents maternels n'a rien à voir avec la nourriture – ce n'était pas trop son truc, à cette grand-mère. C'est celle de la mousse à raser. Les quinze ou vingt dernières années de sa vie, mon grand-père est revenu au métier de sa jeunesse, coiffeur-barbier sur la personne de mon père ! Tous les vendredis après-midi il préparait son petit matériel, bien rangé sur la table, ambiance laboratoire, et pendant que nous, les gosses, buvions le thé devant la télé – ça libérait ma mère qui restait à la maison pour préparer le dîner du shabbat –, mon père se faisait raser à l'ancienne à la lame, avec le souci du détail cher à mon grand-père. Il parlait très peu mais ma grand-mère parlait pour deux ; je me souviens qu'il lui répétait : « *¡Cállate! ¡Cállate!* » « Tais-toi ! Je ne peux pas me concentrer. » C'étaient des scènes dignes d'un film !

Comment préservez-vous le legs de ces grands-parents ?

Mes parents, très soucieux de la transmission, nous ont enseigné les coutumes de leurs propres parents depuis l'enfance. Aujourd'hui, je perpétue à mon tour ces choses qui se propagent depuis des millénaires auprès de mes enfants. Surtout, je veille à garder le lien avec ma famille : chaque semaine, je téléphone à ma grand-mère et je rends visite à Tata Arlette, la sœur de mon grand-père – la dernière survivante de ce côté-là de la famille –, lorsque je suis à Paris.

Les recettes, les coutumes, les traditions qu'ils m'ont enseignées se mêlent aujourd'hui à celles de la famille de ma femme : notre foyer est tunisien, marocain, roumain, franco-israélien et turc ; c'est beau. Je suis fier de dire que mes fils sont le métissage de tout ça !

Que pense votre grand-mère de votre succès ?

Elle est très fière de moi et s'intéresse à tout ce que je fais. Elle me suit à la trace, veut tout voir, tout savoir sur ma carrière ! Cette femme est extraordinaire parce qu'elle a conservé son esprit d'enfant. C'est une grande comique, une vraie joueuse qui s'est toujours sentie beaucoup plus jeune que son âge. Quand j'étais enfant, elle adorait imiter Michael Jackson ; d'ailleurs, mes copains l'appellent « Mamie Michael Jackson ». Et au mariage de ma sœur, elle a insisté pour partager la chambre des cousins alors qu'il n'y avait que des lits superposés. Je la vois encore grimper à l'échelle alors qu'elle avait bien quatre-vingt-cinq ans !

Elle me dit sa fierté avec des mots simples : « Je suis fière de toi », « Je t'ai vu à la télé », « Tu es super dans ce clip », toujours ponctués d'une prière pour que je sois préservé. Je puise énormément de force dans ces propos-là, parce que ma grand-mère sait combien tout ce qui brille n'est pas forcément de l'or. Cette lucidité, ce recul qui est le bénéfice de l'âge, ainsi que l'attachement à ma famille, me permettent de garder les pieds sur terre : c'est mon bouclier. J'ai la chance d'avoir des amis dans le métier, mais je suis surtout avec ma famille, c'est elle qui m'entoure et me soutient au quotidien.

MICHEL-ÉDOUARD LECLERC

Il n'a pas le moindre réflexe générationnel. Michel-Édouard Leclerc vit depuis toujours sans accorder la moindre importance aux âges, mais seulement, dit-il, aux personnalités qui le séduisent, le touchent. J'en fais l'expérience ce jour-là. Nous sommes cinq adultes entre vingt-huit et quarante-six ans à travailler dans l'appartement parisien, et Michel ne résiste pas, de Marcel Carné à Dan Franck, de Raymond Aron à Clémenceau, à débattre, questionner, converser avec nous autres. Un préambule inattendu autant qu'illimité avant d'arpenter son histoire familiale.

Quand je suis né, mes parents avaient déjà lancé leur centre Leclerc : il était dans la cuisine et la salle à manger. Et franchement, quelle que soit leur gentillesse, mes parents étaient bien trop actifs pour s'occuper de leurs enfants. Alors mes grands-parents maternels ont largement participé à l'intendance familiale et j'ai passé beaucoup de temps avec eux, enfant puis adolescent, dans les années 1950-1960, à Landerneau, dans le Finistère. Ancien pilote militaire blessé pendant la Première Guerre mondiale, mon grand-père n'a pas participé à la suivante et a ouvert un commerce de chaussures, puis de photos dans lequel toute la ville venait faire ses photos de mariage ; cet univers a beaucoup influencé mon sens artistique. Yvonne et Pierre Diquelou étaient d'inspiration chrétienne démocrate assez engagée ; mon grand-père, très influencé par le mouvement idéologique « Sillon » de Marc Sangnier – qui marqua d'ailleurs toute la Bretagne de l'époque.

Du côté paternel, mon grand-père Eugène, ancien militaire aussi, dans l'armée de terre, agrégé de lettres devenu horticulteur, était plutôt d'origine protestante mais franchement laïc – il s'est converti au catholicisme pour épouser ma grand-mère. Avec ma grand-mère, ils ont eu quinze enfants ! Mon père n'a jamais vraiment été élevé par ses parents, mais plutôt par ses sœurs. Il fut très marqué par les orientations politiques de mon grand-père, anti-pétainiste fort en gueule, qui aimait bien les ligues et passer en force. Du côté maternel, c'était plus doux.

La petite Hélène Leclerc, ma mère, et le jeune garçon un peu paumé et provocateur, sorte d'Antony Delon de Landerneau au père fort en gueule, se connaissent depuis l'enfance et ils s'aiment. Pourtant, entre eux, c'est le choc des cultures ! Mon grand-père maternel est président de l'équipe de foot catholique, alors que mon grand-père paternel est président de l'équipe de foot laïque. Ce sont vraiment les Montaigu et les Capulet !

Ce couple, pourtant, a réussi à se construire, et je suis le premier à être venu le compléter, puis ma sœur un an après – nous sommes très proches. Ma seconde sœur est arrivée, quant à elle, cinq ans plus tard. On vit avec des parents complètement allumés, qui travaillent énormément, et ce sont mes grands-parents maternels qui vont beaucoup s'occuper de nos loisirs et, plus largement, de notre éducation.

Est-ce que les familles Montaigu et Capulet s'entendent quand même ? Le mariage de vos parents est-il le bienvenu ?

Oui ; pourtant mon père a été accusé de collabo et mon grand-père de résistant jouant double jeu ! Je ne connais pas toute l'histoire, mais une chose est sûre, ce couple a été porté par les deux familles malgré leurs positionnements extrêmes sur l'échiquier politique. Peut-être y avait-il une espèce d'admiration réciproque. De toute façon, il n'y a pas eu de grande famille Leclerc réunissant tout le monde : dès la naissance des centres Leclerc, les polémiques ont rendu l'histoire familiale plutôt intime.

Vos grands-parents maternels, qui n'ont rien à voir avec la dynastie Leclerc, ont donc été fondateurs de votre jeunesse ?

Mes parents nous aimaient, mais ils n'étaient pas disponibles. Ils n'étaient pas non plus très tendres : je n'ai pas le souvenir que mon père m'ait dit « je t'aime » ou « je te soutiens ». Nos grands-parents maternels nous ont offert une soupape qui nous permettait, grâce à la photo, de voir passer la vie des autres, sur un champ de foire où ils réalisaient des cartes postales. Dans leur Peugeot 203, avec les portes qui s'ouvraient en miroir, on partait avec des amis à la plage de Brignogan, à une demi-heure de route. Mon grand-père avait un côté un peu prof et coach, et on faisait beaucoup de sport. Ma grand-mère, beaucoup plus réservée, très douce, organisait les pique-niques et mettait tout son petit monde à l'eau, nous faisant découvrir les vertus de l'hygiène et du bien-manger. Ce creuset affectif nous a bien aidés, mes sœurs et moi.

Vous avez aussi connu votre grand-père paternel ?

Oui, c'était une grande gueule. Père de quinze enfants, il avait une espèce d'autorité qui collait parfaitement avec ses discours droitiers. Autant mon grand-père maternel m'a fait découvrir l'art, la photographie, les courbes, les paysages, la manière de les capturer avec mon premier appareil photo... autant ce grand-père – que je vais détester sur le plan politique – m'a fait découvrir la littérature avec élégance.

À chaque fois qu'il parlait, il se mettait en scène : un vrai personnage de littérature ! Il était très cultivé et, chez lui, il y avait toujours des dictionnaires, des pages de mots croisés. Il écrivait des poèmes, aussi, et me les déclamait : petit, je l'écoutais sans bouger tellement c'était fascinant !

Adolescent, j'ai détesté toute cette mise en scène, son côté maître d'école et son incapacité à dialoguer simplement avec ses petits-enfants. Et puis il y a eu des rixes entre mon père et ses frères et sœurs, qu'il n'a pas cherché à apaiser, il est resté très indifférent. Je lui en ai voulu de se donner le beau rôle.

Je trouvais mon père beaucoup plus attachant ; c'était un voyou au cœur tendre. C'est vrai que la culture de mon grand-père paternel était fascinante, mais il fallait faire attention à ne pas se laisser envoûter par la mélopée de ses déclamations... C'est ce que j'ai compris à l'adolescence : la parole vous soulève mais elle peut aussi vous phagocyter.

Comment était votre grand-mère paternelle, à côté de cet homme un peu écrasant ?

Je n'ai eu aucun rapport avec elle. Dans mon imagerie, elle était la femme consentante qui a fait quinze enfants. Une belle femme, mais une sorte de statue qui se mettait de côté. Je connaissais mieux mes tantes, c'est très curieux. Quand il y avait des conflits entre mes parents – et il y en a eu beaucoup –, Maman allait à la ferme pour engueuler mon grand-père ; ma grand-mère ne disait rien pour venir en aide à ce jeune couple en proie aux rivalités. Mon grand-père était très orgueilleux. Il était probablement fier de la notoriété de son fils, mais très jaloux, aussi, de mes parents. Quand mon père s'est établi comme épicier – ma mère derrière la caisse –, mes parents se sont attiré la rivalité des commerces locaux parce qu'ils vendaient leurs produits moins cher : ma mère reprochait à son beau-père de ne pas utiliser son statut de grand chef pour les aider. Il était sûrement impressionné par le courage de ma mère, cette petite femme, mais il n'a jamais rien fait. C'était beaucoup de gonflette et pas beaucoup de générosité.

Moi, j'aime les gens généreux ; les défauts, même au sein d'une famille, ne sont pas une raison de ne pas aimer, mais l'absence de générosité, si. Je me suis donc détaché de mes grands-parents paternels, alors que j'ai gardé des liens très longtemps avec mes grands-parents maternels, qui m'ont appris le voyage, les relations sociales, etc. Grâce aux photos, on découvrait aussi les gens : on allait boire du cidre ou du lait dans les fermes. C'était une ouverture au monde que je n'ai plus connue ensuite, en pension. Mon Landerneau, je ne le connaissais plus que le temps des vacances.

Cet héritage conflictuel, c'est plutôt fondateur, non ?

Quand je dis que mes origines, ce sont un peu « les Montaigu et les Capulet à Landerneau », je fabule, mais mon histoire familiale est extraordinaire : on a grandi, mes sœurs et moi, dans la saga de nos parents qui ont été découverts et mis à l'honneur très tôt par *Paris Match* et *Cinq colonnes à la une*, LA grande émission de l'ORTF. Dans ce milieu journalistique, mes parents se sont fait plus d'amis qu'ils n'en avaient jamais eus à Landerneau ! Il y avait surtout Michel Bosquet, alias le philosophe André Gorz, qui vivait presque avec nous, et qui a écrit sa *Critique du capitalisme quotidien* sur les ventes directes d'agriculteurs organisées par mon père à Paris en pleine naissance du conflit CFDT/CFTC. À ce moment-là, en pleine adolescence, tant intellectuellement qu'affectivement, je me sentais plus proche de mes grands-parents maternels.

Les journalistes parlaient de « révélations » sur la famille Leclerc, mais nous, depuis tout petits, on vivait au quotidien dans une famille déchirée. Ces conflits politiques ont toujours été des marqueurs sociaux et intellectuels, intégrés à nos personnalités.

Est-ce qu'aujourd'hui vous essayez de faire perdurer le lien entre les générations ?

Le mot « génération » n'est pas un concept qui me parle, parce que je ne donne pas d'importance à l'âge mais à la personnalité, et probablement aussi parce que je ne me sens pas appartenir à ma génération. Intellectuellement, je me suis plutôt construit dans une pensée philosophique du début du XXe siècle. En mai 1968, j'avais seize ans, j'étais au petit séminaire, dans une école de Viry-Châtillon aux allures de château d'un décor de Marcel Carné. Quand l'établissement a fermé, ce sont mes grands-parents maternels qui sont venus me chercher en voiture. C'était un voyage très drôle, parce que mon grand-père pilotait sa 203 comme l'avion de son escadrille : il était au milieu de la route, et disait : « Comme ça, je vois ce qui arrive à gauche, ce qui arrive à droite… » Cela me donnait des pétoches incroyables ! De retour en Bretagne, je ne me sentais pas de cette jeunesse qui faisait des *sit-in* devant le centre Leclerc de Brest. Et je ne voyais pas le lien avec le mouvement syndical qui demandait le soir à mes parents de distribuer des bons d'achat aux ouvriers en grève… Au fond, je me sentais déjà plutôt tiers-mondiste : j'étais dans l'écologie avant-garde. D'ailleurs, j'ai adhéré très tôt aux Amis de la terre avec Brice Lalonde. En fait, plus que par une génération, j'étais surtout attiré par l'action : je voulais être dans le mouvement. Et faire des études pour devenir prof… Ça, c'est l'héritage de mes grands-parents maternels : je voulais transmettre, écrire pour être lu. La parole ne transforme pas le monde, mais si elle est belle, elle peut vous embarquer. C'est cet héritage familial qui m'a construit, cet humanisme intellectuel et littéraire, devenu mouvement Sillon, qui appelle à l'action.

Quand j'ai démarré dans les centres Leclerc, je n'ai pas eu l'impression de « rentrer chez moi » ; je l'ai fait pour développer des projets, être dans l'action, mettre la main à la pâte aux côtés des salariés. Nous n'avons jamais eu une culture dynastique, une culture du nom chez nous. Il est devenu la marque Leclerc, mais personne n'est attaché à ce qu'il représente – mes enfants non plus. Aujourd'hui encore, tout le monde pense que je suis propriétaire des centres Leclerc alors qu'il s'agit d'un mouvement coopératif, associatif : je ne suis pas l'héritier d'une dynastie Leclerc ! Même si je suis fier d'avoir un nom utile et qui fait un peu partie de l'histoire. Ça, c'est mon côté mitterrandien.

Vos grands-parents ont-ils connu l'expansion des centres Leclerc ?

Oui, et je pense que mon grand-père paternel était admiratif, mais incapable de dire son admiration à aucun de ses quinze enfants. Et il ne s'est jamais affiché avec mon père, ou très rarement, pas plus qu'il n'a soutenu mes parents. Mes grands-parents maternels, eux, l'ont fait, malgré la réputation sulfureuse de mon père... Il faisait finalement du tort à toutes les familles aux commandes du grand commerce, mais mes grands-parents étaient toujours derrière lui.

Il faut dire que si la marque était très connue, qu'on parlait d'eux à la télé ou dans les journaux, mes parents gagnaient très peu d'argent à l'époque. Ils ont lancé les centres Leclerc en 1959, mais n'ont commencé à gagner de l'argent qu'au milieu des années 1980. Ce sont nos grands-parents maternels qui prenaient soin de nous et nous nourrissaient.

Si je parle autant de mes grands-parents maternels, c'est qu'a posteriori – alors que je suis estampillé par tous « fils de mon père » et que j'ai pris son prénom –, je me découvre bien davantage aujourd'hui « fils de ma mère ». Je pense que la saga Leclerc, incarnée par mon père, a gommé – avec l'aval de ma mère – le travail de ses deux fondateurs. La fondation artistique que j'ai créée à Landerneau s'appelle d'ailleurs la Fondation Hélène et Édouard Leclerc, comme pour rappeler que leurs centres, c'était une histoire de couple. Ils se sont connus enfants et ils ont passé ensemble soixante-dix ans de leur vie.

Vous avez perdu jeune vos grands-parents maternels, moins jeune vos grands-parents paternels. Que reste-t-il de la filiation ?

Je n'ai pas trop de souvenirs du décès de mes grands-parents paternels, je n'avais plus beaucoup de liens avec eux. En revanche, j'ai noué depuis des relations avec certains cousins que je ne connaissais pas. Je me sens une forte filiation avec Patrick Leclerc, par exemple, le maire actuel de Landerneau – de vingt ans mon cadet –, qui ressemble beaucoup à mon père.

Au décès de mes grands-parents maternels, en revanche, j'ai ressenti beaucoup de chagrin. J'étais jeune et cela m'a marqué. Pourtant, je n'éprouve pas le besoin de me recueillir sur leur tombe, je préfère garder le souvenir de ce qu'ils ont été, pas de leur décrépitude. Il ne s'agit pas d'un manque d'amour partagé mais d'un certain refus, sans doute, d'un christianisme envahissant, rigide et morbide. Ce sont eux qui m'ont transmis cela aussi. Ensemble, on a beaucoup visité nos monuments religieux bretons, et j'ai vu une multitude d'images de cet homme en croix avec le flanc percé... mais à travers ces images, c'est une morale de vivre ensemble qu'ils m'ont enseignée, pas une pénitence.

Que pensez-vous de l'opposition galopante entre la jeune génération et les seniors ?

Beaucoup d'intellectuels, refusant leur grand âge, font du jeunisme et cèdent par exemple à la tentation des réseaux sociaux. Moi, je n'éprouve pas ça. Quand je parle de mes grands-parents, je parle de personnes avec qui j'ai vécu, qui m'ont élevé, et que je ne voyais pas comme des grands-parents mais simplement comme des personnes plus âgées, avec lesquelles la différence d'âge ne me semblait pas si marquée que ça. Je suis resté très proche de certains amis de mes parents, qui sont donc de la génération précédente : des intellectuels, des journalistes, etc. ; et je fréquente aussi des amis de mes enfants, sans avoir l'impression, quand on discute ensemble de politique, de société ou de sciences, qu'ils me cataloguent sur le plan générationnel.

Ce qui me meut, c'est d'avoir sans cesse des projets. Ma mère, qui est décédée à quatre-vingt-onze ans, était tout le temps en « mode projet », comme moi, et dès qu'elle a voulu souffler un peu, elle est partie. Tout le monde me demande quand est-ce que je vais partir à la retraite... Je n'y suis pas encore, et j'essaie de trouver de nouveaux combats pour les centres Leclerc.

C'est une part de votre personnalité qui a été façonnée par vos grands-parents, cette énergie ?

J'ai vécu l'apport de mes grands-parents comme une émulation, c'est clair. Un creuset de tendresse, d'affection, aussi, que mes parents ne m'ont pas transmis. Quand je suis parti en pension à dix ans et demi, comme un marin part en mer, j'avais l'esprit d'aventure, cette appétence, qui arrangeait mes parents... Je ne leur en veux pas du tout d'avoir agi avec moi ainsi, même si je n'ai pas fait de même avec mes propres enfants. Je n'ai pas été plus enveloppant, mais on a fait plus de choses ensemble : on a beaucoup voyagé, je leur ai appris la nature, je les ai portés sur le ventre, sur le dos... Chaque trimestre, on partait quelque part, plus ou moins loin, pour être ensemble. Plus que dans la transmission, j'étais dans le « vivre ensemble », avec mes enfants.

Je pense que j'ai beaucoup de mes grands-parents maternels et de ma mère : cet humanisme, cette générosité, cette affection. C'est ce que j'appelle la pédagogie, l'éveil.

De mon grand-père paternel, j'ai conservé l'éloquence, la séduction, mais aussi la violence de l'ego. Aujourd'hui, je le dis de manière négative, mais quand je l'ai vécu, c'était fascinant. Petit garçon ou ado, voir des adultes habités, des figures fortes, c'est colossal.

STÉPHANIE DES HORTS

Sa maîtrise de Shakespeare et de Jane Austen a peut-être trouvé ses racines dans ces théières anglaises raffinées laissant infuser un bon thé parfumé… Véritable institution en Angleterre, le* tea time *est un incontournable. Enfant, Stéphanie et sa grand-mère partageaient avec gourmandise ce rituel entre saveurs et senteurs.

Ma grand-mère bien aimée, Christiane Duthoo, était aussi ma marraine – je porte son prénom en troisième position. Autant dire que dans mon esprit de petite fille, c'était la personne la plus importante au monde. Un jour, j'ai appris qu'elle avait une autre filleule, j'en ai été mortifiée, je l'ai vécu comme une trahison : soudain, je n'étais plus la seule. Mais j'étais la préférée et cela m'a sauvée.

Que partagiez-vous avec cette grand-mère « bien aimée » ?

À Tours, où toute la famille vivait, nous allions au Club de bridge. Là-bas, j'étais une princesse, et pendant que ma grand-mère jouait aux cartes avec ses amis, je dévorais des cakes sous la table. En juillet, Mamie partait en vacances avec mes cousins au bord du lac Léman, où elle possédait un appartement et un bateau ancré au port. Je rêvais d'y aller moi aussi, je me serais damnée pour l'y retrouver et me laver les cheveux dans le lac comme mes cousins ; je trouvais cela carrément génial !

Mais mon tour venait au mois d'août : nous partions en voiture au cap d'Antibes. Une fois, nous avions déjà fait cinq heures de route lorsqu'elle s'est aperçue qu'elle avait oublié son chien chez elle :

elle a fait demi-tour en hurlant ! Elle était très coléreuse. Là-bas, pendant que mes parents partaient faire leurs courses à Nice, ma grand-mère et moi allions à la Pâtisserie anglaise nous gaver de mille-feuilles. Les gâteaux étaient merveilleusement présentés, les petites vendeuses portaient une coiffe sur leurs cheveux attachés et des tabliers empesés... C'était magique, on pénétrait dans un autre monde. Pendant vingt ans, on s'est gavées de financiers en buvant du chocolat chaud dans tous les salons de thé de France et de Navarre. Jusqu'à sa mort. Après, j'ai arrêté de manger des gâteaux.

Comment cette relation vous a-t-elle construite ?

C'est surtout notre style de vie, en province, à la campagne, qui m'a construite. Des maisons proches, des valeurs communes basées sur le respect et le travail. Pour chaque bonne note, la récompense était d'aller dormir chez ma grand-mère. Le lit de la toute petite chambre où je dormais était entouré d'étagères couvertes de carafes de toutes les couleurs ; je n'avais peur que d'une chose : faire des cauchemars et casser les carafes ! Ma grand-mère était un pilier de ma vie : être la préférée – on me le répétait tout le temps –, cela donne un sentiment de force, une telle puissance ! Cela m'a fait prendre conscience de mon individualité. Je n'étais pas pareille que les autres petits-enfants, j'étais la préférée !

Quel héritage vous a-t-elle laissé ?

J'ai vécu une enfance merveilleuse. Avec elle, je passais des soirées à jouer aux cartes. Elle détestait perdre et envoyait alors bouler les cartes en criant que l'on avait triché ! On jouait de l'argent alors que l'on n'avait pas dix ans !

Je me souviens aussi de sa maison à la campagne, Moque-Souris, avec son potager fabuleux où on cueillait les fraises encore vertes et on dévorait les mûres. Il y avait un étang très étendu, qu'il fallait souvent vider. On organisait des ventes de poissons : Mamie se tenait derrière la caisse, elle comptait les billets. Et puis c'est elle qui m'offrait des poupées Barbie, je pouvais jouer pendant des heures auprès d'elle et de ses teckels à poil lisse qu'elle adorait, Stop, Schweppes... Plus tard, je rêvais devant les énormes livres qu'elle dévorait.

« J'te fous mon billet ! », « Cette enfant a les yeux noirs comme des boutons de bottine », « Ce que cette petite a de plus joli, c'est son teint ! » : ces phrases, c'est ma grand-mère ! Elle avait des expressions bien à elle et un côté méditerranéen très ombrageux, mais si gentil. Elle ne supportait pas, notamment, d'attendre au restaurant, et tonnait pour que sa commande arrive plus vite. Elle piquait aussi des colères énormes si quelqu'un remplissait les mots croisés à sa place dans *Jours de France* !

Mais ma grand-mère était une sacrée rigolote ! Si elle lisait mes livres aujourd'hui, j'espère qu'elle les aimerait, et je suis persuadée que cela l'amuserait beaucoup.

En quoi votre relation à toutes les deux a-t-elle forgé vos convictions et vos valeurs personnelles ?

J'ai toujours eu des valeurs fortes, basées sur le respect des aînés, le travail et l'écoute. C'est essentiel. On n'est pas forcément d'accord sur tout, avec les personnes âgées, mais le manque de respect à leur égard, le langage nonchalant d'aujourd'hui me choquent beaucoup. D'ailleurs, la plupart du temps, je ne comprends rien au jargon des jeunes : les *like*, les émoticônes, le «wokisme»... Ce langage est impossible à transcrire, à lire. Mamie parlait en anciens francs, elle aurait été perdue.

Y a-t-il un objet, un livre, un film qui la caractérise ?

Ses aiguilles à tricoter ! Elle tricotait toute la journée des carrés qu'elle assemblait en couvertures. J'en ai encore certaines. Et puis ce bracelet en argent, offert par son premier mari. Elle l'avait mis sous mon oreiller quand j'avais perdu une dent ; je l'ai toujours.

Je me souviens des feuilletons que l'on regardait ensemble, *Peyton Place* avec la jeune Mia Farrow et Ryan O'Neal ou bien *Le Riche et le Pauvre* avec Peter Strauss et Nick Nolte.

Dans sa voiture – elle tirait comme une folle sur le volant de sa Lancia pour manœuvrer, à l'époque il n'y avait pas la direction assistée –, ma grand-mère écoutait des cassettes de Joe Dassin, on chantait à tue-tête « Les Champs-Élysées » ou « Le Petit Pain au chocolat », « Les Dalton ». Plus tard, Jacques Brel, « Les Remparts de Varsovie » où « Madame promène son cul ». Mais son dernier album, sur son cancer, je ne l'ai pas aimé : Mamie est morte d'un cancer.

Qu'avez-vous ressenti quand elle a disparu et qu'est-ce qui vous manque le plus aujourd'hui ?

Son départ correspond au basculement d'une époque, à la fin de l'insouciance, de l'enfance, même si j'avais vingt ans à l'époque. J'aurais aimé qu'elle connaisse mes enfants, naturellement, mais ils vivent avec les toiles de mon grand-père, connaissent toutes les photos de ma grand-mère, et ils savent que mon enfance a été merveilleuse et que c'est aussi à elle que je le dois. Le goût des financiers et des mille-feuilles, les odeurs du midi, le marché d'Antibes, les couleurs orange, ocre : tout cela, c'est ma grand-mère. Et puis son parfum, *Fleur de Rocaille* de Caron.

LUC FERRY

DES RAPPORTS JEUNES/VIEUX DANS NOS SOCIÉTÉS MODERNES

Ce que nous apprennent les ethnologues, notamment depuis les travaux de Pierre Clastres, c'est que les sociétés traditionnelles, que l'on appelait naguère « primitives », puis « sauvages », sont dominées, comme leur nom l'indique, par le respect des traditions et des coutumes, donc, en quelque façon, par le respect, voire la sacralisation du passé. L'idée qui les domine, c'est que les lois qui régissent la vie des humains – en l'occurrence des lois non écrites, des lois orales et coutumières – ont été données par les dieux, puis recueillies par les ancêtres qui en étaient les premiers dépositaires. Depuis lors, elles ont été transmises de génération en génération par les anciens, avec le moins de changement possible. Dans ces sociétés, donc, il n'est point, comme dans les nôtres, de culte de la réforme, de l'innovation, a fortiori de la révolution. Par conséquent, les anciens y sont respectés comme des êtres plus sages que les jeunes car, d'une certaine manière, plus proches qu'eux des ancêtres et des dieux.

Ce qui nous caractérise, nous, Occidentaux modernes, c'est tout l'inverse : le souci de réformer, de progresser, d'innover sans cesse, d'affirmer à chaque élection que le « changement, c'est maintenant », que les « réformes seront au rendez-vous », etc. Si j'élargis le propos, c'est le souci d'améliorer le futur plus que le respect du passé qui domine désormais notre univers moderne et démocratique. Or, c'est justement dans cette perspective que nos sociétés vont commencer à dévaloriser la vieillesse pour valoriser toujours davantage une jeunesse désormais censée incarner l'avenir, donc, si l'on est optimiste, le progrès.

De là, ce que l'on appelle le « jeunisme » qui va peu à peu envahir nos espaces publics occidentaux, avec son cortège d'effets pervers chaque jour plus visibles : peur panique de vieillir, de prendre des rides et des cheveux blancs, donc cosmétiques à tous les étages, remise en forme, chirurgie esthétique et teintures en tout genre. De là aussi le « syndrome de Peter Pan », ce petit garçon qui refuse de grandir, qui veut à tout prix rester dans le monde infantile de l'imaginaire, de la fée Clochette et du capitaine Crochet. Pas un chanteur vieillissant ou une starlette sur le retour qui ne nous dise qu'il ou elle est « resté(e) jeune », qu'il ou elle « a encore dix ans et aime jouer », et autres niaiseries du même tonneau. Ce syndrome est devenu une des plaies de nos sociétés modernes, car ce qu'il faudrait dire à nos enfants est l'inverse exact du message qu'on leur assène du matin au soir. À survaloriser la jeunesse, et même l'enfance, on corrompt à la racine les chances d'une éducation réussie : qu'est-ce, en effet, que l'éducation, sinon un passage aussi harmonieux et bénéfique que possible de l'enfance à l'âge adulte ? En quoi il faut dire à nos jeunes, car c'est la vérité, qu'on n'est rien de grand à dix ans : ni un grand poète, ni un grand chanteur, ni un grand écrivain, ni un grand chef d'entreprise, ni un grand révolutionnaire, ni même un grand footballeur... Quand elle est réussie, bien sûr, la vie adulte est plus riche, plus intense, plus passionnante à tous égards que celle de l'enfance. Il faut, pour cette raison, avoir le courage de ne pas céder aux mirages du « jeunisme », à l'idée que le monde de l'enfance serait égal, voire supérieur à celui des adultes.

Trop souvent, en effet, l'opposition jeunes/vieux tend à se présenter sous une forme quasi ethnologique, comme s'il s'agissait de deux tribus étrangères, de deux mondes culturels en plusieurs points étanches, mais équivalents l'un à l'autre. Les jeunes s'éclateraient avec une musique « jeune » tandis que les vieux glisseraient doucement vers la sénilité avec du « classique », mais finalement, tout cela se vaudrait, chacun disposant d'une totale légitimité et d'une absolue liberté de choix dans la tribu qui est la sienne. Disons-le : au regard de la culture scolaire, à tout le moins, cette vision des choses est tout simplement fausse et démagogique. Lorsqu'on demande aux enfants d'une classe de sixième de donner, par un dessin ou un simple schéma, une représentation globale de l'intérieur de leur corps, d'y retracer par exemple les grands moments de processus tels que la digestion ou la circulation sanguine, les résultats sont en général assez comiques. On en rit de bon cœur. Certaines inventions sont ingénieuses, d'autres sont touchantes, toutes sont significatives sur le plan psychologique et symbolique de la vision que l'enfant a de lui-même. Mais, il faut le dire nettement : sur le plan scientifique, elles ne se situent pas au même niveau et ne possèdent pas la même valeur que les explications données par un adulte savant. Et cet exemple vaut à peu de chose près pour tous les domaines de la culture, en quoi l'univers intellectuel, culturel et scientifique des adultes peut être, encore une fois bien sûr, quand il est réussi, supérieur à celui des enfants.

Ces derniers peuvent être adorables, avoir des charmes que les adultes ont perdus, ils peuvent même nous apprendre mille choses quand on les regarde grandir, découvrir le monde, se former à la vie ; mais s'agissant de science et de culture, il ne faut pas céder à la dévalorisation permanente du monde adulte au nom du jeunisme. Évitons aussi de croire, car c'est lié, que la finalité ultime de l'éducation, en particulier dans le cadre de l'école, serait avant tout de divertir. Il y a bien d'autres lieux pour cela. Elle est de préparer nos enfants à entrer dans un univers de « grandes personnes » qui n'ont pas à rougir de ce qu'elles peuvent transmettre et léguer aux jeunes générations pour leur permettre de s'inscrire, à leur tour, dans un monde qu'elles seront appelées, elles aussi, à habiter, à enrichir et à transformer.

MAUD FONTENOY

Les loges d'un studio télévisé parisien, mais pas n'importe lequel, l'iconique Studio Gabriel. C'est là, avant son passage sur le tout aussi mythique canapé rouge de Michel Drucker, que je rejoins Maud Fontenoy, première femme à avoir traversé l'Atlantique à la rame et en solitaire. Elle vit en famille dans le Sud, au bord de la Méditerranée, dont elle ne s'éloigne que pour ses rendez-vous d'écriture, ses documentaires et les besoins de sa fondation en faveur de la protection de l'océan.
Depuis toute petite, Maud navigue seule ou avec ses parents qui l'initient très tôt aux aventures maritimes. Une goélette, une enfance atypique... Mais quid de ses aïeuls ? Sont-ils toujours restés à quai ?

J'ai grandi sur un bateau, assez loin de mes grands-parents, puisque mes parents m'ont emmenée sur la goélette familiale la semaine qui a suivi ma naissance pour traverser l'Atlantique : j'ai vécu plus de quinze ans à travers les mers du globe. Mes rencontres avec les grands-parents étaient donc essentiellement épistolaires ; de temps à autre, ils nous rejoignaient durant nos escales en nous apportant, tel le père Noël, des choses auxquelles nous n'avions pas accès à bord. Sur le bateau, on ne mangeait que ce que mon père pêchait, et des légumes locaux que Maman achetait sur le marché. Je me souviens de mon grand-père maternel qui, à chacune de ses venues, apportait des chocolats et des sucres d'orge de sa ville de Lyon. Des petites choses qui étaient des merveilles pour mes frères et moi.

De quels grands-parents étiez-vous le plus proche ?

J'étais surtout liée à mes deux grands-pères, moins avec mes grands-mères. Elles n'aimaient pas tellement la mer, elles en avaient un peu peur, donc mes deux grands-pères venaient généralement seuls.

Qu'est-ce qu'il y avait dans ces lettres que vous échangiez ?

Je me souviens que mon grand-père maternel nous écrivait, à mes frères et moi, une lettre à chacun, parce qu'il ne voulait pas tout mélanger. Il nous écrivait en langue des Schtroumpfs, parce qu'on aimait bien la bande dessinée. Il devait mettre des heures à rédiger ces lettres ! Je les ai retrouvées à la mort de Maman, elle les avait conservées dans une boîte. On était très émus, avec mes frères, de voir les efforts que sont capables de déployer les grands-parents pour créer un lien avec leurs petits-enfants. Le grand-père, c'est quelqu'un de gentil, de doux, qui vous accompagne, qui est toujours bienveillant. Enfin, ce sont des souvenirs très heureux.

Quand ils étaient sur le bateau, comment s'adaptaient ces grands-pères ?

Pas tellement bien ! C'étaient des terriens, l'un de Lyon, l'autre de Seine-et-Marne, boulanger-pâtissier. Comme ils n'étaient pas très à l'aise sur le bateau, on était plus heureux encore de pouvoir leur montrer combien nous, à seulement trois ou quatre ans, on savait déjà nager autour du bateau. Ils étaient très inquiets de nous voir tomber… Et puis, ils pensaient que le choix d'une vie de bohème de mes parents allait nous couper du monde. Cela donnait lieu à de grandes discussions avec mes parents sur le fait qu'il fallait qu'on rentre, que tout ça allait mettre en danger notre équilibre mental à mes frères et moi… On n'entendait pas vraiment ces conversations mais elles planaient au-dessus de nous. Mon père y coupait court rapidement : notre vie n'avait rien de celle de Robinson. Tout était réglementé, on se levait tous les jours à la même heure, très tôt.

On organisait notre travail avec les cours par correspondance, les temps de pause... C'était très rationnel.

Finalement, les séjours des grands-pères se passaient plutôt bien : cela nous permettait de leur faire découvrir les îles, et eux de comprendre ce qu'on vivait au quotidien.

Avec cette vie atypique, on peut imaginer que c'est un peu vous, les petits-enfants, qui avez initié vos grands-parents ?

C'est vrai, mes grands-parents étaient un peu perdus. Ils n'avaient pas le pied marin et n'étaient pas habitués à la promiscuité d'un bateau. On leur laissait une de nos cabines, en se tassant un peu plus. Ils mangeaient une nourriture inhabituelle, nous voyaient à l'aise dans l'eau alors qu'ils ne se baignaient pas. On prenait beaucoup de plaisir à leur montrer tout ce que l'on savait faire, et eux, à l'inverse, nous parlaient du froid, de la voiture... De l'école, aussi : ils nous disaient qu'un jour, on irait à l'école. Pour nous, c'était un peu la punition suprême.

Mais leurs visites apportaient de la nouveauté : on vivait tellement à huis clos que d'un seul coup, quelqu'un qui venait de l'extérieur avec toute une civilisation, c'était incroyable !

Quelles étaient vos attaches avec ces deux grands-pères, malgré le temps compté de vos retrouvailles ?

Nous avons créé du lien, petits, grâce à cette fierté de leur faire découvrir notre monde. Plus tard, quand nous sommes revenus en métropole, nous avons habité chez mon grand-père paternel, qui était devenu grossiste en confiserie. Je me souviens de ses entrepôts pleins de bonbons, au rez-de-chaussée de sa maison, à côté des bureaux de ses collaborateurs.

La première fois que j'ai poussé la porte de cette maison, je devais avoir douze ou treize ans, je me suis déshabillée entièrement. En mer, nous enfilions un short et un t-shirt pour aller sur terre, mais dès que nous revenions sur le bateau, nous avions le droit de nous déshabiller. Porter des vêtements nous gênait, cela tenait chaud. Pour nous, l'arrivée à la maison signifiait que l'on avait le droit de se déshabiller : donc me voilà en culotte sur le pas de la porte. Je revois mon grand-père ouvrant des yeux énormes et hurlant à mon père : « Mais tu en as fait des sauvages ! C'est pas vrai ! Ma petite-fille ! » Rapidement, on m'a fait comprendre les codes, mais j'étais très mal à l'aise parce que dans ma famille, il y avait beaucoup de cousins et de cousines, des petites filles modèles, avec des jolies robes, des cheveux bien coiffés et tout. Moi j'étais habillée un peu n'importe comment, avec des vêtements que l'on nous avait donnés, et ma mère n'y prêtait pas tellement attention. J'étais un peu habillée comme un garçon...

Néanmoins, ce grand-père m'appelait toujours « ma petite poupée ». Lui me voyait comme une princesse, et j'ai toujours ce souvenir-là. C'était assez réconfortant parce que, partout ailleurs, j'avais l'impression d'être un petit canard noir au milieu de tous les autres, d'être un garçon manqué.

C'était un grand-père incroyable, que je vois encore dans son fauteuil en cuir élimé par le temps, avec sa robe de chambre, sa pipe. Et puis ces entrepôts de bonbons tout autour... Nous avions le droit d'y descendre si nous étions hyper raisonnables, et de nous servir si des palettes étaient un peu ouvertes. Comme j'étais la petite-fille préférée, c'était toujours moi qu'on envoyait demander au grand-père si on avait le droit de descendre pour aller récupérer des bonbons !

C'était quelqu'un d'assez dur, avec un regard noir. Mais derrière une enveloppe rigide, j'avais compris qu'il était très tendre à l'intérieur. Nous possédions ce lien très fort parce qu'il avait senti chez moi un caractère assez affirmé, et à la fois une grande douceur intérieure. Par conséquent, nous étions très soudés, tous les deux.

Il est décédé quand je suis partie vivre un an aux États-Unis, et mes parents, sachant que nous étions très liés, ont préféré ne rien me dire. Quand je suis revenue, je n'avais qu'une hâte : lui raconter mon voyage et détailler tout ce que je lui avais écrit dans mes courriers. À l'époque, j'avais pile dix-huit ans, et j'avais beaucoup mûri pendant cette année, seule, pour la première fois loin des miens. Mes frères et moi, nous avions toujours vécu dans un cocon ultra protecteur. Sur le bateau, d'abord, dans un espace réduit, sans aucun lien avec l'extérieur, puis chez ce grand-père dont on a partagé la vie et la maison pendant deux ans. Et là, après un an aux États-Unis, j'avais plein de choses à lui raconter... Sur la route de l'aéroport, en direction de Meaux pour aller voir Papy, ma mère me dit : « On n'a pas voulu te dire... » Et j'ai tout compris en deux minutes : qu'il était malheureusement décédé, que mes parents avaient préféré me cacher la vérité de peur que ce ne soit trop difficile pour moi. J'ai ressenti une tristesse infinie. Et un grand vide. Même s'il faut laisser partir les gens, ça a été difficile.

Quand vous vous installez à Meaux, chez vos grands-parents, vous parvenez aussi à créer un lien avec votre grand-mère ?

Ma grand-mère était quelqu'un de particulier, qui a continué à travailler jusqu'à un âge très, très avancé. Mon grand-père, qui avait arrêté son métier de boulanger-pâtissier pour devenir grossiste en confiserie, continuait chaque week-end à pâtisser. Je me vois avec lui mille fois préparer une galette des rois, une brioche... Il mettait un bazar pas possible dans la cuisine ! Et si, à la boulangerie, des gens rangeaient pour lui, à la maison, c'était ma grand-mère qui s'en occupait... Et elle râlait parce qu'elle travaillait toute la semaine, à vendre des bonbons dans sa petite boutique parisienne ; elle revenait tard le vendredi ou le samedi, et elle avait toute cette farine partout à nettoyer derrière son mari !

Je le revois pétrir le pain, la brioche... Il avait un tel amour du produit ! Et puis il faisait tout ça pour moi, pour la famille, par générosité. Il faisait des mokas, des gâteaux avec de la crème au beurre au café qui ne se font plus, aujourd'hui. Petite fille, ça ne me disait rien, ces gâteaux-là, mais quand il préparait la crème au beurre, il en mettait un petit peu de côté pour que je puisse en manger du bout de l'index...

Ces parfums et ces images sont remplis de nostalgie, mais de beaucoup de plaisir, aussi. Après sa mort, je me rappelle être allée dans la chambre de mon grand-père et d'avoir vu sa robe de chambre accrochée… Elle sentait son odeur, comme s'il était encore vivant. Il y avait aussi cette pipe, posée sur sa table de chevet, qu'on avait appris à nettoyer avec des petits-fils de couleur, son réveil, aussi, un vieux réveil en plastique marron. Je l'ai toujours vu là, et aujourd'hui, c'est moi qui l'utilise. Je l'ai retrouvé dernièrement, en déménageant à Nice. Les gens partent, les objets restent…

Au-delà de cet attachement très vivace à votre grand-père, vous a-t-il transmis des valeurs ?

Je pense que l'on retrouve souvent, chez les grands-parents et l'ensemble de cette génération, la valeur du travail. Avec mon grand-père, il ne fallait jamais se plaindre, toujours être fort, ne surtout pas pleurer. Et puis, c'est vrai, être assez pudique sur ses sentiments : mon grand-père m'appelait « ma poupée », mais il n'était pas tellement « bisous », « je t'aime », etc. Étonnamment, il avait avec moi un peu plus de proximité : je venais m'asseoir sur ses genoux pendant qu'il fumait sa pipe. Il ne disait pas grand-chose, mais on partageait le silence… Je pense qu'au fond de lui, il avait un petit côté marin solitaire, comme mon père. Quand il ouvrait la bouche, c'était pour dire que j'avais les fesses pointues ! Il me le disait tout le temps.

L'obéissance, la politesse, toutes les valeurs qu'on devrait avoir en tête aujourd'hui, lui tenaient à cœur. On est loin du grand-père laxiste chez qui tu as le droit de tout faire ! Il avait conservé sa rigueur de père.

Ces valeurs, cette pudeur, j'en ai hérité, je pense : c'est complètement ma vie ! Aujourd'hui, si je vous parle de ce grand-père-là plus que de l'autre, c'est probablement parce qu'en lui je me reconnaissais davantage. On avait cette forte personnalité tous les deux, et j'élève mes enfants sur le même modèle, dans le goût du travail bien fait, de l'effort dans la persévérance, dans les activités manuelles.

Il était très bricoleur, il fabriquait ses trucs tout seul, s'occupait de son jardin... Et puis il était à la tête de son entreprise.

Qu'est devenue cette maison à Meaux ?

Après avoir logé dans la maison de mon grand-père pendant deux ans, notre famille s'est installée sur une péniche. Quand mes grands-parents sont morts, comme mon père avait racheté la maison, ils ont habité dedans. Lors de mes traversées à la rame, le PC à terre était basé dans cette maison : ma mère était dans le grenier avec le téléphone satellitaire pour essayer de me joindre, et quand je suis rentrée, il restait les points météo et les fichiers collés sur la porte du réfrigérateur ! Cette maison, c'est celle de mon grand-père et de mes aventures...

Au retour des États-Unis, je commençais déjà à me dire que la vie était courte, qu'il fallait essayer de la remplir du mieux que l'on pouvait. Et puis j'avais cette envie de partir, aussi. S'il avait été là, j'aurais partagé toutes ces questions avec lui ; comme je n'ai pas pu le faire, je suis partie seule à la rame, peut-être aussi pour trouver des réponses !

Qu'avait-il pensé de votre départ aux États-Unis ?

Mon grand-père était un peu inquiet de me voir prendre mon indépendance, comme tous les gens qui vous aiment... mais il m'y avait quand même encouragée. Il trouvait que c'était un bon programme, que c'était positif, donc il était plutôt content.

Donc, il n'a rien su de votre carrière en mer... C'est un gros loupé, pour vous ?

Non, pas du tout ! Je suis restée la même petite fille avec les fesses pointues sur ses genoux, avec l'odeur de pipe partout, et je le serai encore demain. J'ai la même détermination, la même volonté que quand je montais ma première association, à dix-huit ans, pour aider les enfants autistes, par exemple, la même que celle que j'aurai demain, je l'espère, pour écrire un roman ou pour faire encore autre chose. Ce n'est pas la lumière qui te change !

Le combat que vous menez sans répit aujourd'hui pour expliquer aux jeunes combien il est important de protéger la planète, de préserver les océans, ce à quoi vous avez été initiée naturellement par vos parents : vos grands-parents y étaient sensibles, eux aussi ?

Avec mes grands-parents, on ne parlait pas de ces enjeux-là, mais ils avaient déjà cette conscience dans leur mode de vie. Mon grand-père faisait attention à ne pas mettre trop de chauffage parce que cela consomme trop d'énergie. Il faisait attention à éteindre les lumières, à ne pas prendre de bains, à ne pas utiliser trop d'eau dans la douche… Il achetait ses fruits et ses légumes sur le marché, préparait le pot-au-feu du dimanche, ou d'autres plats familiaux en fonction des saisons. L'écologie, c'est parfois un retour au bon sens, à un certain équilibre, tout simplement ; une façon de limiter un peu les excès. Nos grands-parents, qui n'avaient pas forcément connu la guerre mais, en tous les cas, qui l'avaient un peu plus en mémoire que notre génération, étaient plus raisonnables que nous, j'en suis absolument certaine. Mon grand-père aurait partagé mes engagements, sans aller dans les extrêmes, parce que c'était quelqu'un de très tolérant, et qu'aujourd'hui il faut comprendre le monde dans lequel on est.

Votre maman est partie en 2016 des suites d'un cancer. Vous-même vous avez été touchée. Aujourd'hui, vous êtes maman de quatre enfants : c'est important pour vous, de faire durer cette transmission entre les générations ?

Ils se souviennent de ma maman, et c'est très important : elle est partout, tout le temps. Mes grands-parents aussi. Je parle d'eux, j'aime évoquer la mémoire de ceux qui sont partis parce qu'ainsi, on les fait revivre. Par ailleurs, une partie de nous leur appartient et notre karma d'aujourd'hui est lié à celui de nos parents et de nos grands-parents. Il y a un peu d'eux en moi, et il y aura un peu d'eux aussi dans mes enfants.

Je cuisine beaucoup et on fait de la brioche, avec les enfants. Dans mon bureau, j'ai conservé des photos de la boulangerie, de mon grand-père et de mon arrière-grand-père devant la boulangerie familiale – ils étaient boulangers-pâtissiers de génération en génération, c'est juste mon père qui ne l'a pas été. C'est très important pour moi, cette transmission, ces objets, ces souvenirs qui nous disent d'où nous venons.

Il y a également des photos de ma mère partout et pas une journée ne passe sans qu'on parle de Mamie Lou qui nous protège là-haut, de ce qu'elle aurait pensé, de combien elle peut être fière de nous, de ce qu'elle nous a apporté comme valeurs. On ne se construit qu'à travers cette richesse-là, qui nous a été léguée. C'est très important de savoir d'où l'on vient et quelle est l'histoire de sa famille. Ma mère était passionnée par les arbres généalogiques, elle a effectué plein de recherches. On en parlait beaucoup ensemble : c'est intéressant de savoir d'où tu viens pour savoir où tu vas ! Il faut absolument que l'on comprenne notre passé pour vivre notre présent et, surtout, pour construire notre avenir, parce que la vie est née dans la profondeur des océans il y a quatre milliards d'années. Et on vient tous de là !

Parler de ceux qui nous ont quittés, continuer à honorer leur mémoire, c'est très important. Et à force, ils sont un peu là, et je les vois sourire. J'ai beaucoup pensé à mon grand-père quand j'étais dans les quarantièmes rugissants et les cinquantièmes hurlants et que mon bateau se retournait. Je priais en disant : « Veille sur moi ! » Je suis certaine que de là-haut, il a fait en sorte que mon bateau arrive à bon port.

SACHA GOLDBERGER

J'aurais adoré avoir son audace. Encore eût-il fallu avoir le talent qui va avec. Sacha a fait poser sa grand-mère adorée devant son objectif pendant une décennie, lui offrant la postérité : des costumes baroques et des situations ubuesques ont donné naissance à des clichés décalés de Mamika jouant le jeu avec confiance et humour.
Grâce à cette aventure extravagante avec sa grand-mère tant aimée, Sacha s'est aussi édifié un précieux trésor à transmettre un jour à son fils.

Je suis photographe : mon truc, c'est d'inventer des histoires, d'idéaliser le monde ; mais je suis aussi petit-fils. Ou plutôt petit-fils et photographe : j'étais petit-fils bien avant de devenir photographe ! J'ai même démarré ma passion, ma profession, en tant que petit-fils, puisque la première personne que j'ai photographiée, c'est ma grand-mère.

Pourquoi l'avoir choisie, elle ? Quelle était votre relation ?

Nous avons eu une relation dingue depuis que je suis tout petit. Ma grand-mère maternelle était un personnage exceptionnel. Je peux parler d'elle pendant des heures…

Frederika Goldberger était Juive d'Europe centrale, baronne, d'une grande famille de Budapest. Née juste après la guerre, en 1919, son père l'a élevée comme une prolétaire : elle allait à l'école avec un chauffeur mais en bus, et travaillait l'après-midi à la chaîne dans l'usine familiale. Cette femme a ensuite survécu au nazisme – elle a sauvé une dizaine de personnes – puis au communisme. Elle s'est mariée quatre fois. Son dernier mari avait cinq ans de moins qu'elle... Tous les gens qui l'ont croisée ont été conquis par son humour, sa beauté, son enthousiasme et son histoire.

J'ai grandi entouré de ses amies, des femmes comme elle, venues de Budapest, qui ont survécu à l'holocauste et dotées d'un fort caractère. Je pense que c'est pour ça qu'elle s'en est sorti pendant la guerre : il fallait avoir un sacré tempérament pour se cacher, cacher les autres, enlever cette étoile de David qu'on lui avait imposée. Avec mon grand-père Michi, ils ont refusé de la porter.

Comment s'est passée la rencontre entre vous deux ?

Petit garçon, je la trouvais plutôt marrante et on s'entendait bien, mais le lien s'est créé plus tard, au moment de l'adolescence, quand cela s'est compliqué avec ma mère et mon beau-père et qu'elle a fait le pont. À l'époque, tout le monde parlait de Poupette, dans *La Boum*, mais moi, je trouvais que ma grand-mère « l'enterrait » ! Elle faisait des trucs incroyables... Un jour, nous sommes allés au restaurant et elle a vu que la serveuse me plaisait. J'avais seize ans, la jeune fille au moins cinq de plus. Mamika lui a demandé : « Mon petit-fils vous plaît ? » La jeune fille a fait signe que oui. « Donnez-moi votre numéro, comme ça il vous appellera » ! J'étais rouge de honte. J'ai finalement eu une jolie histoire avec elle.

L'apogée de mon histoire d'amour avec ma grand-mère date du moment où elle a commencé à décliner. Elle avait quatre-vingt-cinq ans. Jusque-là, elle était toujours de bonne humeur, toujours positive. Et d'un coup, elle a commencé à oublier des trucs, à avoir des élans d'agressivité. Je me demandais ce qui allait arriver ensuite, si elle allait oublier mon nom, si elle allait pouvoir vivre seule, si elle allait penser à prendre ses médicaments, si... Alors les choses se sont faites très progressivement. Au départ, on a eu ensemble un projet de photos : pendant des mois, l'excuse de la photographie a été un moyen de se voir très régulièrement. Puis, voyant qu'elle commençait à perdre pied, j'ai installé mon bureau chez elle : cela me permettait d'être là tous les jours sous prétexte de travailler. Elle était ravie de ne pas être seule, et moi, je pouvais la protéger et m'occuper d'elle au fur et à mesure de son déclin – appelons ça comme ça.

Je pense que nos plus belles années ensemble ont été celles où elle a commencé à perdre la tête et la mémoire, parce que je l'ai accompagnée dans cette folie, et qu'on a décidé ensemble que la seule chose qui comptait, c'était le présent. Il n'y avait plus de prénoms, plus de dates, plus de repères... Alzheimer, la dégénérescence liée à l'âge, on a fait comme si cela n'existait pas, avec ma mère et ses auxiliaires de vie – qui font un travail exceptionnel...

Ensuite, la mémoire immédiate s'est effacée au fil des années jusqu'à disparaître complètement. Un jour j'étais son frère, un jour, son père ou Poupinou, un personnage imaginaire. Pendant cette période, je l'ai filmée chaque jour avec mon téléphone... Et j'en ai, des films, parce qu'elle est morte à cent-deux ans ! Mon idée n'était pas de publier ces films, mais je me marrais tellement avec elle que j'ai conservé tous ces moments.

Jusqu'au film que j'ai appelé *L'Attaque de banque*. Comme on craignait qu'elle se fasse piquer ses belles montres, elle portait des Swatch et elle adorait ça. Dès que je pouvais, je lui en achetais une nouvelle. Un jour, alors que je voulais lui en offrir une autre, elle m'a rétorqué que c'était trop cher. En blaguant, je lui ai dit : « C'est pas grave, Mamika, on va attaquer une banque... » Et elle est rentrée dans le jeu, persuadée qu'on allait attaquer une banque – même si elle ne trouvait pas ça bien ! L'avantage des problèmes de mémoire, c'est qu'on peut rejouer la même histoire quinze fois. Alors j'ai recommencé le même dialogue, mais j'ai posé mon téléphone sur le tableau de bord de la voiture, et j'ai enregistré. À l'époque, je l'emmenais partout avec moi pour qu'elle ne reste pas seule chez elle. Je lui disais que je ne pouvais pas y aller tout seul, et hop ! elle venait s'asseoir à côté de moi, dans la voiture.

Ce jour de la fameuse attaque de la banque, je ne savais pas trop jusqu'où irait le film, parce qu'elle avait tellement d'humour qu'on était toujours sur le fil. Mais je voulais la pousser, aller le plus loin possible dans le décalage. Je me mordais la joue pour ne pas rire de cette histoire de chien qui va mordre les couilles du vigile, de Mamika avec son fusil à pompe qui parle anglais pour qu'on ne la reconnaisse pas... Finalement, elle est rentrée à fond dans cette histoire, et j'ai posté ce petit film pour mes potes... qui ont trouvé ça incroyable.

En l'accompagnant au quotidien, son monde est devenu le mien et celui des gens qui prenaient soin d'elle. Parce qu'il y avait une règle : personne autour de nous ne devait lui rappeler la réalité. On n'en avait rien à foutre, de la réalité ! Ce qui comptait, c'était le bonheur. La vérité, c'était à elle de la placer là où elle le souhaitait. Et c'est ce qu'on a fait pendant ses dix dernières années ; j'en ai des frissons ! On a vécu dans des folies pleines de poésie, de douceur et de tendresse. Je crois que ce sont nos plus beaux moments. Pendant toutes ces années, on a parlé la même langue, celle du décalage et de la joie. Si, parfois, elle ne se rappelait pas du tout qui j'étais, Mamika voyait dans mon regard que j'étais bienveillant et que l'on s'aimait ; que je sois son fils, son petit-fils ou le voisin, cela n'avait pas d'importance.

Vous n'avez pas souffert de ça ? Vous auriez pu être parfois déstabilisé qu'elle oublie qui vous étiez...

La première année, c'était compliqué, c'est vrai. Surtout quand elle disait des choses désagréables, qu'elle nous parlait mal. Elle avait déjà un petit côté Tatie Danielle, et c'était plutôt drôle, mais quand elle se mettait à traiter la femme de ménage comme un chien, ce n'était plus possible. Alors je la filmais, pour qu'elle regarde ce qu'elle avait fait. Quand elle regardait le film, ensuite, elle regrettait. Elle me disait : « Tu te rends compte ? C'est moi qui ai fait ça ! » Et je l'aidais à changer les choses. Pendant quinze ans, il y a eu des étapes plus ou moins faciles et des moments magnifiques.

Comment a commencé l'aventure de votre livre ?

Il y a vingt ans, je rêvais de travailler avec Gilbert Scher, un Juif d'Europe centrale qui est directeur de création. Pour attirer son attention, j'ai eu l'idée de lui envoyer ma grand-mère avec mon book ! Je me disais qu'elle pourrait lui présenter mon travail en lui disant : « Je n'y connais rien, mais regardez, c'est magnifique, c'est mon petit-fils ; il est formidable ! » Ça aurait pu lui rappeler sa famille, lui donner envie de travailler avec moi... Mais je ne l'ai pas fait. Néanmoins, six mois plus tard, Gilbert m'a engagé et nous sommes devenus très proches. Quand je lui ai raconté ce que j'avais eu l'idée de faire pour le rencontrer, il m'a dit : « Si tu avais fait ça, j'aurais pris mon téléphone et je t'aurais engagé devant elle ! » Avec mon livre *Je t'aime tout simplement*, une espèce de déclaration d'amour avec des petits textes et des photos qui s'est vendu à 130 000 exemplaires, j'ai lancé mon site Internet et une déclinaison de petits objets. Là, j'ai voulu rattraper ce que je n'avais jamais fait avec Gilbert Scher en demandant à Mamika de présenter tout ça elle-même. Je voulais des saynètes à la Woody Allen, avec un humour ashkénaze un peu froid. Quelque chose qui ressemblait à ce que je vivais à la maison avec ma grand-mère. Après plusieurs essais sans intérêt où elle était extrêmement souriante, j'ai cherché autre chose. Un matin, je suis arrivé chez elle et je lui ai demandé de prendre sa bombe de laque pour cheveux et de s'en servir comme d'un téléphone. Elle a attrapé la laque, l'a collée à son oreille et s'est lancée dans un monologue improbable : « Allô ? Margit ! Comment ça va ? Tu sais ce qu'il me fait faire, mon petit-fils ? Il est complètement fou, il me demande de téléphoner avec une bombe de laque à cheveux ! »

Ensuite, je lui ai demandé de poser avec mon casque de moto : « Tu as raison, comme ça, on ne verra pas mes cheveux », a-t-elle dit... parce qu'elle avait toujours un problème avec son brushing ! Les photos étaient canon, et ça lui plaisait de faire des choses un peu décalées. Elle prenait ça pour un jeu.

Dès qu'on a mis les clichés en ligne – c'était le début des réseaux avec MySpace, le précurseur de Facebook, les artistes commençaient à y avoir leur page –, sur une page dédiée à Mamika, avec un fond en vichy et de la musique klezmer, on a gagné tous les jours des followers. Les gens lui écrivaient souvent : « J'adorerais avoir une grand-mère comme la vôtre ! » et elle n'en revenait pas. Finalement, c'est elle qui me demandait de prendre des photos tellement ça lui plaisait, et en plus elle trouvait des idées. Je me suis aperçu qu'elle était très créative : c'est elle qui a eu l'idée de poser à l'envers sur ma moto, les bras tendus à l'opposé du guidon ! Elle a eu plein d'idées comme ça, et c'est devenu une espèce de jeu entre nous ; on cherchait où aller et quelle pose prendre, tout en restant dans la poésie et en gardant cette espèce d'humour décalé assez froid, où elle posait un peu comme une baronne. Ma grand-mère s'est construit son personnage public de Mamika au fil des photos.

Il y a une vingtaine d'années, j'ai le souvenir de m'être mis à pleurer, dans ma voiture, en me demandant avec qui j'allais bien pouvoir parler de cette femme incroyable quand elle serait morte... Avec ces histoires de photos, j'ai réussi à faire en sorte que tout le monde la connaisse mieux et puisse m'en parler et m'écouter vraiment ! Aujourd'hui, si je parle de Mamika, grâce à nos photos, aux interviews et à tous les films qu'on a faits ensemble, je sais que ces gens vont comprendre ce dont je parle. Il y avait même des passants qui l'arrêtaient dans la rue ou en terrasse de café pour venir l'embrasser et la remercier ! Cette histoire l'a remise dans la lumière à quatre-vingt-cinq ans.

Vous avez pu communiquer avec elle de cette façon inouïe jusqu'à la fin ?

Oui, mais j'ai dû m'adapter. Pendant quinze ans, il y a eu des hauts et des bas. On s'est souvent retrouvés à l'hôpital, elle ne parlait plus, elle était dans un sale état physique ; je me disais que c'était la fin. Et puis, elle rentrait à la maison, se remettait à parler, à rigoler...

Les deux dernières années, on était beaucoup moins dans la parole, nos échanges étaient moins riches, mais ce n'était pas grave parce que l'amour gardait le dessus. Il y avait des jours où elle était très en forme, où elle se souvenait de tout. Et puis des jours où il n'y avait rien. Alors on faisait des grimaces et des bruits de bouche. On s'est même filmé dix minutes pendant un « championnat du monde de bruits de bouche » : ce film est magnifique, plein de tendresse et d'humour. C'était aussi fort et intéressant que toutes les conversations rigolotes et barrées qu'on a pu avoir tous les deux.

Les tout derniers mois, on s'embrassait, on se touchait, on se regardait. C'était plus dur. Et à la fin, je voyais bien qu'on ne reviendrait plus en arrière.

Elle est restée chez elle jusqu'à la fin ?

C'est un véritable combat que j'ai mené avec ma mère. Nous ne voulions surtout pas qu'elle soit dans une maison de retraite, et puis nous avons essayé d'éviter l'hôpital le plus possible. Donc elle était à la maison, avec une ribambelle de gens qui se relayaient : il y avait dix personnes chaque jour. Des gens exceptionnels. Les deux dernières années, une aide à domicile lui a même sauvé la vie : Mamika ne parlait plus, ne mangeait plus, et Tatiana, avec sa joie de vivre, a réussi à lui redonner de l'appétit, à la refaire sourire. Elle s'est remise à parler alors qu'elle n'avait rien dit depuis un an ! La fin a été plus compliquée... Je n'y étais pas préparé. On n'est jamais prêt. En réalité, depuis ses quatre-vingt-quinze ans, je me disais que c'était du rab, que tout pouvait s'arrêter en une seconde, qu'il fallait tout vivre à fond ensemble. Aujourd'hui, je suis infiniment triste qu'elle ne soit plus là, mais on a vécu plus de cinquante années ensemble, que demander de plus ?

Grâce aux photos, à tout ce que vous avez partagé ensemble, avez-vous le sentiment de lui avoir donné des années de vie supplémentaires ?

Je pense que toute cette mise en lumière lui a donné l'énergie pour se dépasser et aller au-delà de la tristesse qu'on peut avoir en se voyant vieillir et diminuer. On me l'a tellement répété que j'ai fini par me dire que tous ces gens avaient sans doute raison ! Mais on n'a pas fait ça pour ça. J'ai juste profité de ma grand-mère, partagé des moments incroyables avec elle. Même si ça l'a stimulée, il n'y avait pas de calcul ; le seul calcul, c'était qu'elle ne reste pas seule et que je ne la retrouve pas à errer en bas de chez elle ou qu'elle ne prenne pas trois fois ses médicaments. C'était ma priorité. Tout le reste est venu sans prévenir et petit à petit. Jusqu'à la toute dernière photo… C'était pendant la crise du Covid-19, au moment du confinement de mars 2020. Une association humanitaire anglaise m'avait demandé une série de photos de ma grand-mère pour dire que les super-héros, c'était ceux qui restaient chez eux. Je leur ai proposé de faire de nouvelles photos plutôt que d'utiliser celles qui existaient déjà. À l'époque, elle était sacrément diminuée : il fallait la mettre au lit avec une espèce d'élévateur, elle dormait une grande partie de la journée et elle ne pouvait plus marcher. Même si elle continuait à sourire, ce n'était pas la fête. Quand je lui ai proposé de prendre des photos, son visage s'est illuminé et elle a accepté tout de suite. J'avais envie de l'habiller en Superman, et je lui ai expliqué ce qu'on allait faire. À peine installée dans son lève-personne, elle s'est endormie, en l'air, à plus d'un mètre du sol. On lui a enfilé la tenue de Superman avec ma mère, elle était toujours endormie, on l'a descendue dans son fauteuil, juste à côté du lit, et elle s'est réveillée tranquillement. Je lui ai redemandé si elle voulait faire les photos – « Bien sûr ! » a-t-elle dit en souriant. Et là, alors qu'une heure avant elle avait du mal à tenir sa cuillère pour déjeuner, elle a posé comme une pro… Les gens qui étaient là, qui ne la connaissaient pas en tant qu'actrice, ont été étonnés de voir à quel point elle répondait à mes attentes par des attitudes et des mimiques… Cette toute dernière photo, franchement, elle est vraiment chouette ! Et ça lui a donné une telle joie ! On lui a enlevé le costume et on l'a remise dans son lit. Elle s'est endormie. Le lendemain, quand je lui ai montré la photo, elle m'a dit : « C'est formidable ! »

Comment votre maman a vécu cette relation singulière que vous avez entretenue avec sa propre mère ?

Il y a eu plusieurs étapes, et je pense que ce n'était pas facile pour elle de voir son fils volé par sa propre mère. Il y avait une sorte de rivalité parce que Maman voyait bien qu'avec ma grand-mère, tout était simple – c'est ça, les grands-mères ! « Est-ce que je peux venir déjeuner ? Oui, bien sûr ! » Et deux minutes avant, j'appelais pour lui dire que finalement je ne venais pas : « C'est pas grave, viens demain… » Alors qu'avec sa mère, on a beau avoir envie de déjeuner avec elle, les rapports sont plus tendus, on a des choses à se reprocher mutuellement…

Quand on s'est mis à faire des photos ensemble, je pense que ma mère n'était pas très contente de découvrir notre complicité. Et puis il y avait certaines photos qui ne lui plaisaient pas du tout – Mamika en maillot de bain qui nage dans son appartement, par exemple. Elle n'avait pas vraiment envie de voir sa mère faire l'idiote avec son fils ! Il a fallu que des gens de son entourage lui disent que ces photos étaient incroyables pour qu'elle les regarde autrement.

Avec le temps, nos rapports ont un peu changé, parce que ma mère s'est beaucoup occupée de ma grand-mère, et qu'ensemble, elles ont créé un autre lien, très fort, et différent du nôtre. Finalement, les choses ont d'ailleurs fini par s'inverser un peu : les deux ou trois dernières années, ma mère a passé beaucoup plus de temps avec Mamika, puisqu'elle était là 24 heures sur 24, ce qui n'était pas mon cas.

Mais c'est vrai qu'il n'y avait de place pour personne d'autre, dans ma relation avec ma grand-mère. Ni pour ma mère ni pour une autre femme…

Justement, comment votre compagne a-t-elle observé cette relation ?

La femme avec qui je vis, avec qui on vient de faire un enfant, a peu connu ma grand-mère. C'est assez marrant, d'ailleurs, parce que j'ai présenté ma grand-mère à cette jeune femme seulement une semaine après l'avoir rencontrée ; c'était le lendemain de ses cent-un ans qu'on avait fêtés chez elle. Depuis un an, elle ne parlait plus, mais avec Tatiana, son aide a domicile, on avait décidé d'organiser un dîner d'anniversaire. Évidemment, il n'y avait plus de copines de ma grand-mère – elles étaient toutes mortes – donc j'avais invité mes amis qui la connaissent depuis toujours et qui l'aiment comme leur grand-mère. Tout le monde était là pour elle.

Le lendemain, donc, quand je lui ai présenté Lina – il n'était pas pensable que je puisse avoir une histoire avec quelqu'un sans qu'elle connaisse Mamika –, ma grand-mère a fait des petits signes de tête quand je lui ai dit : « Elle est belle, non !? » Pour la provoquer un peu, je lui ai dit : « Je la trouve pas mal, mais je voudrais qu'on lui rase la tête ici, sur le côté... » Ma grand-mère m'a regardé et, alors qu'elle n'avait pas parlé depuis un an, elle m'a répondu à voix haute : « Ah non, hein ! » À partir de ce moment-là, elle s'est remise à parler. Et on a continué à plaisanter : je la provoquais et elle sortait de son mutisme pour me dire que Lina était jolie, qu'elle était sympathique ! Finalement, je me dis aujourd'hui qu'elle a eu la délicatesse de laisser la place à Lina, à mon fils Aliocha, à cette nouvelle histoire. Parce qu'elle prenait beaucoup de place, c'est vrai...

Votre fils est tout petit, il va grandir avec les images de son arrière-grand-mère, et il aura cet héritage, lui aussi. Comment lui résumeriez-vous ce patrimoine ?

Mamika était une femme éminemment curieuse, positive, joyeuse. Elle a vécu des trucs monstrueux toute sa vie, et je ne l'ai jamais entendue se plaindre ou me dire que ça n'allait pas. Jamais ! Elle avait un grain de folie, aussi, qu'elle m'a apporté : la folie est présente tant dans mon travail que dans mon quotidien. Mon fils s'appelle d'ailleurs... « Poignée de porte » ! Toute sa vie, Mamika m'a répété : « Je ne mourrai pas tant que je n'aurai pas vu ton enfant... » Et toute ma vie, je me suis dit : « Mais je n'ai pas du tout envie que tu meures ! » Et puis un jour, Lina était enceinte jusqu'aux dents, je lui ai dit :

« Mamie, tu vas avoir un enfant ! » et puis je lui ai demandé des idées de prénoms pour notre petit garçon. Je lui ai proposé « Serviette de table » pour voir sa réaction. Elle m'a regardé en disant : « Pourquoi pas ! Mais c'est bizarre, quand même… » Et j'ai enchaîné avec toutes sortes de noms improbables : poignée de porte, serviette de table, bonnet de bain… Bien sûr, j'ai filmé notre échange. Cette vidéo, c'est quasiment la dernière.

Le jour de l'enterrement de ma grand-mère, j'ai écrit une lettre à mon fils. Enfin, plutôt à « Poignée de porte », parce que je ne savais pas encore comment il s'appellerait ! Au milieu des larmes, j'ai raconté nos folies, nos dérives. Cette lettre est magnifique, lumineuse. Comme ma grand-mère. J'espère que j'arriverai à emmener mon fils dans cette légèreté, dans cette folie qu'elle m'a transmise. Ce serait une vraie réussite.

OLIVIER DE BENOIST

Place du Châtelet, fin de matinée, l'un des carrefours les plus tourbillonnants de Paris. On y voit de bien belles choses : la fontaine aux Palmiers et deux théâtres d'inspiration Renaissance italienne. Nous avons rendez-vous dans une grande brasserie historique avec velours rouge et moulures au plafond. Mais les embouteillages s'en mêlent, mon retard est indécent. D'ailleurs, Olivier est déjà installé, mais à cinq cents mètres de là… Léger moment de flottement qui tourne, par chance, à mon avantage : son voisin de table est une connaissance qu'il veut à tout prix éviter, aussi je lui suggère de changer de lieu.

J'ai eu un rapport exceptionnel avec ma grand-mère paternelle, Éliane de Benoist, et ça me fait très plaisir de la faire revivre un peu ! Elle est partie à cent-deux ans…

C'est un âge exceptionnel ! Qui était-elle pour vous ? Qu'avez-vous vécu avec elle ?

Comme elle a perdu son mari en 1976, elle a été veuve très longtemps et était vraiment disponible pour ses petits-enfants. Elle avait d'ailleurs un rapport différent avec chacun d'entre nous. Ce qui est extraordinaire chez les grands-parents – en tout cas chez ma grand-mère –, c'est qu'ils nous offrent quelque chose que ne nous offrent pas nos parents : le temps. Quand on arrive chez sa grand-mère, le temps s'arrête et on peut tout dire, tout raconter, on a le temps, on n'est pas coupé, on a quelqu'un qui nous écoute, qui a le recul, et d'ailleurs, on dit souvent des choses à sa grand-mère qu'on ne dit pas à ses parents, et ça c'est exceptionnel. Ma grand-mère est partie avec des secrets que personne d'autre ne connaît, et je lui ai toujours demandé des conseils que je n'ai jamais demandés à mes parents.

Pourriez-vous nous livrer un de ces secrets ?

Sur mes spectacles, par exemple. C'est elle qui avait trouvé le thème d'un de mes one-man-show qui s'appelait « Né sous X ». Ma mère avait voulu un enfant et pas de mari, du coup elle s'était rendue dans une banque de sperme. À quarante ans, je voulais rencontrer mon père – mon père qui avait fait 10 000 dons – et tous ceux, dans le public, qui étaient mes frères et sœurs... Ma grand-mère avait eu cette idée-là dans un restaurant routier. Oui, elle avait quatre-vingt-dix ans, c'était une grande dame, et je l'avais emmenée dîner dans un routier ! Ce qui est incroyable chez ma grand-mère, c'est qu'elle était évidemment très à l'aise dans le milieu aristo dans lequel elle a toujours évolué, mais elle l'était aussi partout ailleurs : c'était un vrai caméléon.

J'ai plein de souvenirs de conversations, seul avec elle ; c'était extrêmement agréable. Mais ce que j'ai adoré par-dessus tout, et que j'aime chez les séniors en général, c'est leur demander de me raconter « comment c'était avant ». Des milliards de fois je lui ai demandé de me raconter la Seconde Guerre mondiale, comment cela se passait, les événements, parce qu'il n'y a pas un livre d'histoire, pas un documentaire qui puisse nous livrer la parole de quelqu'un qui l'a connue. Ma grand-mère, c'était à la fois un livre d'histoire, une confidente et une ancre.

Pouvez-vous l'esquisser pour nous ?

C'était une femme très vive, qui avait un parcours assez atypique parce que sa mère était partie très jeune d'une maladie, et elle avait donc vécu avec son père, un grand voyageur, ce qui l'avait rendue très vite autonome. C'était une grand-mère moderne en son temps, mariée à mon grand-père qui était dans l'armée, donc souvent absent. Elle était une forte tête et, surtout, elle était très drôle. Je pense que mon sens de l'humour vient de là... J'ai d'ailleurs souvent testé mes sketchs sur elle ! En 2011, encore, je l'appelais pour tester des vannes, pour voir si elle rigolait : si elle rigolait, tout le monde trouverait ça drôle. Ma grand-mère a quasiment été mon manager !

L'image de la grand-mère pour beaucoup de gens de ma génération, c'est Denise Grey dans *La Boum*. C'est peut-être un cliché absolu, mais comme elle, ma grand-mère faisait l'interface et se faufilait dans des endroits où n'étaient pas mes parents.

Lorsqu'elle nous a quittés, en 2013, étiez-vous déjà papa ?

Oui, j'avais déjà trois enfants. Elle habitait à Paris, donc la chance que l'on avait, c'est qu'on la voyait très souvent.

Quand on habitait à Reims, avec mes frères – j'ai six frères – on dormait chez elle dès qu'on allait à Paris. En plus, elle faisait hôtel ! Elle a inventé le Airbnb : elle préparait le petit déjeuner, et on avait une clé si elle n'était pas là. On pouvait rester une semaine chez elle si on en avait besoin... C'était un vrai couteau suisse !

Aviez-vous une relation singulière avec elle ou la même complicité régnait avec les six frères ?

L'aîné des petits-enfants a souvent une relation très particulière avec ses grands-parents : il est un peu le dernier enfant de la grand-mère, pas le petit-enfant. Je n'étais pas celui-là, mais nous avions chacun notre propre relation, et nous serions tous capables de raconter quelque chose de différent. On n'a pas le même lien, et tant mieux ! Parce que c'est ça qu'offre une grand-mère. Contrairement à des parents qui ne peuvent pas, en permanence, consacrer une heure à chaque enfant pour lui offrir quelque chose de différent en fonction de ce qu'il est, la grand-mère peut tenir compte de chaque particularité et sentir les choses. Et dans une génération Instagram, où les choses vont si vite, s'oublient si vite, avoir quelqu'un qui prend le temps, ça n'a jamais été un aussi grand luxe qu'aujourd'hui.

Vos enfants ont-ils ce lien avec leurs grands-mères ?

On est très famille. Moi, je ne crois qu'à ça. Mes enfants ont ce lien avec leurs deux grands-mères et cela me rend très heureux. En fait, il se produit la même chose qu'avec nous : quand ils vont chez ma mère pour une semaine, ils sont dans un autre temps. Et ce lien se crée dès la naissance. Ma fille de trois ans, par exemple, est tous les week-ends chez sa grand-mère. Je pense que si on veut réussir une relation entre petits-enfants et grands-parents, il faut évidemment s'apprivoiser tout de suite. C'est rare de découvrir une grand-mère à dix-huit ans et d'avoir tout d'un coup un lien extraordinaire.

Nonagénaire, votre grand-mère était encore alerte ; la vivacité s'est-elle dissipée ensuite ?

Contrairement à mon autre grand-mère qui avait Alzheimer, avec elle, l'échange n'a jamais cessé. Cela a évolué, mais dans une sorte d'affaissement, pas du jour au lendemain. Et je tiens à préciser qu'à cent ans, elle nous battait toujours au Scrabble® ! Elle avait tellement d'esprit...

D'ailleurs, je m'adresse à tous ceux qui ont des grands-parents et qui ne creusent pas assez : c'est tellement extraordinaire de voir des gens qui ont traversé le siècle comme elle l'a traversé, nous raconter les Années folles, la Guerre mondiale, les années soixante... À travers la même personne, un même regard... c'est exceptionnel ! On ne s'en lasse pas. Le coup de la guerre, surtout : pas un des petits-enfants, dès dix ans, ne lui demandait comment c'était, la guerre. C'était le paroxysme.

Comment faites-vous face lorsqu'elle disparaît, en 2013 ?

Ce que je vais dire est spécial, mais elle a eu une super vie, c'était le liant de la famille, et quand elle est partie, on était tristes et émus, mais on était en communion. C'est là que la famille a un sens : c'était un moment merveilleux parce qu'elle était encore là. Et je pense qu'elle est toujours là. Quand les gens me disaient ça avant, j'avais l'impression que c'était ridicule, un peu enfantin, mais c'est vrai que, pour moi elle n'est pas partie, elle est toujours là sous une forme différente.

La transmission, les valeurs familiales vous sont essentielles ; est-ce une manière de lui être fidèle ?

Oui, la famille, c'est le ciment. Souvent, la famille s'arrête un peu avec la disparition des grands-parents – ce qui n'est pas le cas de la nôtre, bien heureusement –, les vacances de Noël et les réunions de famille se délitent... C'est dire à quel point la présence des grands-parents est déterminante. Ma grand-mère était capable de réunir cinquante personnes à n'importe quelle occasion. Elle était devenue une star ! Pour ses cent ans, on était cent-cinquante, on avait loué des tentes et on l'avait fait décorer d'une médaille par un de mes oncles militaire. On s'en souvient tous. Qui peut réunir cent-cinquante personnes comme ça, à part le foot ? Pas grand-monde. Il y a le foot et ma grand-mère !

Le regard de la société sur nos anciens est-il à la hauteur de leur valeur selon vous ?

Je crois seulement que ce n'est pas toujours marrant de s'occuper des personnes âgées. Un peu comme avec les enfants. C'est-à-dire que moi, en tant que père, je m'occupe beaucoup plus de mes enfants que mon père ne s'est occupé de nous, parce que c'était un schéma différent. Et j'ai constaté que plus on s'occupe de ses enfants, plus on aime ça. Et moins on s'en occupe, plus on trouve ça chiant. Eh bien, c'est la même chose pour ses grands-parents : je pense que moins on s'en occupe, plus on trouve ça chiant, et plus on s'en occupe, plus c'est génial. Il faut faire passer ce message, et qu'au travers de témoignages, les gens comprennent que plus ils s'investiront, plus ils seront heureux. Ça aide tellement, c'est un tel apport, une telle force pour une famille, que c'est un geste fou de s'occuper de ses aînés. Donc il faut prier pour que les choses changent. J'ai envie de croire que le Covid aura révélé ça ; on a découvert qu'il y avait des vieux en France dans des Ehpad, et dont tout le monde se foutait. Et qu'ils mouraient en silence. Je pense qu'il a fallu cette claque-là pour que l'on comprenne que derrière ces murs, il y a nos aînés, des gens qui ont parfois donné leur vie pour leurs enfants, et qui, tout d'un coup, se sentent punis. C'est vrai que tout le monde ne peut pas loger ses grands-parents, surtout lorsqu'ils n'ont plus aucune autonomie, mais il faut un vrai bouleversement, une prise de conscience, et je crois que la société française est capable de le faire, grâce à des livres comme celui-ci.

Pourriez-vous consacrer tout un spectacle aux personnes âgées ?

Pour être franc, je n'y ai pas pensé, mais c'est vrai qu'on peut être trash avec ses enfants, on peut aller très loin avec sa belle-mère – surtout depuis que je l'ai enterrée –, avec sa femme aussi parce que les gens savent... Mais les vieux, je n'ai pas vraiment essayé parce que j'ai la sensation que c'est plus *touchy*. Il y a une sorte de vulnérabilité, peut-être, ils sont plus loin, moins dans la vie des gens. Si je le fais un jour et que ça marche, cela prouvera peut-être que les choses ont changé.

Comment peut-on redonner un sens au rôle des grands-parents et revaloriser l'importance de ce lien ?

Je pense que la présence des grands-parents est d'autant plus importante que les femmes travaillent. Les grands-parents d'aujourd'hui peuvent jouer un vrai rôle dans l'éducation des petits-enfants, et c'est souvent le cas. Alors évidemment, il y a cette fameuse vanne des « chic-ouf », mais ils sont déjà nombreux à s'occuper de leurs petits-enfants. Pour ceux qui sont un peu réticents, je pense que lorsque les deux parents travaillent, savoir que quelqu'un qui est sur le même modèle peut suppléer parfois dans des périodes où ils n'ont pas le temps, eh bien, c'est magnifique ! Et ça resserre les liens à tous les niveaux en plus de rendre service : c'est du gagnant-gagnant.

Pour les petits-enfants qui, parfois, ont décroché un peu, il faudrait que ça devienne branché de passer du temps avec ses grands-parents. Il suffirait que quelques influenceurs commencent à poster sur Instagram des photos avec leurs grands-parents, des petites vidéos où ils se marrent ensemble, pour que tout d'un coup les jeunes se disent : « Tiens, on peut se marrer ! Ils ne sont pas tous chiants, les grands-parents, ils ne sont pas tous en noir et blanc... »

Qu'avez-vous ressenti en racontant votre grand-mère ?

Cela m'a fait très plaisir de la mettre un peu en lumière parce que, finalement, c'est une femme qui a tout donné pour ses petits-enfants. Elle a été totalement déterminante.

Vous imaginez-vous un jour grand-père à votre tour ?

J'espère le plus tard possible ! J'ai rencontré récemment un grand-père de trente-neuf ans... il m'a effrayé, lui ! Mais il faut arrêter d'associer au mot « grand-père » le mot « vieux ». Si un jour on arrive déjà à ça, ce sera extraordinaire ! Mais j'espère surtout être à la hauteur de ce que j'ai moi-même connu... Le challenge, c'est la vie des champions !

VALÉRIE BÉNAÏM

L'Espagne, la France, Israël, le Maroc, le Canada... autant de contrées, de sonorités, de couleurs et de parfums variés qui l'ont nourrie dès sa plus tendre enfance. À ces variations se sont ajoutées des personnalités féminines vibrantes et hautes en couleur. Une transmission qui a laissé une empreinte évidente : l'allégresse, avec un A majuscule.

J'ai eu le bonheur de connaître mes quatre grands-parents et d'avoir avec eux des relations vraiment différentes. Je voyais tous les week-ends mes grands-parents paternels, qui avaient quitté le Maroc pour s'installer à Paris ; alors que mes grands-parents maternels, partis du Maroc eux aussi, se sont installés en Israël. Étonnamment, bien que j'aie un amour infini pour mes grands-parents paternels, il y a quelque chose de l'ordre de la passion pour mes grands-parents maternels ! [*Elle sourit.*] Peut-être est-ce la distance qui rendait nos visites festives puisque nous n'y allions que pour des événements joyeux, pendant les grandes vacances, notamment. C'était aussi l'occasion pour toute la famille de se retrouver, depuis Paris ou le Canada, dans le petit appartement de mes grands-parents. Pour moi, c'est synonyme de retrouvailles, de chants et de joie. Ils n'étaient pas avec nous le reste de l'année, pourtant ma grand-mère Alegría et mon grand-père Élias parvenaient à être très présents. Peut-être parce que ma mère en parlait beaucoup à la maison à cause de leur absence et de la distance. Mais ils faisaient partie de notre vie même s'ils étaient loin. Comme la sœur de Maman, qui vivait au Canada, ce sont des êtres qui font partie de ma vie. Mes parents ont réussi ce tour de force de nous rendre extrêmement proches malgré l'éloignement !

C'est donc avec votre grand-mère maternelle que vous avez entretenu une relation privilégiée ?

Peut-être aussi que je l'ai fantasmée, cette grand-mère, en raison de son absence. Quand elle venait nous voir à Paris, elle me gâtait. J'ai cinq ans d'écart avec mon petit frère et pendant ma petite enfance, j'étais la première petite-fille de toute la famille, donc encensée, adorée, chouchoutée ! Ma grand-mère, comme ma maman, était une femme forte, une femme de caractère, très drôle. On dit souvent que j'ai tendance à rire de tout, mais c'est comme un atavisme, ma mère est comme ça et ma grand-mère l'était tout autant. Avec nous, tout est prétexte à rire !

Ma grand-mère a connu une vie assez dure, et je pense qu'elle s'était dit : « Profitons du moindre moment, de la lumière de nos proches, de tout ! » Elle avait une telle joie de vivre ! Et elle savait ce qu'elle voulait. Pourtant, il ne faut pas oublier qu'à l'époque, c'était compliqué pour une femme de s'imposer. Après coup, je me dis qu'elle a eu une force incroyable de quitter l'Espagne pour le Maroc puis l'Israël, et de voir ses enfants partir en France ou au Canada. Cela a dû être compliqué, mais je ne l'ai jamais vue avec la mine sombre. C'était, pour moi, une femme admirable, comme je les aime.

Peut-être y a-t-il une autre raison qui l'a définitivement scellée dans mon panthéon d'intouchables, c'est sa disparition inattendue. Elle est partie très jeune, elle avait à peine soixante ans, sur une table d'opération. J'avais onze ou douze ans, j'ai le souvenir de Maman partant auprès de ma grand-mère qui devait subir une opération bénigne. Elle avait rejoint son frère par acquis de conscience. Et là, j'ai le souvenir terrible que le soir du 31 décembre ma mère a appelé ; Papa était très heureux de nous faire entendre la voix de Maman dans le haut-parleur du téléphone fixe de la maison et il a lancé : « Bonne année ma chérie ! Comment va Mamie ? » J'ai entendu ma mère lui répondre en larmes : « Mais Maurice [*mon oncle*] ne t'a pas dit que Maman est morte ? » Mon père a aussitôt coupé le haut-parleur et je suis partie pleurer dans ma chambre, le visage collé à la fenêtre...

Au moment où j'en parle, j'ai l'impression de l'avoir vécu hier. À nouveau j'ai le cœur en lambeaux, je ressens le poids de cette soudaineté, de la réaction de mon père, de celle de mon frère qui ne comprenait pas... Moi je comprenais parfaitement que sa mort signifiait que je ne la reverrais plus. Quelques mois après, Maman a même été convoquée par l'un de mes professeurs parce qu'il sentait que quelque chose s'était passé.

La mort de ma grand-mère m'a hantée et me hante encore aujourd'hui. En plus, la distance m'interdit d'aller sur sa tombe facilement. Je n'y suis allée que deux ans plus tard, dans ce cimetière tout blanc, de mémoire. Mais cela a été aussi un moment fondateur, en tant que première rencontre avec la mort. Et puis savoir ma mère effondrée, même si elle ne le montrait pas, c'était un drame intime ; pour ne pas la faire souffrir davantage, je ne m'autorisais pas à exprimer ma propre tristesse. Je n'ai eu qu'un mouvement d'humeur à l'annonce de sa mort qui exprimait la colère que je ressentais au plus profond de moi. Quand le téléphone a sonné ce jour-là, nous venions d'installer la console de jeux vidéo que nous avions reçue pour Noël, mon frère et moi. Lui, il continuait à jouer à Pong, moi, ravalant mes larmes, je m'acharnais contre lui parce qu'il ne comprenait pas la situation... Mon père m'a prise dans ses bras, m'a dit de le laisser, qu'il était encore trop petit pour comprendre. Mon père était quelqu'un de très pudique, mais à ce moment-là il m'a serrée fort dans ses bras, et je me suis dit : « Ma grand-mère est là, c'est mon ange gardien et elle me protège ! » Ça n'a rien à voir avec la religion, je m'en suis fait comme un totem personnel dans un coin de mon esprit, indépendamment de ma foi juive. Depuis, elle m'a aidée dans bien des moments et m'aide encore aujourd'hui. C'était, à l'époque, une façon pour moi de dire qu'elle n'était pas vraiment absente.

En raison de votre jeune âge, et à cause de la brutalité de cette disparition, peut-être avez-vous ressenti aussi une notion d'injustice ?

J'ai développé une certaine forme de protection, en tout cas. Je me souviens qu'un peu plus âgée, les 31 décembre étaient très compliqués parce que je pensais à ma mère et moins à mon chagrin. Je pensais à la manière dont elle vivait ce jour de fête comme un rappel constant du décès de sa propre mère. C'était compliqué. À quinze ou seize ans, pendant que tout le monde fêtait en musique et dans la bonne humeur le Nouvel An, la chanson d'Aznavour « La Mamma » est passée. « Elle va mourir, la mamma... » Mon père, l'air de rien, s'est levé pour changer de musique. Je savais pourquoi il le faisait, pendant que personne d'autre ne se doutait de rien. Et j'essayais de voir si ma mère s'était aperçue de ce qu'avait fait mon père. C'était comme un jeu muet entre nous trois. Même aujourd'hui, je n'aime pas particulièrement fêter le Nouvel An.

Mais je n'en parle jamais avec ma mère, elle n'aime pas le passé, elle est résolument tournée vers le présent, l'avenir. Ma grand-mère était aussi comme ça, et je m'en suis nourrie : pour moi, on n'a pas à exposer son intimité aux autres. C'est une forme de politesse de ne pas imposer sa peine. Quand je pense à ma grand-mère, je préfère convoquer les bons souvenirs ! Celui-ci, par exemple : un jour, elle était dans les vagues sur une plage en Israël, à creuser dans le sable avec nous, et elle hurlait de rire parce qu'elle n'y arrivait pas. Nous, les petits-enfants, on était autour et on riait avec elle. Ce souvenir anecdotique est presque une métaphore de sa vie : elle se prenait des tonnes d'eau dans la figure et elle parvenait à se dire que ce n'était pas bien grave. Aujourd'hui, je devine que cette femme était dans la vie, le verbe et le rire !

Je la revois aussi dans la cuisine avec son tablier en train de danser le flamenco, alors que mon oncle, en permission (il était soldat), est arrivé par la gouttière : en le voyant, elle s'est mise aussitôt à l'engueuler, mais ça l'amusait tellement d'avoir un fils aussi « con », aussi drôle ! [*Elle rit.*] Elle hurlait en espagnol, en français et en anglais. Ces langues se mélangeaient parce que c'était l'été, et qu'on était tous là, avec ma tante du Canada et ses enfants qui parlaient anglais, nous qui parlions français, ma grand-mère qui parlait avec ses filles en espagnol… et mon oncle qui, au téléphone avec ses amis, parlait en hébreu ! C'était un bordel formidable ! Dans une ambiance de fête constante où ça chante et ça danse, une atmosphère qui débordait d'amour.

Avez-vous conservé un parfum, une recette ou un objet qui la caractérise ?

Le parfum de ma grand-mère, je ne peux pas l'expliquer, c'est le soleil ! Comme mon autre grand-mère, elle avait une peau de bébé, laiteuse, moelleuse, pas du tout fragmentée de rides. Comme si tu plongeais dans du lait. Une odeur enveloppante de soleil, de robe à fleurs assortie à ses yeux verts, d'un vert incroyable ! Et son sourire : elle était tout le temps en train de sourire. De mon autre grand-mère, j'ai le souvenir de ses bracelets qui cliquetaient constamment. De mon grand-père Élias, des pantalons à la Chirac, montés bien haut, et le marcel sous une chemise ouverte, blanche, impeccable. Et la crème Nivea que mettaient mes deux grands-mères ! Ce sont toutes ces images-là qui me reviennent.

Mais je conserve surtout de ma grand-mère maternelle sa joie de vivre, comme ma mère. Elle ne s'appelait pas Alegría pour rien ! Cette joie emporte tout, dépasse tout ; c'est une force qu'elle m'a transmise, et j'ai été comme bénie des dieux d'être née dans une famille où il y avait une telle chaleur humaine.

Et j'ai hérité tout autant du côté paternel : ils étaient sept frères et sœurs à se retrouver chaque vendredi soir chez ma grand-mère, qui était concierge à Paris dans un quarante mètres carrés. Ça riait, ça se chambrait, ça se chamaillait ! Et ma grand-mère, au milieu, qui donnait des ordres et rigolait avec nous. Elle aussi était adulée et adorée.

Je n'ai eu que des femmes fortes comme modèles, en fait !

Ma grand-mère paternelle adorait *Les Feux de l'amour*. Parfois je regardais avec elle, avec un thé à la menthe accompagné de pain grillé avec du beurre. Elle me disait : « Alors elle, tu vois, elle est très méchante et lui, si tu savais comme il se fait avoir ! » Cela me faisait marrer de l'écouter faire ses commentaires parce qu'elle prenait ça au premier degré. Ensuite, elle partait dans sa petite cuisine où elle avait laissé le feu allumé de la veille parce qu'elle suivait le précepte du shabbat, elle préparait la table et quatorze mille plats, et chacun pouvait prendre ce qui lui plaisait. C'était un joyeux bordel hyper coloré !

À l'aune de ce que vous avez vécu, de cet amour infini que vous avez reçu, comment regardez-vous la manière dont la société considère nos anciens ?

Avec beaucoup de tristesse mais aussi beaucoup de compréhension, parce que c'est sans doute difficile de prendre en charge ses parents à la maison quand déjà, dans sa propre cellule familiale, on tire le diable par la queue. Surtout lorsque nos aînés ont besoin d'une assistance médicale au quotidien. Je me souviens de ma mère, je devais avoir vingt ans à l'époque, m'annonçant d'un air très sérieux : « Je te préviens, il est hors de question que je finisse dans un institut, vous vous débrouillez, avec ton frère, mais dans tous les cas je ne veux pas finir là-dedans ! » Je ferai en sorte que mes parents soient avec moi, je ne peux pas concevoir les choses autrement. Si on ne peut pas prévoir la maladie ou d'autres problèmes de santé, je ne souhaite qu'une chose : c'est qu'ils soient autonomes jusqu'au bout, entourés et heureux, et qu'ils partent pendant leur sommeil.

YANN QUEFFÉLEC

MA CHÈRE ARRIÈRE-GRAND-MÈRE,

Les nouvelles ne sont pas formidables aujourd'hui. Elles étaient meilleures à l'époque où nous nous sommes connus en Bretagne à l'Aber-Ildut : toi qui allais avoir quatre-vingt-dix-neuf ans, moi qui commençais à vivre dans un monde aussi neuf que ma naissance.

On t'appelait grand-mère de l'Aber, entre nous ; la guerre était finie depuis peu. J'avais l'impression qu'elle n'avait pas eu lieu, et que « neuf », le monde l'avait toujours été ; et bleue d'un bleu parfait la mer devant chez nous.

La maison sur la grève, récemment occupée par les Allemands, s'en souvenait. Au grenier, on avait tiré au pistolet dans les murs et des trous bien ronds l'attestaient, j'y passais mes doigts. Et sur la mer, dans le chenal du Four, des cuirassés en feu avaient tonné, sombré, des carcasses émergeaient. « La guerre », me disais-tu.

La guerre... Un mot sur toutes les bouches, dans tous les regards. Un mot dont on ne voulait plus qu'il signifie quelque chose et qu'il arrache des larmes à qui que ce soit. Un mot qui n'aurait jamais dû exister, perdurer.

« C'était comment, la guerre ? » Tu souriais à ma question. Pourquoi répondre ? Pour m'affoler ? Pour que je me dise : « C'est ça, la vie ? Cette laideur ? Ce chagrin ? »

Non, ce n'est pas toi qui m'aurais parlé des bombardements, du martyre juif, des humiliations, des trahisons, des privations. Mais que j'ose chipoter au dîner familial et déclarer : « J'aime pas ça ! » en repoussant mon assiette, mon grand-père blêmissait. « Il lui manque une bonne petite guerre ! » ricanait-il. Phrase qui ne me faisait ni chaud ni froid. Un ange attendri passait dans tes yeux.

Chez toi, j'aimais le nombre des années, notion que je percevais d'instinct du haut de mes quatre ans. Tu étais la mère de ma grand-mère, la grand-mère de maman : l'« aïeule » ; et grâce à toi, ma grand-mère était un enfant pareil à moi, et Maman presque un nouveau-né. Quel être lilliputien je faisais à tes côtés, ma douce géante aux mains chaudes, aux yeux si bleus. Et comme j'étais fier, chaque jour, de t'offrir un appui quand tu descendais l'escalier pour voir l'océan dans le jardin avec moi, ton arrière-petit-fils. Arrière ? Petit ?... Je me sentais si grand sous ton regard, si fort. Près d'un siècle nous séparait, et nous étions comme des jumeaux au bord de l'océan.

Tu dînais dans ton grand lit, tôt. Je m'en souviens ou je crois m'en souvenir. Et mon souvenir n'est-il pas le souvenir d'un souvenir cousu d'autres souvenirs ? Cette assiette à fleurs où fumait le potage au cresson, je la revois, pourtant. Et ce plateau que je montais avec mille précautions dans l'escalier, précédant ma tante Jeanne ? Et la clochette de porcelaine dont le battant n'était qu'un pois chiche au timbre grêle ?

Tu m'appelais « P'tit frère », un surnom qui m'enchantait. Que je ferme les yeux, j'entends vibrer ta voix, ton rire flûté. Ces intonations-là n'ont pas changé depuis l'époque où l'on se disait : « Elle aura bientôt cent ans. Pourvu qu'elle ait cent ans. »

Tu t'es endormie, un soir : « Bonsoir grand-mère », et c'était pour toujours. Le matin, tante Jeanne m'a dit : « Ta grand-mère, p'tit frère, elle ne se réveillera pas... Elle ne se réveillera plus, mais tu peux monter l'embrasser. »

Ma chère grand-mère, te voilà parvenue au pays sans murs, sans livres et sans tableaux, sans haine. Comment vas-tu, là-bas, ma chère grand-mère de l'Aber ? Quelles sont les nouvelles, de ton côté ? Est-ce que tu l'as vu, au moins, « celui qui suis » ? Auquel tu croyais ?

Avec tendresse, avec respect, avec espoir,

P'tit frère.

REMERCIEMENTS

Merci à toutes les personnalités qui m'ont fait confiance et qui ont ainsi rallumé leurs étoiles.

Merci à Gilles Haéri, directeur général des éditions Albin Michel, et Aurélie Starckmann pour leur confiance.

Merci à Olivia Karam, mon alliée de choix.

Merci à Eulalie Chantreux, pour son œil précieux.

Merci à Astrid Di Crollolanza, pour les photos.

Merci à Julie Daniele, sans qui rien n'aurait pu commencer, et Anne Leblé, qui en sait tant.

Merci à ceux dont l'amour me porte jour après jour.

Ouvrage publié sous la direction d'Aurélie Starckmann
Réalisation éditoriale : Eulalie Chantreux, assistée d'Alice Horusitzky
Aide à l'écriture et accompagnement éditorial : Olivia Karam
Conception graphique et mise en page : Flamidon
Relecture et correction : Emmanuelle Fernandez
Photographie de Nathalie Levy en couverture :
© Astrid di Crollalanza

Éditions Albin Michel
22, rue Huyghens, 75014 Paris
www.albin-michel.fr

ISBN : 978-2-226-46195-7
N° d'édition : 24503/1
Dépôt légal : Février 2023
Imprimé en Espagne par Liberduplex.